# 낮은 목소리로 굽어보기

# 낮은 목소리로 굽어보기

안미영 평론집

詩와에세이

## ❙ 머리말 ❙

소설을 언급하기 앞서, 이야기를 담아내는 장르가 소설에 국한되지 않은 다문화 다매체 시대에 소설의 구조에 주의하고 활자와 고독한 작업을 벌이는 작가들에게 격려를 보낸다. 평론가 역시 동종이형의 이복형제라는 점에서 우리는 같은 지점을 향해 가는 동반자이다. 나는 이 책에서 그들의 외롭고 먼 길에 이정표를 제기하고, 그들이 항로를 다시 점검하기를 바라면서 우리 시대 소설이 지향해야 하는 윤리를 제시하려 했다.

1부에서는 최근 소설에 나타난 이야기의 패턴에 주목해 보았다. 젊은 작가들은 경험보다 동시대 이야기의 혼종으로 소설을 직조해 낸다. 알레고리로서 역사적 소재를 차용한다는 점에서, 역사소설 역시 동시대 이야기의 자장 안에 있다. 그들이 직조해 낸 이야기는 일상성이기도 하고 그것을 넘어서려는 개인의 욕망이기도 하다. 그것은 이 시대 최고의 이야기라기보다 이 시대 어디에서나 들을 수 있는 익숙하고 보편적인 이야기이다. 이 지점에서, 나는 소설의 윤리를 제기한다. 소설의 윤리가 이야기의 윤리와 구분된다면, 그것은 대중과 호흡하되 오늘의 삶을 직시함과 동시에 내일에 존재해야 하는 삶의 양태를 구현할 수 있어야 한다. 대중의 이야기 취향은 한시적이지만 소설이 추구하는 윤리는 시대를 초월하여 인간의 삶을 견인한다는 점에서, 나는 시대를 극복할 수 있는 소설의 윤리를 제기한다.

2부에서는 소설이 지향해야 하는 윤리를 개별 작품론으로 제시했다. 소설의 담론은 정치를 비롯한 여타 담론에 비해 '낮은' 입지에 있지만, 대중에게 오랫동안 공명될 수 있다는 점에서 '넓은' 입지를 지닌다. 작가들이 넓은 곳을 빠짐없이 돌아보고 가장 음지의 소리까지 대신 울어주기를 바라는 마음에서, 나는 작가들에게 '낮은 목소리로 굽어보기'를 당부한다. 그것은 즐거운 일과는 거리가 먼 고통스러운 작업이다. 그것은 개인의 본능을 여과없이 표출하는 유쾌한 이야기도 아니며 독특한 감수성을 담아내는 서구소설과도 다른, '오늘' '이 자리'에서 우리의 '소외된' 이야기들이다. 나는 작가들의 순례 여정을 좇으면서 그들의 낮은 목소리를 읽어내고, 그들의 울음 혹은 소리가 되지 못한 정서와 시선을 읽으려 했다.

3부에서는 2000년을 전후한 세기 말, 세기 초 문제적인 타자들에 주목해 보았다. 타자들의 출현은 시비의 평가를 벗어나 우리 시대 '문제적 현상'을 보여준다. 그들은 우리 시대의 주류임에도 불구하고 소리를 갖지 못하거나, 스스로 소외를 위장하면서 소리를 내지 않으려는 자들이다. 이러한 타자들은 우리 스스로가 직조해낸 이 시대 우리의 페르소나이다. 우리는 '아파트먼트 키즈'인 동시에 '엽기적 인물'이다. 우리는 '좌파지식인'을 꿈꾸면서 일상에서는 '사이보그'로 산다. 결국, 우리는 '소시민'의 형태로 이 땅에 안존할 수 있는 존재의 집 속에 거주한다. 이 장을 통해 나는 타자들에 대한 의미를 부여하기보다, 우리의 환부를 확인하려 했다.

이 글은 2000년 전후부터 2006년까지 쓴 글을 모은 것이다. 평론가가 되기까지, 나는 틈날 때 마다 글을 들고 정효구 선생님을 찾았고 그 때마다 선생님은 꼼꼼하게 읽어주시면서 비평의 칼날을 다듬어 주셨다. 거친 열정을 웅숭깊게 감싸주신 선생님께 감사드린다. '낮은 목소리'가 책으로 공명할 수 있도록 지면을 마련해 준 시와 에세이, '낮은 목소리'에 그림으로 답해 준 혜란에게 감사의 마음을 전한다.

2007년 여름 대전에서

안미영

**| 차 례 |**

## 제3부 우리 시대 타자의 복화술

# 제1부

# 리믹스(remix), 이야기의 신(新)문법

신인류의 매혹적인 모반과 신시대의 윤리
— 박민규 『카스테라』(문학동네, 2005) · 천명관 『고래』(문학동네, 2004) ·
이기호 『최순덕 성령충만기』(문학과지성사, 2004)

젊은 작가들의 소설에 나타난 만화와 영화의 리믹스(remix)
— 김종은 『서울특별시』(민음사, 2003) · 박민규 『지구영웅전설』(문학동네, 2003)

신진 작가들이 '과거'와 '현재'를 조명해 내는 방식
— 고혜정 『날아라 금빛 날개를 타고』(소명출판, 2006) ·
박진규 『수상한 식모들』(문학동네, 2005)

자본주의 팽창기에 선 소설가의 진로
— 김영하 『오빠가 돌아왔다』(창작과비평사, 2004)

낭만주의자가 빚어낸 '소리'의 본질과 의미
— 김훈 『현의 노래』(생각의나무, 2003)

# 신인류의 매혹적인 모반과 신시대의 윤리

—박민규 『카스테라』(문학동네, 2005) · 천명관 『고래』(문학동네, 2004) · 이기호 『최순덕 성령충만기』(문학과지성사, 2004)

## 1. 신(新)시대 소설의 외연과 내연

2000년 전반기를 돌아보건대, 2000년대 소설은 80 · 90년대 소설과 구분되는 변화를 내장하고 있다. 박민규, 박진규, 천명관, 김숨, 이기호, 손홍규 등 신진 작가들은[1] 소설의 규범적인 형식을 과감하게 깨뜨리고, 각자 독자적인 서술 기법을 선보인다. 그들은 소설의 형식뿐 아니라 내용에 있어서도 변화를 보인다. 박민규의 『카스테라』에 나타난 분절된 문장, 이기호의 『최순덕 성령충만기』에 나타난 랩(rap)과 문답식 문장, 성경의 의고체 문장은 이채를 띤다. 이러한 문체적 특징 외, 신진 작가들은 일상적인 인물과 구

1) 이 글에서는 박민규의 『카스테라』(문학동네, 2005), 천명관의 『고래』(문학동네, 2004), 박진규의 『수상한 식모들』(문학동네, 2005), 이기호의 『최순덕 성령충만기』(문학과지성사, 2004)를 대상으로 살펴보고자 한다. 앞의 작가들과 구분되는 김숨과 손홍규의 소설은 지면을 달리 하여 살펴보아야 할 것이다. 이하 작품 인용은 위 텍스트에 준한다.

분되는 신화적 캐릭터를 부각시켜 그들의 비범성을 드러내기도 한다. 천명관의 『고래』와 박진규의 『수상한 식모들』에 등장하는 여성 인물은 예언 능력을 비롯하여 타인의 삶을 마음대로 주무를 수 있는 신비한 능력을 구비하고 있다. 기성 모럴에 정면으로 맞서기 위한 방법으로 신진 작가들이 선택한 것은 새로운 문체 발견과 마술적인 주술성이다.

새로운 문체의 발견이라는 점에서 이기호의 「버니」를 주목할 수 있다. 이 작품에서 작중 화자는 래퍼이며, 이야기는 한 편의 랩으로 구사되어 있다. 보도방 실장인 나는 보도방을 다음과 같이 노래한다. "나는 보도방을 차렸어,--(중략)-- 니네들 보도방이 무슨 뜻인 줄이나 알아, 신문 보도, 뉴스 보도, 사건 보도, 라디오 보도, 그런 보도인 줄 알아, 보도는 말이야, 보도는 말이야, 우리가 퍼뜨린 말, 보지 도매의 줄인 말, 그거 알아, 보지 도매, 보지 도매, 줄여서 보도,"(13면) 보도방에서 말 대신 노래만 할 줄 아는 순희는 영업중에도 열심히 랩을 한다. "하아, 하아--원--투--쓰리--포-- 나는 그 짓을 --하아, 잘해--아저씨를 좋아해--하아, 팁 안줘도-- 잘해--서비스도 죽여--(중략)-- 하아--하아 새로운-- 영계 보도방-- 하아-- 붐--파--붐--파--하아, 하아--붐파-- 붐파파파-----하아하아 ---원--투--쓰리--포--"(25면) 보도방 순희의 랩은 화자인 나의 랩과 더불어 새로운 소설 문체를 보여준다. 내용의 문제는 논외로 하더라도, 보도실장인 나와 순희의 랩은 문체에 리듬감을 주고, 독자들을 술술 읽히는 소설 세계로 유인하다.

박진규는 『수상한 식모들』에서 마술적인 주술성을 구비한 새로운 캐릭터를 주인공으로 내세운다. 그는 '호랑아낙'에서 '수상한 식모'라는 새로운 인물의 계보를 만들어 내고 있다. 그는 단군신화에 주목하여, 웅녀와 구분되는 '호랑아낙'이라는 또 하나의 여성 캐릭터를 만들어 낸다. 웅녀가 한국사의 정규 코드에 해당한다면, '호랑아낙'은 비정규 코드에 속한다. 그들은 "한국사의 이랑 사이에 숨어 식칼을 들고 있던 조용한 테러리스트들"(27면)로서 왕조, 탐관오리, 다수의 뻔뻔한 양반이나 귀족 계급과 같은 기득권 세력에 대항한다. 이 땅에 자본주의가 자리잡자, '호랑아낙'은 '수상한 식모'로 성격을 바꾼다. "서울로 상경한 식모들의 거의 대다수"는 호랑아낙의 전설을 이어받은 '수상한 식모'로 자리 잡기 시작했으며, 그들은 전임자에 의해 교육되고 길러진다. "수상한 식모들은 의도적으로 부르주아 가정에 잠입하여 그들의 위선을 까발리고, 가정을 해체시키는 역할을 떠맡아왔다."(27면) 박진규는 '호랑아낙'과 '식모'라는 신생 코드를 통해 본 모습을 감추고 자기 신분을 방패 삼아 지배 계급을 농락하는 또다른 캐릭터를 만들어 낸다.

신진 작가들의 소설 형식 실험, 신화적인 인물의 등장과 같은 새로운 소설 스타일은 독자를 당혹스럽게 만든다. 기존의 소설 문법과 달리, 서사의 중심이 해체된 신진 작가들의 소설은 일견 키치의 형태로 나타난다. 대중의 기호를 꿰고 있는 신진 작가들은 대중이

원하는 마스크를 쓰고 대중이 선호하는 익숙한 농담을 건넬줄 아는 이 시대 능청스러운 글 재주꾼이다. 이러한 신진 작가의 능청스러움은 깊이 있는 현실 인식과 무관한 상위 문화에 대한 립싱크 같은 느낌도 없지 않지만, 그들이 문학 판의 새로운 패러다임을 모색하고 있음은 분명하다. 기존의 소설 문법과 다른 그들의 경향을 탈(脫)소설화 혹은 반(反)소설화라고 하지만, 신진 작가들은 '소설 판'을 떠난 것도 아니고 '소설 장르'를 부정하는 것도 아니다. 그들은 앞선 세대의 소설 형식과 판을 전복시키고, 신시대의 변화에 적응하여 소설의 모럴을 새롭게 구현해 내려는 것이다. 그러한 신진 작가들의 노력은 진지하게 평가되어야 한다. 전대의 소설 그리고 이 시대에 대한 그들의 부정정신이 도달한 지점은 어디이며, 그들이 부정을 통해 도달한 자기갱신은 어떤 형태로 나타나서 어떠한 결실을 거두고 있는가.

이 글에서는 2000년대 전반기에 발간된 신진 작가의 소설을 대상으로 그들의 개성적인 목소리에 주목하고 소설에 구현된 신시대의 윤리를 조명해 보려 한다. 기존의 소설 문법과 상식의 세계로부터 탈주해 간 신진 작가들의 소설 작업은 '혼돈', '뒤흔들기', '정리(수납)'과 같은 절차로 구분할 수 있다. 신진 작가들의 공통점은 이 시대를 '혼돈'으로 보고 있다는 것이다. 그러므로 그들은 각자 자신의 개성적인 방법을 동원하여 이 시대를 '뒤흔들고' 있다. 그들이 소설가의 입문식을 거칠 수 있었던 것은 혼돈에 대한 인식과 그에 대한 저항에 있다. 그렇다면 이제 문제는 '뒤흔들고' 난 다음의 질서 개편이라 할 수 있다. 신진 작가들은 혼돈을 뒤흔든 다음, 무엇을 보여주었는가. 그것은 새로운 세계인가, 또다른 형태의 혼돈인가, 혼돈의 정리(수납)인가, 그렇지 않으면 세계를 통찰할 수 있는 새로운 독법인가.

이 글에서는 혼돈의 세계를 뒤흔든 뒤에 재편될 신체제를 신시대의 윤리라는 이름으로 조명해 보려 한다. 소설에서 윤리는 정치 및 특정 이데올로기가 지향하는 집단적 명제와 일치하지 않으며, 오히려 집단적 명제를 해체하고 전복시킨다. 소설에서 윤리는 지극히 개인적인 형태로 드러나며, 그것은 개인이 또다른 개인과 유기적으로 관계하는 방식이자 주체와 주체간의 상호적인 존립을 지향한다. 인간이 자아 동일성을 문화적이고 상징적인 매개를 통해 서술적으로 만들어갈 수밖에 없는 존재라고 할 때, 이 땅의 소설가는 가공적 인물과 조작된 세계를 통해 자신을 비롯한 이 사회에 존재해야 할 윤리의 존재방식을 모색해야 하는 임무를 지닌다. 신진 작가의 윤리 감각은 지금 어느 지점을 통과하고 있는가.

## 2. 분절된 감수성과 물질의 윤리 : 박민규 『카스테라』(문학동네, 2005)

박민규의 작품집 『카스테라』는 모두 10편의 단편으로 이루어져 있으며, 제각각 작품의 소재는 다르지만 서술 방식은 모두 독백으로 처리되어 있다. 주인공 화자의 내면은 물론 대화도 독백으로 처리되어 있어, 작품집 전체가 작가의 중얼거림이라는 인상을 준다. 작가의 독백은 마치 농담처럼 자조와 리얼리티가 혼용되어 있다. 이 작품집에서 고백의 효과를 부각시키는 문체의 특징은 '분절된 문장'이다. 작중에서 문장의 분절은 쉼표와 마침표, 그리고 줄바꿈과 여백으로 나타난다. 분절된 문장은 인물의 분절된 사고와 그 단면들이다. 분절된 문장에는 인물의 감수성과 의지가 분절된 채로 나타난다. 끊임없이 분절된 문장에는 그 문장이 실어 나르는 내용과 더불어 그에 호응하는 인물의 좌절과 비애, 한탄과 체념이 나타나 있다. 박민규의 분절된 문장은 인물 및 사건의 리얼리티와는 별개로 감각적인 페이소스를 자아낸다. 박민규 문체의 특징은 '한 편의 거대한 농담 같은 독백'과 '분절된 문장 속의 페이소스'로 집약할 수 있다.

분절된 문장에 담긴 페이소스는 때때로 박민규의 단편을 장편의 연시(聯詩)로 만든다. 「그렇습니까? 기린입니다」에는 학교를 다니면서 가계를 도와야 하는 상고 남학생의 비애가 분절적인 문장과 문장 사이에 잔잔히 녹아 있다. 특히 작중 화자가 빈궁한 현실에서 아버지와 자신의 수수관계를 떠올리는 부분은 매우 시적이다. "어쩌면 그날 나는 〈아버지의 산수〉를 목격했거나 그 연산(演算)의 답을 보았거나, 혹 그것을 고스란히 물려받았는지도 모를 일이다. -- 도시락을 건네주고, 산수를 받는다."(73면) "어느 날 거울을 보다가, 그런 잿빛의 눈동자를 나는 보았다. 아버지와 색이 같은 두개의 동심원, 나는 결국 아버지의 연산(演算)이었다.

3.1415926535897--"(85면) 아버지와 나의 연산은 이상(李箱)의 시 「문벌(門閥)」에서 '혈청(血淸)의 원가상환(原價償還)' 을 떠올리게 한다. 문장의 분절은 나와 아버지 간의 거리 외, 나와 세상 간의 흔들림과 균열을 보여준다. "조금씩 열차는 흔들렸고, 조금씩, 마음도 흔들렸다. 삶은, 세상은, 언제나 흔들리는 것이었다."(89면)

분절된 문장의 극치는 의성어에 대한 감각적 묘사에서 두드러지게 나타난다. 소리에 대한 감각적 묘사는 단순히 특정 사물의 소리만을 전달하는 것이 아니라, 작중 인물의 내면과 사건 추이를 반영한다. 「아, 하세요 펠리컨」에서 "세상의 외곽에 선 보트를 타는 사람들"(132면)은 땅에 정주하지 못하는 이 땅의 호모노마드이다. '퐁당퐁당 저수지' 에서 보트가 굴러가는 소리는 보트를 탄 노마드의 애환을 청각적으로 전달해 낸다. 몰래 보트를 훔쳐 탄 사람들은 보트를 잘 탄다. "퐁당퐁당 퐁당" — 보트를 잘 타는 만큼, 보트가 굴러가는 소리도 경쾌하다. 반면, 방글라데시에서 온 외국인 노동자는 보트를 잘 타지 못한다. "퐁 퐁 퐁당 퐁" — 여기에는 한국 현실의 문법을 제대로 읽어내지 못하는 외국인 노동자들의 불규칙한 삶의 리듬이 실려 있다. 이 밖에 양복을 입은 중년의 남자가 탄 보트는 무겁다. "포옹, 당 포옹, 당 퐁, 당" — 그가 살아온 세월의 무게와 그가 짐 져야 하는 현실의 무게만큼 그의 보트는 무겁게 굴러간다. 묵직한 그 소리는 남자의 죽음을 예견하고 있다. 보트 소리를 표현한 분절된 의성어는 다음과 같은 사실을 말해준다. 그들은 "즐거워서가 아니라, 즐겁지 않아서 (보트를:필자) 타는 것"(135

면)이라고 말이다. 그들에게 보트는 즐거움이 아니라 현실에서 벗어날 수 있는 출로이자, 생의 마지막 남은 비상구이다.

분절된 문장을 통해 박민규는 끊임없이 이 땅의 윤리를 묻고 있다. 사회, 현실, 한국, 개인의 모럴과 구분되는 박민규의 모럴은 '지구의 윤리' 이다. 그것은 『지구영웅전설』에서 바나나맨이 슈퍼맨의 무리들을 통해 모색하려 했던 생존의 법칙이기도 하고 생존 너머에 있는 삶의 균형이기도 하다. 박민규가 지향하는 지구의 윤리는 작중에서 물질에 의한 물질의 상상력으로 구현된다는 점에서 '물질의 윤리' 라 부를 수 있다. 박민규 소설집 『카스테라』에는 80년대의 모럴과 90년대의 키치가 착종되어 있다. 그에 의하면 세상은 바뀌지 않았는데 세상을 바라보는 관점은 바뀌었으며, 그는 그것을 혼돈으로 본다. 「코리언 스텐더즈」에서 노동운동을 하다가 출옥 후 농촌운동에 투신한 '강기하' 는 이 세계 바깥에 존재하는 인물이다. 산골에서 그는 농촌공동체를 운영하면서 외계인으로부터 농작물의 침해를 당하지만, 어느 누구에게도 하소연하지 못한다. 오늘날 코리언 스텐더즈(Korean Standards)의 관점에서 보자면, 그는 이 세계 바깥에 존재하는 외계인이다. 어제의 도덕적 인물이 오늘에 이르면 외계인 취급을 받는다. 그들은 구경거리 혹은 조소의 대상으로 전락한다. 그런 의미에서 작품집 『카스테라』에 등장하는 다양한 주인공들은 그의 소설에 자주 출몰하는 동물, 너구리 혹은 기린과 다를 바 없이 볼거리로 전락한 인물들이다. 그들이 최선을 다하는 이유는 다른 이들에 비해 현실에서 더 무력하기 때문이다.

박민규는 우리가 몰두하고 있는 이 세계의 안, 후기자본주의 세계가 아니라 이 세계의 밖, 외계(外界)에서 온 전신을 소개한다. 그는 세계 밖에서 외계인 취급을 받는 이들의 고독을 물질의 상상력에 의거해서 읽어 들인다. 그가 지향하는 지구의 모럴은 기계에 의해 구현된다. 그것은 냉장고이기도 하고, 지하철이기도 하고, 유원지의 보트이기도 하다. 박민규 소설에 나타난 세계 시민은 그들만의 네트워크와 질서를 가진다. 냉장고에 들어간 세계 시민들은 '카스테라' 가 되며, 지하철에 나타난 아버지는 '목이 긴 기린' 이 된다. 유원지의 오리 보트는 거대한 비행체 '펠리컨' 이 되어 지구적 삶을 살아간다. 그들은 세계 안의 외압을 견뎌내기 위해 자신의 몸체를 바꾸어야 했다. 박민규 소설에서 기계는 위풍 당당한 캐릭터로서 이야기의 중심에 놓여있으며, 그들은 인간을 압도하는 거대한 생명력을 지닌다. 잡식성의 냉장고는 이 세상의 소중한 것과 해악을 통째로 먹어치우는가 하면, 저수지의 오리 보트는 전 세계를 오고가는 교통기관이 된다.

박민규는 세계 안의 혼돈을 평정하기 위해 그 자신이 해결사가 되기보다, 세계 안의 혼돈을 일소에 부칠 수 있는 존재를 제시한다. 「카스테라」에서 냉장고는 지구의 혼돈을 정돈할 수 있는 '수납의 공간' 이며, 이 때 그가 선택한 대상은 우리 주변에 흔히 볼 수 있는 기계와 같은 물질이다. 작품집 『카스테라』에서 그는 일상의 잡동사니와 더불어 이야기하고, 그들을 작품의 중심으로 소환해 낸다. 박민규는 잡동사니에게 말 걸고, 그들에게 각각의 캐릭터를 부여하여 목소리를 갖도록 만든다. 어느새 잡동사니들이 주체가 되어 인간을 조롱하고, 현실의 무질서를 조롱한다. 작품집 말미 '작가의 말'에서 그가 우리가 살고 있는 지구는 '언제나' '예열'되어 있으며 '세계의 재료도 언제나 우리 주변에 쌓여' 있으므로 '리믹스가 관건'이라고 말한 바와 같이, 그는 국가를 초월하여 이 세계 안에 존재하는 다양한 물질에 말 걸고 그들을 소설 속에서 '리믹스(remix)' 한다.

박민규에 의하면, 소설이란 무엇인가 혹은 소설은 어떻게 써야 할 것인가의 문제는 모두 '방법'의 문제로 귀결된다. 이미 세상은 물질과 물질, '기이한 사건'과 '진술되어야 할 진실'로 산재해 있으며 작가는 이러한 물질을 잘 요리해서 빛나는 전구를 만들어 이 지구를 밝혀내야 한다. 박민규는 거대한 농담의 형태로 국가의 규율에 맞선다. 그것은 박민규뿐 아니라 최근 신진 작가들의 이야기 방식이기도 하다. 후술하겠지만, 이기호는 감자 캐는 황순녀의 입을 통해 감자밭을 쑥대밭으로 만든 국가에게 시비를 따진다. 이들에게 국가는 소수자에게 부당한 방식으로 권력을 행사하는 또 하나의 캐릭터이다. 작중에 등장한 '국가'는 특정한 이데올로기와 정치성을 지닌 집단이 아니라, 개인의 개별성을 인정하지 않고 개인의 자유를 통제하는 권력체의 전형이다. 박민규 소설에 자주 등장하는 '미국'은 이 세계 안에 존재하는 최고의 권력체이다. 박민규의 소설은 세계 안에 내재한 혼돈을 부정하고 세계 밖의 물질을 통해 지구의 윤리를 제시하고 있다는 점에서 그 성과가 돋보이지만, 작가는 다음과 같은 문제도 직시해야 한다.

박민규가 제시하는 물질의 윤리는 정치와 사회가 요구하는 윤리에 비해 일견 공평성을 띤 듯하지만 그가 전하는 한 편의 소설이 자칫 거대한 농담으로 취급될 수 있다는 점에서, 작가는 부단히 이야기에 힘을 불어넣어야 할 것이다. 「야쿠르트 아줌마」는 변비로 고생하는 작중 화자가 화장실 변기에 앉아서 일삼는 공상에 해당한다. 이 작품은 그 자체로 거대한 농담 덩어리인데, 리얼리티가 부재함에도 이 작품이 완결된 형식을 지닐 수 있는 것은 순전히 작가의 입담과 재치 때문이다. 그러나 '사건'이 부재한 가운데 지속되는 작가의 재담은 농담 같은 단막극은 될지언정 소설의 미래는 될 수 없다. 그럼에도 박민규가 제시하는 물질의 윤리는 얼마간 시사점이 있다. 자본주의가 기승을 부리고 더 팽창할지언정 뒤로 물러설 수 없는 것이 대세라면, 우리는 자본을 형성하는 '물질' 속에서 윤리를 찾아야 할 것이다. 박민규는 혼돈을 뒤흔들기보다 혼돈을 정제할 수 있는 수납공간을 모색한 것이다. '수납'은 혼돈에 대한 카타르시스를 제공할 수 있지만 혼돈을 정제시킬 수 있는 에너지를 가지고 있지 않다는 점에서, 작가는 '혼돈'과 '정제' 사이의 간극을 극복할 수 있는 새로운 상상력을 고안해 내야 할 것이다.

### 3. 신화적 상상력과 신인간의 윤리 : 천명관 『고래』(문학동네, 2004)

제10회 문학동네소설상 수상작인 천명관의 『고래』는 문학동네의 최근 문학적 입장을 보여준다. 제10회 수상작인 천명관의 『고래』는 제11회 수상작인 박진규의 『수상한 식모들』과 더불어, 그 간 문학동네가 모색한 것이 '소설의 운명'이 아니라 소설을 비롯한 '이야기의 운명'임을 시사한다. 천명관과 박진규는 소설가라기보다 이야기꾼에 가깝다. 그들이 추구하는 것은 소설의 규범과 문법이 아니라, 이야기의 운명과 이야기의 실현이다. 이야기를 만들어내기 위해 그들은 굳이 소설이라는 장르를 의식하지 않으며 영화, 만화, 농담, 만담, 신화, 동화 등 이야기를 만들어낼 수 있는 것이라면 무엇이든 도구로 활용하는 세대이다. 그들이 주목하는 것은 소설의 운명과 같은 순문학적 담론의 구도가 아니라, 단번에 수용자들(독자, 관람자 등)을 사로잡을 수 있는 무궁무진한 이야기의 전개능력이다. 그러므로 그들의 작품을 평가하기 위한 준거는 소설(novel)이 아니라 이야기(narrative)에서 찾아야 할 것이다. 그들이 부각시킨 '이야기의 운명'이 소설의 운명과 관련하여 오히려 '소설의 실종'을 초래하지는 않았는지, 이야기의 성공이 소설에 어떠한 영향을 미쳤는지는 면밀히 재고되어야 한다.

천명관의 『고래』는 '부두', '평대', '공장' 3부작으로 구성되어 있다. 이 작품은 여인의 일대기를 보여주는 연대기적 서술 형태를 띠고 있으며, 작가는 세 여인의 삶에 주목하고 있다. 첫째는 국밥집 여자가 할머니가 되기까지의 일대기와 사후 그녀가 복수의 화신으로 출몰하는 이야기, 둘째는 시골 소녀 금복의 일대기, 셋째는 금복의 딸 춘희의 일대기이다. 금복이 암컷의 냄새를 풍기는 인물이라면, 국밥집 여자와 금복의 딸 춘희는 여자로서는 흉측한 외견을 가지고 있다. 국밥집 여자가 지나치게 추한 외모를 가지고 있다면, 춘희는 통뼈의 거구이다. 금복이 여러 남자들과 관계를 맺고 사회적으로 성공한 반면, 국밥집 여자와 춘희는 사람들로부터 배척당하고 소외당한다. 작품의 시작과 끝은 '춘희'를 키워드로 하고 있는 만큼, 작가는 춘희의 캐릭터 창조에 세심한 주의를 기울이고 있다.

작가의 모럴을 구현해 내는 중심인물이라는 점에서 춘희는 세심하게 고찰해야 할 캐릭터이다. 국밥집 노파와 금복은 여성 영웅의 면모를 보이지만, 그들은 욕망에 휘둘리는 불우한 인간의 운명을 극대화할 뿐이다. 반면 춘희는 그녀들과는 무관하게 인간이 살아가는 또 하나의 방식을 보여준다. 그것은 구속(救贖)의 형태로 이 땅에 강림한 예수의 일생과 닮아있다. '춘희'는 포스트 모던한 이 시대에 작가가 예수의 생을 비틀어서 만들어낸 캐릭터이다. 춘희는 코끼리가 있는 마구간에서 태어났으며, 훗날 그녀는 의붓아버지 문(文)의 사랑을 받으며 자란다. 벽돌을 굽는 문(文)을 따라, 그녀 역시 벽돌을 굽는다. 국밥집 노파의 복수심이 불러일으킨 불씨는 영화관의 대형사고를 초래했다. 당시 영화관에는 그 마을 대다수 주민들이 관람하고 있었다. 그녀는 영화관 방화사건의 범인으로 몰려 대속(代贖)해야 했다. 그녀는 죄 없이 교도소에 들어가 차마 입에 담을 수 없는 모진 핍박을 받는다. 오랜 수형생활 동안, 그녀는 모진 핍박을 받고 새순처럼 여린 감성에 깊은 상처를 입지만, "자신의 상처를 어떤 뒤틀린 증오나 교묘한 복수심으로 바꿔내는 술책을 알지 못했다. 고통은 그저 고통일 뿐 다른 어떤 것으로 환치되지 않았다."(350-351면) 작가는 가해자에 대한 보복과 구분되는 춘희의 분노를 "순정한 분노"(331면)라 구분한다. 그녀의 상처는 외부로 발산되지도 않았고, 지워지지도 않은 채 그녀의 가슴에 화석처럼 굳게 자리 잡았다. 마치 예수가 십자가의 형장에서 못 박힌 상처를 지니고 있듯이, 춘희도 고통의 상처를 온전히 몸으로 기억하고 있다. 세속적인 복수의 논리를 벗어난 춘희의 삶은 고통의 시간이면서 동시에 승화의 시간이기도 했다. 교도소에서 출감한 후, 그녀는 외로움과 고통의 시간을 온전히 벽돌 만드는 일로 승화시켜 나간다. 떠난 남자를 기다리며 아이의 죽음을 목도해야 하는 고통은 벽돌을 굽는 일로 치환된다. 그녀가 만든 벽돌은 그녀가 죽고 난 뒤, 세인들의 관심 속에 시대를 대표하는 건물의 주춧돌이 된다. 이처럼 캐릭터 일 개인의 행적을 좇을 때, 춘희는 작가가 창조한 신인간으로서 일정한 윤리를 재현해 보이는 듯하다. 하지만 이야기의 구조 속에 그녀가 놓여 있는 포지션을 추적해 볼 때, 그녀는 신인간의 윤리를 구현해 내는 절대적 입지에 있지 않음을 알 수 있다. 작중 그녀의 포지션을 추적하기 위해 전체 이야기의 구도를 살펴보도록 하자.

잘 짜여진 이야기, 천명관의 『고래』는 다음과 같은 의구심을 자아낸다. 첫째, 작가는 작중 인물과 그들의 삶에 대해 애정을 지니고 있지 않다. 작가는 주인공으로 여성 영웅을 부각시켰으나, 종국에는 여성 영웅을 내동댕이치며 한껏 조롱하고 있다. 이 작품의 여성 영웅 금복은 욕망하되, 행복과 기쁨으로 충일된 삶을 살지 못한다. "아무 사내하고나 살을 섞는 자유분방한 바람기"는 욕망의 충일이 아니라 "육신의 한계와 죽음의 공포로부터 벗어나기 위한 덧없는 몸부림"에 지나지 않는다. 금복은 여성의 성적 매력을 발산하는 것에서 더 나아가 남성을 지향하여, 그녀의 육체는 남성화 된다. '고래'는 금복의 욕망이 이미지로 굳어진 것이다. "두려움 많았던 산골의 한 소녀"가 "고래에게 매료된 것은 단지 그 크기 때문만은 아니었다. 언젠가 바닷가에서 물을 뿜는 푸른 고래를 만났을 때 그녀는 죽음을 이긴 영원한 생명의 이미지를 보았던 것이다." 그녀는 "큰 것을 빌려 작은 것을 이기려 했고, 빛나는 것을 통해 누추함을 극복하려 했으며, 광대한 바다에 뛰어듦으로써 답답한 산골마을을 잊고자 했"으며 "스스로 남자가 됨으로써 여자를 넘어서고자 했"(271면)다.

금복의 삶은 자본주의의 탐욕이 보여주는 '생의 탕진'이다. "유년을 상실하고, 고향을 상실하고, 첫사랑을 상실하고" 나아가 "젊음"과 생을 상실했다는 점에서, 금복은 인간이라는 상실자의 전형이다. 금복이 보여주는 상실감은 역사적 존재의 상실감이 아니라 생물학적 개체의 상실감이다. 작가는 작중 인물을 맘껏 농락하고 종국에는 인물을 내팽개쳐 버린다. 그는 어릿광대의 유희를 끝까지 보여주면서 이야기를 완성하지만, 정작 어릿광대에 대한 애정은 지니고 있지 않다. 작가는 금복을 비롯한 국밥집 노파, 춘희의 삶을 즐비하게 늘어 세우면서 흥미있는 이야기를 완성했지만, 삶의 한 경지를 보여주지 못한 채 권선징악의 고전적 도덕율로 귀결시켜 버리고 만다. 이러한 사실은 작가가 이 땅의 현실에 대한 절박한 애정과 절실한 천착이 없음을 반증한다. 그의 소설에서 역사와 현실은 웃음을 자아내는 유머의 기제로 전락해 있다. 작가는 우리의 삶을 조명하고 있지만, 그가 재현해 낸 삶에는 비애가 없다. 작가는 "이야기란 바로 부조리한 인생에 대한 탐구"(310면)라고 했지만, 그의 탐구 결과는 도식적이다. 그는 삶을 몸으로 깨달은 것이 아니라, 머리로 통찰한 후 현란한 언어로 구사해 낸다. 그 결과 그가 파악한 삶은 장식적이고 화려하지만, 리얼리티가 없다. 천명관은 대중이 삶을 바라보는 감각적인 시선을 발 빠르게 포착해 냈다는 점에서 독자들의 시선과 눈높이를 맞춘 성과를 지니지만, 반면 독자의 시선을 넘어서는 다른 세계를 보여주지 못했다는 점에서 한계를 노정하고 있다. 그가 만들어 낸 것은 우리 삶의 현재와 미래를 두루 관망하는 '소설의 세계'가 아니라 직설적이며 과격하고, 자학적이고 자극적인 '이야기의 세계'이다. 작가가 채득한 생생한 비주얼(visual)은 이야기의 수사학일 뿐, 소설의 리얼리티를 대신할 수 없다.

둘째, 천명관이 제시하는 인간관계는 철저하게 경제적인 수수관계에 입각해 있다. 이 작품은 가족사 연대기의 구성을 보이지만 가족 서사는 소재에 그칠 뿐, 이 작품에서 인물과 인물의 결합은 사회적인 수수관계에 입각해 있다. 그 대표적인 특징이 모성(母性) 부재이다. 작중 인물들은 부성애와 모성애가 없다. 그들은 자신이 낳은 자녀를 학대하고, 자기 운명의 걸림돌로 여긴다. 트럭운전사의 심정에서 드러난 바, "아이를 보는 순간, 그는 아이가 자신의 발목을 비끄러매 소나 돼지처럼 평생 우리에 갇혀 살게 할 거라는 두려움에 사로잡혔다."(371면) 국밥집 노파가 딸을 학대하고 딸에게 저주를 퍼붓듯이, 금복은 철저하게 춘희를 외면하고 그녀의 삶에서 딸을 멀찌감치 떼어 놓는다. 육친애가 정서적 관계를 의미한다면, 그들의 육친애는 거세되어 있으며 그들의 제 관계는 경제적 수수관계에 입각해 있다. 인물과 인물이 만나고 헤어지는 방식에 주목해 보자. 이야기 형성을 위해 중요한 만남은 금복과 쌍둥이 여자들과의 관계, 금복과 남자들과의 관계이다. 이러한 만남은 철저히 주고받는 관계이다. 쌍둥이 여자는 출산한 금복에게 일자리를 주었고, 이에 금복은 쌍둥이 여자에게 평대 다방을 위임한다. 생선장수가 금복에게 새로운 세상으로 나갈 수 있는 통로를 제공했고, 이에 그녀는 생선장수에게 건어물상과 운수업자의 길을 열어준다. 제 관계의 기저에는 애정에 앞서, '필요'가 자리 잡고 있다. 인물과 인물의 관계는 철저하게 주고받는 경제적인 구도를 보인다. 이것은 정서적 공동체를 형성하던 전대의 집단적 인간과는 판이하게 구분되는 이익관계를 대변한다. 가족과 유리된 개인의 삶을 살기를 원하는 것은 그들이 '정서' 보다 '이익' 을 택하고 있기 때문이다. 춘희를 제외한 작중의 제 인물들은 유랑집단이며, 유랑하는 무리들의 제 관계는 수평적이다. 유랑하는 제 인물은 이야기의 다채로움을 보여주지만 소설이 추구하는 동시대의 모럴을 조명해 내지 못한다. 정서적 공동체와 등을 돌린 그들의 '유랑' 은 생이 탕진할 때까지 지속될 것이다.

이러한 이야기의 맥락 속에서, 다시 춘희의 포지션으로 돌아가 보자. 천명관의 『고래』는 춘희라는 캐릭터가 보여주는 신인간의 창조에도 불구하고 궁극적으로는 경제적 인간의 운명을 조명해 내는데 그친다. '춘희의 벽돌' 은 춘희의 고매한 윤리를 이야기 밖으로 끌어내는데 까지 나아가지 못하고, 새로운 이야기를 요구하는 세인들의 볼거리로 전락하고 만다. 인간적 고통을 감내하고 그 고통으로 만들어진 춘희의 벽돌은 건축물이 되면서 그녀의 이야기는 사람들의 구경거리로 전락하고, 춘희의 행적은 더 많은 사람들의 이목을 집중시키기 위한 상품으로 포장된다. 현실을 직시하는 작가의 시선은 예리하지만, 현실을 포용하거나 승화시키려는 작가의 애정은 부재해 있다. 작가의 신화적 상상력과 그가 만들어낸 신인간은 작가의 예리한 통찰력을 보여주는데 그칠 뿐, 무질서한 현실과 신인간의 공존방법에 대한 모색은 없다. 그 결과 작가가 만든 신인간은 이야기 속에 갇힌 채, 단순히 이야기 거리로 그치고 말았다.

### 4. 패배자의 윤리와 사적환상의 비대화, 소설 윤리의 신국면 : 이기호 『최순덕 성령충만기』(문학과지성사, 2005)

이기호의 창작집 『최순덕 성령충만기』에는 8편의 단편이 수록되어 있다. 이기호의 단편은 치밀한 구성력과 리얼리티, 새로운 형태의 문체와 수사학 등 구조적으로 잘 짜여져 있다. 형식적인 면에서 작품집에 수록된 각각의 단편은 '랩', '대화', '고백' 등 다양한 서술방식을 선보인다. 「버니」는 작중 화자의 독백이 시종일관 랩(rap)의 형식으로 되풀이된다. 「햄릿 포에버」는 기소된 피의자가 조사자의 질문에 응답하는 문답 형식으로 전개된다. 「최순덕 성령충만기」는 기독교 성경에서 성인을 묘사하는 것과 동일한 방식으로, 기독교 신봉자 '최순덕'의 성령충만한 신앙생활이 소개되어 있다. 이기호는 보도방 실장, 본드 흡입의 전과자, 앵벌이, 사기꾼, 맹신적 기독교도, 순박한 산골 여인 등을 주인공으로 삼아, 이 사회 소수자들을 현실로 소환해 낸다. 각각의 단편에 등장하는 주인공들은 실상 인간의 욕망과 좌절을 드러낸다는 점에서, 동종이형의 캐릭터이다. 작중 소수자들의 행적은 이 시대 모럴의 부재를 보여준다. 그들은 자본이 도덕을 능가하는 시대에 패배의 자술서를 쓰는가 하면, 공적환상이 사라진 시대에 사적 백일몽으로 삶을 탕진한다. 전자가 팽창하는 자본주의 사회에서 패배자의 윤리를 보여준다면, 후자는 공적환상을 상실한 시대에 병리적 형태로 나타나는 사적환상을 보여준다.

이기호는 「버니」,「햄릿 포에버」,「옆에서 본 저 고백은-告白時代」에서 자본주의 사회, 패배자의 고백을 다양한 방식으로 조명하고 있다. 「버니」에서 보도방 실장인 나는 순희에 대해 특별한 감정을 느낀다. 제대로 사랑을 경험해 본적이 없으므로, 나는 순희에게 어떤 내색도 하지 못한다. 화자인 나의 내향성은 이 작품을 단순히 보도방에 대한 묘사에 그치지 않고, 독자로 하여금 보도방의 삶을 살아가는 청춘들의 내면세계로 유인한다. 순희는 가수의 메니저에게 서비스하던 중 발탁되어, 신세대 여성래퍼 '버니' 라는 또다른 삶을 산다. 그녀의 매니저는 그녀의 과거를 절대 발설해서는 안된다는 협박과 함께 보도방 사람들을 구타한다. 나는 사무실에서 나의 더러운 바지와 양발을 빨아주던 순희를 그리워한다. 나를 비롯한 그들의 삶이 가벼워진 것은 패배자로서의 생존 전략이다. 사랑의 기회마저 박탈하는 현실의 외압은 나로 하여금 가벼움을 강제한다. 자본주의 모럴에 의할 것 같으면, 자본생산력이 미비하고 보도(보지도매)로 연명하는 나는 자본주의의 패배자이다. 나는 가슴속에 싹튼 애정의 씨앗을 스스로 짓밟으며 망각을 위해 가벼움에 몸을 싣는다. 나는 가벼워져야 한다. 대바구니와도 같이, 가벼워서 모든 것을 담아내면서도 종국에는 모든 것을 비워낼 수 있어야 한다. 나의 '가벼움' 은 선택이 아니라 자본주의의 강제라는 점에서, 그것은 자본주의 시대 패배자의 처세법이자 패배자의 윤리가 된다. 작품 곳곳에서 나는 가벼움의 윤리를 다음과 같이 노래하고 있다.

> 내 별명은 바구니 물을 담으면 물이 새고/쌀을 담으면 쌀이 새는/대나무로 만든 가벼운 바구니/내 머리가 가벼워 내 별명은 바구니/태어날 때부터 가벼워 가볍게 죽을 것 같았던/내 별명은 바구니/아무것도 몰라 아빠도 몰라 엄마도 몰라/사는 것도 몰라 세상을 몰라/아무도 나에게 말하는 법을 가르쳐주지 않았어/하지만 난 이렇게 말하지/나도 가볍고 너희들도 가벼워/내 말도 가볍고 너희 말도 가벼워/나도 바구니 너희도 바구니 물을 담으면 물이 새고/쌀을 남으면 쌀이 새는/세상은 바구니(8-9면, 14-15면, 21면, 27-28면, 36면, 38-39면)

「햄릿 포에버」 역시 작품 전체가 피의자의 고백에 해당한다. 본드 흡입 사건으로 기소된 피의자인 나는 본드 흡입 전과 경력으로 출소된 후, 극단의 기능직 직원으로 채용된다. 차서화 극단장의 개작극 〈햄릿 포에버〉를 준비하던 중, 나는 본드를 만지면서 환각 속에서 햄릿을 만난다. 문제는, 본드 흡입 후 내가 햄릿 이외 나의 아버지를 만난데서 발생한다. 환각중에 아버지를 만나자, 나는 옆에 있던 차서화에게 본드를 강제로 흡입시켜 버린다. 이 작품은 유기된 아들과 집나간 아버지의 극적인 해후를 보여준다. 행방불명된 아버지를 만나기 위해 〈햄릿〉이라는 연극의 형식과 본드의 흡입이 요구되었다. 작품에서 '포에버' 한 존재는 '햄릿' 이 아니라 '아버지' 이다. 나, 이시봉은 원주농고에서 제적당한 것이 최종학력이며, 어머니와 동생은 무직이다. 아버지는 행방불명 된지 오래며, 생활보조금 40만원으로 가족이 생활했다. 아버지와 화해할 수 없는 불우한 젊은이는 본드를 흡입하고 환각 중에 아버지를 만난다. 나는 본드를 통해서 햄릿을 소환해 내며, 햄릿을 통해 궁극적으로 나의 아버지를 만난다. 아버지에 대한 그리움과 증오, 양자의 상반된 감정을 전달해 줄 수 있는 캐릭터로 끌어들인 햄릿은 내면에 존재하는 나의 분신이다. 아버지와의 만남은 아들의 내면에 존재하는 근원적인 욕망이다. 아버지의 부재로 말미암아 일찍 가장이 되어야 했으며, 어린 시절을 불우하게 보내야 했던 아들의 애증이 아버지와의 해후를 유예시켰던 것이나, 아버지를 결코 미워할 수 없었던 아들의 내면은 슬프다.

여기 또 하나의 슬픈 고백이 있다. 그 고백의 첫 문장은 다음과 같다. '부모는 이해하는 게 아니라고 생각합니다. 용서해야 하는 것입니다.' (106면) 이와 같이 강제된 고백에는 다음과 같은 우여곡절이 전제해 있다. 「옆에서 본 저 고백은-告白時代」에서 나와 이시봉은 앵벌이 조직의 우두머리이다. 그들은 앵벌이의 우두머리지만 이기적인 냉혈인간이 못 된다. 그들은 신용정보회사에 취직하기 위해 자기소개서를 쓰려고 한다. 허나 고백이라는 작업은 수월하지 않다. '성장배경', '성격', '생활태도', '학력' 등 어느 것 하나도 그들은 자신 있게 고백할 수 없다. 그들의 고백은 어려울 뿐 아니라 심지어 고통스럽다. 그들은 고백을 위해 자신의 삶 속에 빠진 항목을 헤아려야 하며, 화해할 수 없는 대상을 포용해야 했다. 고백의 어려움으로 말미암아, 그들은 합법적인 사회가 요구하는 '자기소개서' 를 쓸 수 없었다. 이시봉은 피시방에서 아르바이트 하는 '팔대이' 에게 스템플러를 들이대며 '자기소개서' 대필을 강요한다. 그러나 상황은 역전되어 '팔대이' 가 머뭇거리는 이시봉에게 '고백' 을 독촉하면서 급기야 이시봉의 머리에 스템플러를 찍어 누른다. 나와 이시봉은 폭력의 주체가 아니라 폭력의 피해자이다. 그들은 피시방의 아르바이트생인 '팔대이' 에게 당하는 약자일 뿐 아니라, 이 세상의 자본으로부터 유린당하는 패배자이다. 그들의 '자기소개서' 는 자본주의 사회, 고개 숙인 '패배자의 백기' 이다.

소설이 허구라고 한다면, 소설에서 모럴은 환상의 형태로 제시된다. 이를 범박하게 공동환상이라고 한다면, 최근 소설에서 공동환상은 사라진지 오래이며, 그 자리에는 사적환상이 극대화되어 나타난다. 기시다 슈에 의하면, 정신병자는 자신의 사적환상의 태반을 공동화 할 수 없었던 존재이다. 사회의 공동환상과 별개로, 그는 자신의 사적환상을 통해 홀로 자폐적 세계 속에서 서식한다. 그들은 간혹 자폐적 세계를 뛰쳐나와 사적환상을 공동화하려 하지만, 그것은 일종의 발광에 그친다. 이기호는 「최순덕 성령충만기」에서 공적환상이 사라진 시대에 사적환상의 병리적 징후를 조명하고 있다. 기독교 신자 최순덕에게 있어서, 그녀가 사는 궁극의 목적은 하느님 나라(구원)로 가는 것이다. 현실에서 그녀가 하는 모든 일은 구원받기 위한 준비이다. 그녀는 학교공부, 사회생활로부터 등을 돌리고 성경공부와 교화사업에 열중한다. 대학에 떨어지고 학원과 아르바이트를 전전하면서, 그녀는 하느님이 자신에게 맡긴 소임을 발견한다. 골목길에서 알몸으로 변태 짓을 하는 남자를 만난 후, 그녀는 그 남자를 구원해야 한다는 소명의식으로 똘똘 뭉친다. 그녀는 그의 뒤를 쫓아다니며, 결국 그 남자를 구원해 내는데 성공한다. 그가 아내로부터 구박을 받으며 집을 쫓겨 나왔을 때, 그녀가 구원의 손길을 뻗힌 것이다. 그녀는 그와 더불어 부부가 된다. 순덕은 교회에 나가 그간 '성령충만' 했던 자신의 구원 사업을 신도들 앞에서 간증한다.

이 작품에서 구원이 간절히 요구되는 사람은 변태 짓을 하는 남자이다. 실제 남자는 변태가 아닌 평범한 한 가정의 가장이다. 그는 다만 그가 부양해야 할 늙은 노모와 생활고를 독촉하는 아내와 그가 책임져야 할 딸들 등 삶의 짐이 너무 무거웠다. 뿐만 아니라 그가 몸담은 곳은 박봉의 간호학원이며 원장은 그에게 외부 홍보를 적극 나설 것을 강요하고 간호사들은 좋은 병원을 알선해 주지 않는다고 불만을 토로한다. 그는 현실적으로 구원이 절실히 요구되었다. 집에서 쫓겨난 그가 돌아갈 수 있는 곳은 어디이며, 그가 앞으로 할 수 있는 일은 무엇인가. 아이러니하게도 그를 구원해 준 것은 최순득이다. 최순득이 그를 구원해 줄 수 있었다면, 최순득에게 충만해 있는 성령의 출처는 무엇인가. 그것은 성령이 아니라, 자신의 극대화된 백일몽이다. 그녀의 신앙간증, 그것은 그녀의 백일봉이 모든 이들에게 경외의 대상이 되었다는 점에서 사적환상의 사회적 일반화와 심각한 정도를 시사한다. 최순득의 사적환상의 비대화는 평범한 한 가장(家長)의 사회적 몰락과 대비되어, 작중 사건은 개인의 문제이기 앞서 이 사회의 한계를 지적한다. 그것은 공동환상 상실의 시대에는 사적환상이 그 자리를 대체할 것이며, 바야흐로 공동의 선을 상실한 시대에는 개인의 기복이 난립할 것이라는 것이다. 공동의 선(善)과 공동의 목표가 힘을 잃을수록, 이 사회는 사적환상이 팽배해진다. 공동의 목표가 제 기능을 발휘해야 할 이 사회에 공동환상에 대한 의지가 소멸되는 대신, 그 자리에 사적환상만이 만연해 있다. 비대해진 사적환상은 공동환상을 일소해 부친다. 이제 윤리는 자의적이고 선택적인 것이 된다. 이 땅의 소수자들은 절박한 상황에 따른 개인의 처세법을 개별적으로 고안하고 맹신하며 유포한다.

이기호의 소설은 윤리부재의 시대, 소수자의 처세법이 나타나 있다. 이기호 소설의 미덕은 작중 인물들이 가벼움과 사적환상으로 선회하기 전, 그들이 세계와 충돌하는 과정을 보여준다는 점이다. 이기호가 만들어 낸 캐릭터들은 자신의 내부는 물론 가족과 이웃의 삶에 역동적으로 관여한다. 소설 속에서 주인공들은 자기 내부의 에너지를 외부 현실과 역동적으로 교차시키는 가운데 다른 인물들과 좌충우돌하고 있으며, 이러한 인물의 불완전성은 캐릭터의 생동성을 부여할 뿐 아니라 비록 패배로 귀결될지언정 자기실현의 다양한 과정을 보여준다. 자기실현의 불연속적인 과정에서 잉태된 소수자들의 자술서와 사적 백일몽은 가벼움의 처세술을 패배자의 윤리로 승격시키는 현실적인 알리바이를 제공한다.

소설집 『최순덕 성령충만기』에서 이기호는 자본과 사적환상의 팽창 시대에 패배자의 윤리를 조명하는 것 외, 정치 담론을 수용하는 신(新) 소설 문법을 보여 주고 있다. 그의 소설 속에서 이 땅의 정치는 특정한 이데올로기로 존재하는 것이 아니라, 특정한 '캐릭터'로 존재한다. 전대의 소설에서 이데올로기가 인물의 의식 및 행위를 견인하는 보이지 않는 큰 손이었다면, 최근 신진 작가의 소설에서 이데올로기는 미국, 국가, 박정희처럼 본명 그대로 소설의 캐릭터가 된다. 이기호는 「발밑으로 사라진 사람들」에서 유쾌한 자궁신화와 더불어 정치담론의 소설적 승화를 보여준다. 황순녀는 한국전쟁이 발발해도 마을을 떠나지 않고 감자를 심고 캐는 일에 골몰한다. 그녀는 한밤중에 들이닥친 검은 소와 관계하고, 아들을 낳는다. 그녀의 집 인근에 군부대가 들어섰지만, 그녀는 그 곳을 떠나지 않고 굳세게 감자밭을 일군다. 황순녀라는 캐릭터에는 '씨감자'와 '땅'과 더불어 독특한 성격이 부여된다. 생산력 있는 모태를 지니고 있다는 점에서, 황순녀는 곧 씨감자며, 씨감자는 또 흙과 동일한 존재이다. 황순녀를 비롯한 씨감자와 흙은 모두 하나의 자궁이다. 작가는 이 작품에서 섹슈얼리티 대신, 생식력(생산력)을 갖춘 모태를 부각시킨다. 이것은 사회적으로 정의되는 모성(母性)과 구분된다. 모성이 사회적으로 정립된 어머니의 정신적 성질과 육체적 성질을 의미한다면, 작가가 제시하는 모태는 자연성(생산성)을 실현하는 개념이다. 그것은 아버지인 검은 소를 닮아 과묵하고 말이 없으며, 아버지와 마찬가지로 네 발로 기기를 잘하며, 아버지처럼 눈빛으로 마음을 전하는 아들을 사랑하는 엄마의 모습에서도 잘 나타난다.

순녀는 모든 감자가 씨감자여야 하듯, 모든 땅은 감자를 생산해 낼 수 있는 감자밭이 되어야 한다고 생각한다. 순녀집 부근에 들어선 군부대는 자궁이 되어야 할 땅을 불모의 터전으로 변모시키려 한다. 순녀는 인근 땅이 모두 감자를 생산해 낼 수 있는 훌륭한 자궁이 되도록 쟁기질을 하고 흙을 가꾼다. 실지로 그녀가 만들려는 것은 감자의 수확이 아니라 감자를 생산해 낼 수 있는 넓고 풍요로운 자궁이다. 순녀는 그녀가 만들어 놓은 자궁을 불임의 공간으로 만들려는 '국가'를 비난한다. 순녀와 위병의 실랑이를 들어보자. "도대체 국가가 누구냐, 국가는 제일 신성하고 높은 것이다, 그렇게 신성한 것이 어찌 그리 자주 피난을 가버리느랴, 당신 지금 국가를 모독하는 거냐, 멧돼지도 피난 한 번 안 갔다, 이 아줌마가 정말--"(280면) 이 땅의 생산과 풍요를 위해 자궁신화를 일구어내려는 황순녀에게 국가는 그 훼방꾼이다. 황순녀는 아들에게 "아가야, 걱정할 것 하나 없단다. 엄마가 심은 감자 줄기가 땅 밑으로 쭉쭉 뻗어나갈 거야. 국가란 놈이 암만 땅 위에서 설친다고 해도 땅 밑은 여전히 우리 감자밭이란다."(282면) 작가는 황순녀가 일구려는 자궁신화의 박해자로 '전쟁'과 '군부대'를 비롯한 '국가'를 설정해 놓았다. 전쟁의 상흔과 부대가 장악해 있는 현실에도 불구하고 풍성한 자궁의 신화를 꿈꿀 수 있는 작가의 유쾌한 상상력이 돋보인다. 이기호의 소설에서 정치는 일정한 캐릭터를 띠고 있다. 이기호와 같은 신진 작가의 소설을 통해 80년대와 다른 소설 문법을 예감할 수 있다. 문학이 정치에 대한 저항 담론이 아니라 정치를 포용하고 승화시킬 수 있는 거대담론으로 거듭날 수 있다는 가능성, 그것을 필자는 소설 윤리의 신국면이라 명명한다.

### 5. 슬픔 없는 세대의 우울한 모자이크

신진 작가들의 새로운 소설 문법은 소설의 확장이라는 측면에서 긍정적으로 평가될 수 있지만, 이 외 다음과 같은 우려도 지울 수 없다. 첫째, 신진 작가들은 슬픔이 없다는 것이다. 이 시대 슬픔은 이 시대 윤리의 동력이 된다. 이때 슬픔은 소설가가 되기 위해 감내해야 하는 개인의 슬픔이 아니라 이 사회를 포용하기 위해 감내해야하는 공공의 슬픔을 말한다. 그들은 우울, 체념, 탄식할지언정, 슬픔은 갖고 있지 않다. 그들은 주어진 상황을 직시하되 무시할 뿐, '직시'와 '무시' 사이에 동요와 갈등은 없다. 그런 의미에서 그들은 자족적인 인간이다. 신진 작가들은 슬픔을 가지고 있지 않다는 점에서 80년대 · 90년대 작가와 구분되는 신인류라 명명할 수 있다. 그들은 눈물을 보이지 않을 뿐 아니라, 눈물을 보일만큼 현실에 밀착해서 살아가지 않는다. 슬픔은 거대한 힘이다. 슬픔은 슬픔이기 앞서 심리적으로 내재해 있는 거대한 에너지이다. 소설에서 그 역동적인 에너지는 부정과 혼돈을 극복하고 새롭게 현실의 모럴을 환기시킬 수 있는 추동력이 된다. 허무를 체득하지 못한 젊은 작가들은 슬픔 이후에 도래할 정화와 승화를 감지해 내지 못한다. 자본주의의 팽창기로 접어든 신시대의 윤리는 무엇보다도 슬픔으로 시작되어야 한다.

둘째, 현실을 농락하기보다 현실을 환기시킬 수 있어야 한다. 예컨대 신진 작가들의 소설에 자주 나타나는 '비대한 육체'는 개인성의 과잉을 보여준다. 그들의 풍만한 육체는 일견 신화적이고 원형적 속성을 보여주는 듯하지만, 그것은 방만한 개인성을 표상한다. 그들의 소설에서 비대한 육체가 야기하는 신화는 실존의 재구성이 아니라 실존의 해체를 보여주는 데 그친다. 비대한 몸이 도모하는 실존의 해체는 개인성의 과잉에 그칠 뿐, 현실을 환기시키지 못한다. 그들은 현실을 농락하기만 할 뿐, 현실을 환기시킬 수 있는 뒷심이 부족하다. 비대한 몸은 가벼운 의식과 대조를 이루면서 작중에서 부정적으로 소모되고 만다. 신진 작가들은 학습된 기술을 통해 은유와 환유를 적절히 사용하는 수사학적 재능이 탁월하다. 문제는 비대한 몸이 만들어내는 수사학이 아니라, 가벼울지라도 현실을 환기시킬 수 있는 힘이다. 같은 맥락에서, 신진 작가들의 명랑성은 사건의 부재와 리얼리티를 삭감시킬 수 있음을 유념해야 한다. 작가의 과도한 유쾌 · 통쾌 · 상쾌는 그들이 만들어낸 인물들에게 자족적인 생명력을 부여하기보다 그들을 인형과 같은 유희의 대상으로 전락시킬 수 있다. 작가의 명랑성은 어떠한 소재라도 소설화시킬 수 있는 지적 패기로 모아져야 할 것이다. 그런 의미에서 다시 한번 강조하지만, 슬픔은 힘이 된다.

셋째, 존재하는 다양한 이야기들의 모자이크라는 점에서 신진 작가의 소설은 새로운 세계를 구축하지 못했다는 점이다. 신진 작가들의 소설 비틀기는 전대와 동시대의 다양한 에피소드를 결합하되 그것을 다른 방식으로 비틀어 놓는다. 신진 작가들의 '소설 비틀기' 는 이야기의 광역화를 초래했지만, 광역화된 한 편의 이야기는 모자이크의 흔적을 남긴다. 각각의 에피소드와 디테일은 다른 작가와 다른 매체의 모방이라는 혐의를 피해갈 수 없다. 그 어느 세대보다, 그들은 앞선 세대와 동시대 작가들의 작품에 많은 빚을 지고 있다. 영화 · 만화 · 연극 · 애니메이션 · 전설 · 민담 · 동화와 같은 매체가 없었다면, 그들은 독자적으로 작품을 창작해 내지 못한다. 그들의 작품이 낯설고 새롭다고 하지만, 그 낯설음과 새로움은 내용의 새로움에서 기인한 것이 아니라 기존에 존재하던 다양한 이야기의 채집과 재구성, 그리고 그렇게 만들어진 사건을 바라보는 작가의 비틀어진 관점에서 나온 것이다.

이 글의 서두에서 필자는 신진 작가들의 소설 작업을 '혼돈', '뒤흔들기', '정리(수납)' 으로 소개한 바 있다. 신진 작가들이 이 세계를 바라보는 시각은 예리하다. 그들은 공히 이 세계의 혼돈을 직시하고, 소설에서 이 세계를 뒤흔들고 있다. 문체와 내용면에서 다양한 개성을 발휘하여 그들은 기존의 소설 문법과 현실 세계를 뒤흔들어 놓았다. 그렇다면 뒤흔들고 난 뒤, 남은 것이 무엇인가. 그것은 또 하나의 거대한 혼돈이거나 대중의 요구를 수납한 카타르시스(수사학)의 실현, 혼돈의 최하층에 존재하는 소수자의 백기이다. 앞으로 그들은 또다른 경지에서 소설 작업을 수행할 '신진' 작가이니 만큼, 평가는 뒤로 미루고자 한다. 이 글을 마무리하면서, 소설의 윤리는 세상을 바꾸는데 있는 것이 아니라 세상을 성찰하도록 만드는데 있음을 강조하려 한다. 비록 작가들이 정제된 새로운 세계를 보여주지 않는다 하더라도 상관없다. 그것은 그들만의 몫이 아니라 우리 모두의 몫이기 때문이다. 감히, 소설 혹은 소설가가 세계의 변화를 주도하기를 원하지는 않는다. 다만, 그들이 독자들에게 세계를 통찰할 수 있는 새로운 관점과 독법을 제공해 주기를 바란다. 작가는 독자들에게 이 세계의 혼돈을 사유하고 통어할 수 있는 통로를 마련해 주어야 할 것이다. 필자는 신진 작가들의 소설에서 이 시대 혹은 다음 세대에 일구어낼 신생의 구멍을 엿본다. 그들이 이 세계와 맞대응하기 위해 선택한 전략이 '소설'이라는 점은 소설에 대한 그들의 열정과 현실에 대한 각별한 애정을 보여준다. 오늘의 건투와 내일에 대한 투철한 애정을 기대하며, 신진 작가들에게 격려를 보낸다.(2006, 여름)

# 젊은 작가들의 소설에 나타난 영화와 만화의 리믹스(remix)

—김종은 『서울특별시』(민음사, 2003) ·
박민규 『지구영웅전설』(문학동네, 2003)

### 1. 소설에 나타나는 '영화'와 '만화'의 흔적

굵직한 문학상을 수상한 젊은 작가들의 소설에는 영화와 만화의 흔적이 강하게 나타난다. 2003년 상반기, '오늘의 작가상'을 수상한 김종은의 『서울특별시』에는 영화 「친구」의 감수성과 「주유소 습격사건」의 소재가 착종되어 있으며, '문학동네신인작가상'을 수상한 박민규의 『지구영웅전설』에는 만화 「슈퍼특공대」를 비롯한 다양한 만화 캐릭터와 그들의 행적이 차용되어 있다. 이러한 특성은 다른 작가들의 작품에도 어느 정도 나타나고 있지만, 유독 두 작품은 '소재'와 '인물' 차용에 있어서 영화와 만화에 상당부분 의존하고 있다.

이러한 현상은 젊은 작가들의 창작방법 변화를 시사해 준다. 소설이 실재를 바탕으로 한 허구라고 한다면, 기존의 중견 작가들은

'현실' 에 실재하는 소재와 인물을 대상으로 문학의 의장을 가미해 왔다. 반면 젊은 작가들은, 그것도 최근 등단한 작가일수록 현실보다는 '영화' 와 '만화' 에서 소재와 인물을 차용하고 문학의 의장을 가미한다. 그것은 젊은 작가들이 '현실' 보다는 '영상' 과 '이미지' 에 더 빨리 반응하고 있다는 것과 아울러, 그들의 현실 체험이 그만큼 빈약하다는 것을 말해준다.

이러한 현상을 소설의 영역 확대로 보아야 할 것인지 그렇지 않으면 소설의 독자성 상실로 보아야 할 것인지, 단순히 그 의미를 규정하기는 어렵다. 이러한 현상이 특정 작가의 특정한 창작방법에 국한된 것이 아니라 다수의 작가들에게 나타나는 시대적 징후라고 한다면, 우리는 그것을 면밀히 관찰하고 분석해 보아야 할 것이다. 이 글에서는 2003년 상반기, '오늘의 작가상' 을 수상한 김종은의 작품과 '문학동네신인작가상' 을 수상한 박민규의 작품을 대상으로, 소설에 나타난 '영화와 만화의 흔적' 을 살펴보고 문학의 현주소를 살펴보고자 한다.

## 2. 『서울특별시』에 나타난 「친구」의 감수성과 「주유소 습격사건」의 폭력

김종은의 『서울특별시』는 '새서울 휴게소 습격' 을 기준으로 '계획', '실행', '결과' 세 부분으로 구분된다. 서울이 고향인 4명의 젊은 친구들 찰리, 유진, 중만, 호기가 있다. 그들은 특정 직업 없이 아르바이트를 하고 있다. 아르바이트 목적은 '한 건' 하기 위한 자금 마련에 있다. 중학교 동창인 그들은 모이기만 하면, 단 한 번으로 건수를 올릴 수 있는 '한탕' 을 모의한다. 마침내, '한탕' 은 찰리의 주도면밀한 계획으로 성공한다. '한탕' 은 성공했으나, 결과에 있어서는 희비가 엇갈릴 수 있다. 결과야 어찌 되었건, 그들은 또다시 모여 '한탕' 을 모의하고 실현에 옮기려는 가운데 작품은 종결된다. 영화 「친구」 및 「주유소 습격사건」과 관련하여, 이 작품은 다음과 같은 두 가지 문제점을 노정하고 있다.

첫째, 작중 친구들은 영화 「친구」의 감수성을 가지고 있다. 그들에게 있어서 친구는 친족에 버금가는 근친성을 가지고 있다. 그것은 이른바 '의리' 로 집약되는 수평관계이다. 그들은 가족과 그 밖의 어떤 일보다도 '친구' 와 '친구의 문제' 에 집중한다. 그런데 왜 하필 그들은 상하(上下) 경중(輕重)에 관계없이 동일한 '수평관계', '친구' 를 강조하는 것인가. 영화 「친구」에서 '친구' 는 가정과 학교를 포함한 이 사회의 수직적 위상이 제 구실을 못할 때, 동일한 감수성과 경험을 공유하는 또래 집단이 '제도' 의 위상을 대신하여 삶의 구심점을 행사함을 보여준다. 반면, 『서울특별시』에서 '친구' 는 정서적 응집력이 와해된 시대에 '고향' 을 대체하는 정서 공동체이다. 이때 양자 모두에서 '친구' 는 단수개념이 아니라 복수개념이며, 동일한 공간과 동일한 체험 그리고 동일한 정서를 구비한 전방위 공동체이다.

'친구' 라는 동일 인물의 설정에도 불구하고, 영화 속 친구들에 비해 소설 속 친구들이 가볍게 느껴지는 이유는 무엇일까. 『서울특별시』에서 작가는 '친구'들의 고향 '서울특별시'에 주목하고, 이 땅의 특별한 중심인 서울은 고향의 기능을 발휘하지 못하며 '친구'라는 후천적인 동료관계가 공간적이고 정서적인 구심점이 됨을 보여준다. 고향에 대한 냉소적이고 자조적인 태도에 비해, 작중에는 왜 '고향'이 제 기능을 발휘하지 못하게 되었는지에 대한 천착이 없다. 우리 삶의 양식이 바뀌면서 '고향' 역시 그 존재양식이 바뀐다. 고향의 "꽃 피는 언덕, 지저귀는 산새, 맑은 시냇물, 구름 흘러가는 산"(123면)은 우리가 삶의 용도에 맞추어 "멋들어진 첨탑, 황금빛 번쩍이는 빌딩", "온갖 쓰레기를 교묘히 감추"고 "근엄히 흐르는 강"(124면)으로 바꾼 것이다. 우리 스스로 삶의 양식을 바꾸면서 우리의 고향 역시 그에 맞추어 가공한 것인데, 이제와서 고향의 변화를 자조하는 것은 무책임하거나 인식부족이다. 우리는 '변화된 고향'을 포용하고, 다시 정서적인 숨결을 불어넣어야 한다. 소설 『서울특별시』와 영화 「친구」가 동일한 '친구'의 감수성을 부각시키고 있지만, 소설에서 '고향'을 대변하는 '친구'의 기능은 영화가 전달하는 '친구'에 비해 설득력이 부족하다. 왜냐하면 엄연한 고향의 현존에도 불구하고, 정서 공동체 '친구'가 그 자리를 대체한다는 것은 그들이 '현재' 그들의 '고향 땅'에서 치열한 삶을 살아 내지 못한다는 것을 말해 준다.

둘째, 작중 친구들은 영화 「주유소 습격사건」과 동일한 폭력을 실현한다. 그들은 '새서울 휴게소'를 터는 과정에서 공기총을 쏘고, 인질을 묶고 학대한다. 평소, 평범하던 친구들은 '한탕' 하는 과정에서 무차별적 폭력을 행사한다. 친구들의 정교한 공격성이 드러나는 단적인 부분은 다음과 같다.

> 아까는 죄송했습니다. 지금부터는 제가 하라는 대로만 하면 됩니다. 그러면 더 이상 다치는 사람 없습니다. 지금부터 저기 제 친구가 여러분 곁을 지나갈 겁니다. 먼저 자신이 가지고 있는 휴대폰을 모두 꺼냅니다. 그 다음 현금 일체를 꺼냅니다. 그런 다음 신용 카드를 꺼냅니다. 통장이 있으신 분은 통장도 꺼냅니다. 차에 있다면 차 키도 꺼냅니다. 계좌 번호, 비밀 번호, 일체를 알려줘야 합니다. 나머지는 저희가 알아서 합니다. 아, 그리고 그런 다음 저 친구가 다시 한번 여러분들을 뒤집니다. 만약 애초에 꺼낸 것 외에 다른 게 발견되면 이번에는 저쪽에 있는 친구가 여러분 허벅지에 구멍을 냅니다. 미리 한 방 맞은 분들은 알겠지만 꽤 아픕니다. 어깨나 가슴 근처를 쏘게 되면 어떻게 될지 저희도 잘 모릅니다. 이 총 오늘 처음 써보는 겁니다.(182면)

어디선가 들었음직한 귀에 익숙한 대사이다. 다른 매체를 통해 익숙하게 듣고 보아 온 그들의 폭력이 유독, 소설에서는 그 필연적인 계기와 근거를 찾아 볼 수 없다. 그들의 폭력은 유약한 청년들의 내밀한 욕망을 보여준다는 점에서는 의의가 있지만, 청년 하나하나에 대한 깊이 있는 천착이 없다는 점에서 맹목적이다. 그것은 작중 청년 모두가 오늘의 삶을 살고 있지 않기 때문이다. 「주유소 습격사건」에 등장하는 4명의 친구들, 노마크, 페인트, 딴따라, 무대뽀는 제각각 트라우마(trauma)를 가지고 있다. 부모를 일찍 여윈 '노마크' 는 야구선수의 꿈을 접어야 했으며, 그림을 그리고 싶었던 '페인트' 는 아버지의 학대로 붓을 꺾었으며, 음악 매니아인 '딴따라' 는 빚에 몰려 무대를 떠나야 했으며, '무대뽀' 는 그의 의도와 무관하게 항상 무식한 건달 취급을 받아 왔다. 그들은 모두 삶의 비상구가 필요한 상황이다.

반면, 「서울특별시」에서 4명의 친구들이 '새서울 휴게소' 를 터는 이유는 분명하지 않다. 그들은 트라우마(trauma)가 없다. 찰리의 아버지가 집을 사기당한 것, 중만의 애인이 변심한 것, 그것이 이유라면 그 이유는 서른을 앞둔 그들의 나이에 맞지 않게 충동적이다. 이 소설은 '한탕' 을 중심으로 이를 수행하는 여러 친구들의 기질과 역할을 보여줄 뿐, 그들이 '한탕' 을 도모하지 않으면 안 되는지 현실에 대한 깊은 천착과 성찰이 없다. 성공리에 '한탕' 한 다음, 그들은 '게임팩 대여점' '커피전문점' '편의점' 'AV 전문점' 을 각각 운영한다. 그리고 때때로 자신의 위치에서 할 수 있는 사회봉사 활동도 계획한다. 그러나 이를 실현하기 위해 그들은 굳이 왜 '한탕' 이라고 하는 형식을 취해야만 하는지 의심스럽다. 동기가 불분명한 그들의 '한탕' 은 일종의 유희에 지나지 않는다. 그들에게는 삶에 대한 깊이 있는 성찰과 어떤 행위에 대한 동기 및 그 결과에 대한 집요한 탐색이 없다. 작중에서 그들은 자신의 '한탕'

에 대해 다음과 같이 두 가지 진술을 한다.

찰리는 대답했다.

"그냥 용돈이나 하려고 그랬습니다."

"십억이 용돈이냐, 이새끼야!"

박형사는 대꾸했다.

호기도 대답했다.

"텔레비전 보고 했습니다."

"인간 극장 그런 걸 봐야지, 이 새끼야!"

박형사는 대꾸했다.

유진의 차례였다.

"영화 보고 했습니다. 할 수 있을 것 같았습니다."

"액션만 보니까 그렇지, 이 새끼야. 드라마를 봐야지! 감동적인 걸루다"

박형사는 대꾸했다.

끝내 중만도 입을 열었다.

"만화 보고 했습니다. 그렇게 살아보려고요. 되나 안되나."(198면)

텔레비전 때문이라니 가당키나 한가. 영화를 봐서 그랬다니 한두 살 먹은 앤가. 만화라니 더더욱 코믹할 뿐. 하나 친구들은 그렇게 대답할 수밖에 없었는데 우리는 그 아린 마음을 이해해야 할

있어서 '그냥' 주유소를 습격한다는 「주유소 습격사건」을 다시 한 번 떠올리게 한다. 그렇지만 그것은 「주유소 습격사건」이 주는 경쾌함과는 다른 가벼움이다. 「주유소 습격사건」에서 '습격' 은 친구들이 자신의 트라우마(trauma)와 조우하고 비상구를 찾는 과정이라면, 『서울특별시』에서 '습격' 은 무미건조하고 단조로운 일상에서 젊은 친구들이 색다른 유희를 구한 데 불과하다. 그들이 즐겨먹는 음식과 마찬가지로, 그들의 삶은 '인스턴트' 이다.

『서울특별시』는 친구들이 왜, '한 건' 을 도모하고 실행해 옮기게 되었는지에 관한 설득력 있는 이유를 제시하지 않고 있다. 단지 자신이 살고 있는 고향, 서울에 대한 혐오 때문이라면 그것은 고향에 대한 인식부족이며, 물질의 결핍 때문이라고 한다면 사실 그들은 적빈에 시달리는 것도 아니다. 이 작품은 '아무 생각 없이 무작정 저지르고 보자' 는 막무가내식 삶을 사는 청춘의 방황을 다룬 것도 아니고, 본격적인 흥미 소설도 아니다. 이 작품은 가벼운 '명랑만화' 의 분위기를 풍기고 있다. 작중 친구들의 농담과 입담으로 현실을 가볍게 건드리고 지나갈 뿐, 『서울특별시』의 친구들은 '諭進(깨우쳐 나아가다)', '察理(살펴 다스리다)', '護氣(기운을 불러일으키다)', '衆蔓(무리를 이끌다)' 라는 그들의 이름에 값하지 못한다. 영화 「친구」의 감수성과 「주유소 습격사건」의 소재를 차용했지만, 이 작품이 두 영화가 불러일으킨 감흥에 못 미치는 것은 무엇 때문일까. 그것은 이 소설의 주제가 「주유소 습격사건」의 '소재' 수준을 넘어서지 못하고, 작중 인물이 「친구」의 '의식' 수준까지 미치지 못한 때문이다.

### 3. 『지구영웅전설』에 나타난 '슈퍼맨'의 정의와 '바나나맨'의 진실

지구를 배경으로 하는 이 작품은 인물의 공간이동에 따라 미국과 한국의 이야기로 나눌 수 있다. 주인공의 공간 이동은 달라진 환경과 함께 인물의 정체성에도 변화를 준다. 한국에서 지진아에 불과한 '나'는 미국에서 '바나나맨'이라는 영웅이 된다. 그리고 다시 한국에 돌아온 나는 평범한 영어학원 강사가 된다. 인물의 공간 이동에 따른 구체적인 상황변화에 주목해 보면 다음과 같다. 한국에서 '나'는 나머지 공부를 해야 하는 지진아였다. 폐지를 수집하는 아버지와 빌딩 청소일을 나가는 계모 슬하에서, 나는 자신과 태생이 다른 '슈퍼'한 존재들, 슈퍼맨, 배트맨과 로빈, 원더우먼, 아쿠아맨을 동경하면서 지루한 일상을 살아 나갔다. 나는 일상에서 다음과 같은 만화 영화 주제가를 즐겨 부르곤 했다.

> 슈퍼맨, 용감한 힘의 왕자
> 배트맨 로빈, 정의의 용사
> 원더우먼, 하늘을 나른다.
> 아쿠아맨, 수중의 왕자
> 랄라라랄라라 랄라라 라

랄라라 랄라라 라

정의를 모르는 나쁜 무리들

싸워 무찌른다 슈퍼 특공대.

이 노래를 부를 당시만 하더라도, 나는 '정의'와 '힘'은 어떤 관계가 있으며 '정의를 모르는 나쁜 무리들'에 나 역시 포함될 수 있음을 알지 못했다. 어느날, 나는 두 가지 상황에 직면했다. 집에서, 학교시험결과를 알게 된 아버지는 텔레비전을 부셨고 나는 '슈퍼 특공대'를 볼 수 없게 되었다. 학교에서, 나는 포르노 사진으로 인해 부모님을 학교로 소환해야 했다. 나는 부진한 인생을 끝내기 위해 자살을 계획한다. 자살을 은폐하기 위한 알리바이로, 나는 빨간 보자기를 목에 묶고서 '슈퍼맨의 흉내'를 내며 빌딩에서 뛰어내린다. 눈을 뜬 순간, 나는 슈퍼맨의 품에서 하늘을 날고 있었다. 나는 슈퍼맨과 함께 미국에 있는 '정의의 본부(Hall of Justice)'에 도착한 후, 그곳에서 아메리칸 히어로들을 직접 만난다. 그들은 '세계의 정의를 수호한다'는 확고한 원칙과 냉정함으로 그들의 '슈퍼'한 힘을 발휘하고 있었다. 만화 속의 인물로 알고 있었으나, 실지로 그들은 세계의 모든 정치 경제 분쟁에 '정의를 수호하는 미국 대표'로 출전하여 그들의 '슈퍼'한 힘을 발휘하고 있었다.

그 곳에서 나는 열심히 영어를 공부했고, 보조요원으로 일하던 나는 드디어 바나나맨(Banana-Man)이라는 이름으로, 꿈꿔왔던 히어로가 된다. '지구를 지키는 슈퍼특공대(Super Friend's

Archive)의 일원' 이 된 것이다. '강렬한 노란색 특수복' 과 '바나나스카이콩콩' 을 든 바나나맨이 탄생한다. 그렇다면, 바나나맨의 컨셉은 무엇인가. "친근한 영웅", "겉은 노랗다, 그러나 속은 희다."(51면) 그의 영혼은 흰 빛깔의 백인이다. "비록 영웅이지만, 그 능력을 제하면 평범한 인간들보다 더한 슬픔과 콤플렉스에 시달리는"(144면) 존재, "복잡한 내면을 가진, 불완전한 영웅" "아주 친근한 영웅"이면서 "슬프고도 코믹한 그런 복잡한 존재"(144면), "일종의 샘플"(49면)이다. 다양한 컨셉에도 불구하고, 실지로 미국 정의의 본부내에서 바나나맨은 애완견이나 가축과 같은 존재로 인식된다. 그는 히어로다운 임무도 맡아보지 못한 채, 히어로들의 심부름만 해 오다가 정의의 본부에서 사라진다. 그는 미국에서 국적불명의 정신이상자로 몰려 한국으로 이송된다.

지금, 서른세살의 청년이 된 나는 한국에서 평범한 정상인 판정을 받고 영어강사로 일한다. 나는 새벽반 첫 수업을 시작으로 마지막 수업을 마치고 집으로 돌아와 4시간을 자고, 다시 새벽반 수업에 나간다. 임신 2개월의 아내를 떠올리며, 그리고 '지구를 지켰던' 추억을 거름삼아, 나는 아무리 힘들어도 현실의 역경을 인내하며 성실히 살아간다. 나는 그리운 슈퍼맨에게 편지를 보냈고, 편지를 받은 슈퍼맨이 바나나맨을 만나기 위해 지구의 변방에 잠시 나타난다. 나는 바나나맨의 '고민 포즈' 와 '분노 포즈', '토킹 포즈', '친구 포즈', '환희 포즈', '차밍 포즈' 를 보여주면서, 앞으로도 정의의 용사 슈퍼맨을 계속 응원할 것을 맹세한다. 슈퍼맨이 떠나기 위해 몸을 날리자, 나는 소리쳐서 다음과 같은 사실을 확인한다. "우린 친구지?" 슈퍼맨은 말한다. "물론." '미국인' 도 아니고 '백인' 도 아닌 한국의 영어강사, 나는 자신이 비록 '슈퍼' 하지 않더라도 '슈퍼' 한 영웅의 '친구' 라는 사실만으로 만족스러워 한다.

미국과 한국을 대표하는 캐릭터를 설정하여, 현실을 풍자적으로 보여주는 이 작품에서 작가는 재미있고 재치 있는 재담을 통해 현 시대의 정치와 모럴을 조명한다. '육백만불의 사나이' 와 '소머즈' 가 평범한 인간에 고기능을 추구한 '기능성 인간' 이라며, 후속세대는 애초부터 '슈퍼' 한 능력을 구비하고 있었으니 그 1세대가 초능력에 의존하는 '슈퍼맨' 이며 2세대가 막대한 자본과 첨단장비를 소유한 '베트맨' 이다. 작가는 만화에 등장하는 아메리칸 히어로의 분석을 통해 아메리카의 힘, 정의의 실체를 보여주는데, 이때 '정의' 는 베트맨처럼 선과 악의 투 페이스(Two-Face)를 가지고 행사된다. 작가의 다양한 풍자 중에서, 단연 돋보이는 대목은 이 땅의 한국인에 대한 작가의 시선이다. 바나나맨은 슈퍼맨에게 다음과 같이 한국을 소개한다.

> 이곳은 (실은 쓸 얘기도 없습니다만) 최악입니다. IMF의 위기를 넘겼다고는 하지만, 실은 꾸역꾸역 살아야 할 시간만 남아 있을 뿐입니다. 물론 저는 예외입니다. 어떤 상황이 닥친다 해도 그렇습니다. 저에겐 '잉글리쉬' 가 있으니까요. 덕분에 몸은 고달프지만, 생활은 비교적 안정적인 편입니다. 그만큼 이곳은 영어를

배우려는 사람들로 넘쳐나고, 또 영어를 배우지 않으면 살 수 없다고들 굳게 믿고 있기 때문입니다.(70면)

경제적으로 살기 어려운 한국에서도, '잉글리쉬' 는 살아남는다. 이러한 토양에서 바나나맨이 탄생한 것이다. 바나나맨은 미국, 정의의 본부에서 만든 히어로가 아니다. 그것은 이 땅의 많은 한국인들의 자화상이다. 겉은 노란색이지만, 알맹이는 백색을 추구한다. 이때 백색은 단순히 색깔을 의미하는 것이 아니고 백색인이 만든 모든 문화, 경제적 요소 등을 총칭한다. 그것은 한국의 현실이 백색문화의 지배를 받고, 그 자장내에 있다는 사실과 무관하지 않다. '힘' 이 곧 '정의' 가 되는 현실에서, 이 땅의 지진아들은 자신의 정체성을 버리고 힘을 추종한다. 그것은 지진아 개인의 모럴 문제가 아니라, 이 땅에서 지진아로 살 수밖에 없는 현실의 문제이다. 그런 면에서, 바나나맨은 진실하다. 자신의 겉은 노랗지만, 속은 하얗게 되기를 솔직하게 시인하고 있기 때문이다.

그러나 바나나맨의 진실에는 현실에서 실현될 수 없는 모순과 비애가 내포되어 있다. 그것은 노란색도 아니고 하얀색도 아닌, 정체불명의 이중국적이 겪는 불완전성이다. 미국에서 유색인이 지진아인 것과 마찬가지로, 미국 정의의 본부에서 바나나맨은 다른 슈퍼한 존재와 대조적으로 지진아였다. 바나나맨의 솔직하고 순박한 희구에도 불구하고, 미국에서 바나나맨은 '뭔가 합법적인 절차를 거치지 않은 미국인' 이거나 '키드' 에 불과했다. 그는 '정의의 본부' 에서 사라져야 했으며, 결국 미국에서 정신이상자로 몰려 한국으로 송환된다. 한국에 돌아온 바나나맨은 부진한 한국의 현실로 인해, 더 이상 지진아가 아니었으니 그의 영혼은 미국에 있었던 것이다.

박민규의 『지구영웅전설』은 슈퍼맨을 포함한 만화 캐릭터를 통해 미국의 정의가 어떤 것인지, 그리고 그러한 미국을 동경하는 우리들의 초라한 모습을 '바나나맨' 이라는 인물로 형상화 해 내고 있다. 겉은 노랗지만 알맹이는 흰, 바나나맨은 백색문화 속에 편입되고 싶어 하는 우리들의 열망과 그로 인한 정체성 상실이라는 두 가지 모순을 보여준다. 우리에게 익숙한 만화 캐릭터가 펼치는 유머와 풍자 일변도의 이 작품은 현실의 무거운 문제를 유쾌하게 보여준다. 그 유쾌함의 실체를 분석해 보면, 명랑만화의 캐릭터를 원용한 신문의 시사만평을 보았다는 느낌이다. 무거운 현실을 쉽고 재미있게 보여주는 박민규의 서사 문법은 유쾌하지만, 그 속에서 현실은 '뒤틀려 있지 않았고' 그래서 인지 현실적인 비애도 없다.

소설은 '정치적 현실' 을 흥미있게 재현하기보다, 현실의 문제를 다각도로 뒤틀어 놓아야 한다. 눈에 보이는 일면이 아니라, 눈에 보이지 않는 다면의 고통과 상처를 구현해 내야 한다. 그것이 '문학적 진실' 이다. 다른 장르와 달리 적어도 문학이라면 현실의 이슈를 흥미 있게 전달해주는 것 외, 인간과 삶에 대한 깊이 있는 탐색과 통찰이 선행되어야 한다. 그런 의미에서 박민규의 『지구영웅전설』은 '문학적 진실' 을 탐색해 내지 못한 채 심각한 현실의 문제를 가볍게 풍자하는 것에 그치고 말았다. 젊은 작가의 패기 넘치는 '풍자' 는 이제 '역설' 의 형태로 진화되어야 한다. 소재의 '가벼움' 으로 대중성을 확보했다면, 이제는 현실을 뒤흔들 수 있는 '역설의 힘' 을 불어넣음으로서 소설의 깊이를 확장시켜 나가야 할 것이다.

#### 4. 한 없이 가벼워지는 소설의 중량을 우려하며

최근 소설에서 만화와 영화의 흔적이 강하게 나타난다는 것은, 작가의 창작방법이 변하고 있음을 보여준다. 그 새로운 창작방법이 '영화' 와 '만화' 에서 차용된 것이라면, 그것은 '영화' 와 '만화' 가 현재 소설의 경쟁자라는 사실을 반증한다. 창작방법의 새로운 변화를 도모할 만큼, 최근 작가들은 읽힐 수 있는 소설, 독자들로부터 외면당하지 않는 소설을 쓰기 위해 돌파구를 마련하고 있다. 문단에 진출하는 작가들의 다수가 학교에서 정규수업 과정을 통해 정교한 창작 학습을 받은 세대이니 만큼, 그들은 본격적인 창작에 앞서 수요자들의 취향을 십분 고려하는 미덕을 가지고 있다. 그런 의미에서, '영화' 와 '만화' 를 유심히 관찰하고 그것을 소설에 끌어들인 두 젊은 작가들의 작품은 창작방법에 대한 다양한 고심과 남다른 창작열이 내재해 있다. 그들의 고심과 열정을 이해하면서, 다음과 같은 사실을 당부하고 싶다.

독자들이 영화와 만화를 보는 대신 소설을 읽기로 할 때, 거기에는 분명 그에 준하는 기대치가 있다. 좀더 쉽게 선택할 수 있는 대중문화 대신, 책장을 넘기고 활자를 읽어나가기 위해 책상에 앉을 때 그들은 분명히 소설만이 줄 수 있는 고유한 것을 기대한다. 그것은 문학의 윤리이기 앞서, 독자 개개인이 추구하는 삶의 윤리이자 삶의 지향점이기도 하다. 우리의 삶은 단순하고 유쾌함의 카타르시스 외, 시공을 초월한 진실의 현존을 자양분으로 삼고 있다. 그것은 현실의 다난한 불평등 · 불합리에도 불구하고 이 세계에는 여전히 '진실'이 건재하거나 건재해야 함을 힘주어 말할 수 있는 삶에 대한 작가의 열정이기도 하다. 바라건대, 젊은 작가들은 현실에서 삶에 대해 끊임없이 질문을 던지고 탐구해 나가야 할 것이다. 독자들은 '비루하고 불안정한 삶 속에서 분투한 작가'의 땀과 이슬을 먹기 위해 소설을 읽는다.

한 독자가 소설을 읽었다. 그런데 그 소설은 어디선가 보았던 영화와 만화를 닮아있다. 게다가 그 소설이 영화와 만화를 보았을 때보다 오히려 감흥이 덜하거나 없다면, 그 소설은 문제 있다. 영화와 만화로부터 차용한 기법과 소재가 소설에서 새로운 의미를 도출해내지 못하고 동일한 주제의 차용으로까지 이어진다면, 소설의 자리는 위태롭다. 그것은 문학이 스스로 문학의 위기를 자초하는 행위이다. 영화와 만화의 일부를 방법적인 측면에서 차용하는 일은, 대중문화에 길들여진 독자들을 견인할 수 있는 일 방편이 될 수 있으나, 책을 다 읽고 났을 때 그 감흥이 영화와 만화의 것에 비해 더 빈약하다면, 서점과 도서관에서 고심 끝에 책을 고른 독자는 실망할 것이다. 그 후 그들은 소설 대신 영화와 만화를 더 신뢰할 것이다.

'좋은 소설'이라면, 영화와 만화를 뛰어넘거나 적어도 동급의 감흥은 줄 수 있어야 할 것이다. '명랑만화'와 '코믹만화'의 소재와 인물을 차용하더라도, 소설은 만화와 영화에서 찾아볼 수 없는 현실의 중량을 문학적 감수성으로 실어내야 할 것이다. 한 없이 가벼워지는 소설의 중량이 우려되지 않을 수 없다. 자꾸만 가벼워지는 소설을 대할 때, 더 많은 노출을 통해 관객을 유인하는 상업 포스터가 떠오르는 것은 왜 일까. 소설은 도대체 얼마나 더 가벼워지려고 하는가. 활자문화의 대표주자인 소설은 이미지와 대응할 수도 없을 뿐 아니라, 하나의 이미지로만 굳어질 수 없는 현실의 다면성과 깊이를 독자들에게 새겨 줄 수 있어야 한다.(2003. 가을)

# 신진 작가들이 '과거'와 '현재'를 조명해 내는 방식

—고혜정 『날아라 금빛 날개를 타고』(소명출판, 2006) ·
박진규 『수상한 식모들』(문학동네, 2005)

## 1. '과거'와 '현재'에 접근하는 신진 작가의 새로운 보법

고혜정은 『날아라 금빛 날개를 타고』(소명출판, 2006)에서 일제 식민지 조선수탈을 정신대 여성의 몸을 통해 조명한다. 그녀는 일제 말기 정신대에 끌려간 여성의 수난을 소설로 풀어나간다. '정신대 위안부 여성'은 여성의 상처이기 앞서 식민지 한국사의 상처이기 때문에, 신인의 입문작 치고 소재가 안고 있는 역사적 무게가 상당하다. 정신대 여성의 수난에 관한 자료는 다소 있지만 소설의 형태로 소개된 것은 흔치 않다는 점에서, 고혜정의 『날아라 금빛 날개를 타고』는 주목할 만하다.

박진규는 『수상한 식모들』(문학동네, 2005)에서 한국의 현대사를 배경으로 서울의 중산층 가정을 조명하고 있다. 한국의 현대사에서 경제의 주축을 형성하는 '중산층 가정'은 이 사회의 힘이 되기도 하고 해가 되기도 한다. 경제 역군으로서 그들은 자본의 법칙에 충실했는가 하면, 가족 이기주의의 형태로 경제의 독이 되기도 했다. 이 작품에서 박진규는 신화적 상상력을 동원하여 중산층 가정의 내부를 뒤흔들고 있다. 이 글에서는 중산층 가정의 내부를 조명하기 위해 작가가 동원한 새로운 상상력에 주목하고자 한다.

고혜정이 '과거' 를 조명하기 위해 『날아라 금빛 날개를 타고』에서 여주인공에게 '원형질의 여성성' 을 강조하고 있다면, 박진규는 '현재' 를 조명하기 위해 『수상한 식모들』에서 '신화적 상상력' 을 동원하고 있다. 이 글에서는 고혜정의 『날아라 금빛 날개를 타고』와 박진규의 『수상한 식모들』을 대상으로 '과거' 와 '현재' 에 접근하는 신진 작가의 새로운 보법, '원형질의 여성성' 과 '신화적 상상력' 에 주목하고 그 성과와 한계를 살펴보려 한다. 아울러 소설가로서 첫 발을 내딛은 그들에게 당부의 말을 전하고자 한다.

## 2. 식민지 여성의 몸에 새겨진 역사적 상흔과 일제 잔재 청산

— 고혜정 『날아라 금빛 날개를 타고』(소명출판, 2006)

### 2.1 식민지 여성의 창조적 생명력 강조

고혜정의 처녀작 『날아라 금빛 날개를 타고』는 첫 소설답지 않게 소설이 갖추어야 할 구성력과 흥미를 고루 갖추고 있다. 간결하고 명료한 문장, 대화를 통한 자연스러운 사건의 전개, 상징적 소재에 대한 천착 등, 고혜정은 처녀작에서 소설의 형식과 흥미를 두루 보여주고 있다. 이 작품은 크게 '현재→과거→현재'의 세부분으로 구성되어 있으며, 더 세분하면 다음과 같이 여섯 부분으로 나눌 수 있다.

① '기자'와 '정신대 할머니'의 만남, 할머니로부터 일기장을 건네받음
② 할머니의 일기장– 어린 시절 마당순이의 성장환경
③ 할머니의 일기장– 마당순이가 정신대로 끌려가는 과정
④ 할머니의 일기장– 마당순이가 정신대로 혹사당하는 과정
⑤ 할머니의 일기장– 일본의 패전과 정신대의 귀환풍경
⑥ '기자'의 시선에서 정신대 할머니의 사진을 확인

시작과 끝에 나타나는 기자의 목소리를 제외하면, 이 작품은 모두 마당순이의 일기장(증언)에 해당한다. 일인칭 화자 순이는 어린 시절부터 정신대에 끌려가서 위안부 삶을 살고 귀환하기까지 과정을 소개한다. 순이의 성장환경에서 두드러진 사건은 일본인과 순이의 첫 접촉이다. 가난한 농가의 입을 덜기 위해, 순이는 일본인 집에서 애보개 일을 해야 했다. 그 곳에서 순이는 '하루에'로 불리어 진다. 순이는 주인 여자의 냉대와 주인 남자의 성적 유린을 경험하고 돈도 받지 못한 채 쫓겨난다. 돈을 벌 수 있다는 꼬임과 자

신이 가지 않으면 아버지가 징용당하는 상황에서, 순이는 정신대로 끌려간다. 열여섯 살의 순이는 섬나라에서 '아키코'로 불리어진다. 순이 일행(23명)은 다시금 남양 군도로 끌려간다. 남양군도에서 순이 일행은 숙소를 배정받고 위생검진을 받는다. 이후 그들은 강간과 모욕을 당한다. 원정 위안 중에는 극도의 공포와 고통을 당하면서, 그녀는 자신의 몸이 훌륭한 병기(兵器)에 지나지 않음을 직시한다.

작품의 후반부에 이르면 순이는 적극적인 생명력을 발휘한다. 순이는 달거리를 시작하고, 목각 인형을 깎는다. 그녀는 가슴 속에 사랑의 불씨를 일구지만, 자신과 사랑을 나눈 남자가 일본인에게 양자로 들어간 큰오빠임을 알게 되면서 좌절한다. 그녀보다 앞서 그 사실을 안 오빠는 인간 어뢰를 자진하여, 전쟁의 포화 속에 몸을 던진다. 전쟁이 종식되어도 귀향하는 위안부의 내면은 무겁다. 불현듯 찾아온 조국의 독립 앞에, 그들은 남은 일생동안 자신이 주체가 되어 살아갈 수 있을지 망연자실해한다. 몇몇은 남양군도에 남고, 몇몇은 바다에 몸을 던진다. 만신창이가 된 몸으로 고향으로 돌아갔을 때, 그들은 자신에게 돌아오는 것이 무엇인지 잘 알고 있기 때문이다. 그들의 고통은 정신대로 끌려 나갈 때부터 조국이 독립된 이후 지금까지도 족쇄처럼 남아 있다. 상이군인의 환부가 그들 육체에 장애를 몰고 온 것처럼, 위안부 여성의 육체에는 온갖 장애가 초래됨과 동시에 주위 사람들의 시선을 견뎌내야 하는 고통이 죽을 때까지 따라다닌다.

작가는 정신대 여성의 고통을 날것으로 소개하지 않고 다양한 소설적 장치를 가미한다. 작가가 마당순이에게 부여한 캐릭터(character)는 '창조적 생명력으로 가득한 여성성' 이다. 그녀는 가난한 농가의 딸로 태어나지만, 매사에 꿋꿋하고 적극적이다. 그녀의 이름 '마당순이' 에서 짐작할 수 있듯이, 그녀의 엄마는 혼자 '마당' 에서 그녀를 낳았으며, 마당에서 태어난 순이는 잡초처럼 왕성한 생명력을 가지고 있다. 그녀는 여자라는 이유로, 가난이라는 이유로 배움의 기회를 박탈당하지만 그에 굴하지 않고 가사 일을 돌보며 동생들을 건사한다. 순이의 '여성성' 에 내재한 '창조적 생명력' 의 발원지는 엄마와 할머니로 대변되는 여성 지지자이다. 엄마는 순이가 "뱀처럼 지혜롭게, 비둘기처럼 순결하게" 되기를 기도한다. 학교에서 여선생님은 순이에게 "자기 자신을 아는 것"이 진정한 공부이며, 자신 속에 "이 우주 만물의 이치가 살아 숨쉬고 있다"는 사실을 알려 준다. 순이는 학교를 떠나더라도, "이제 나의 학교는 나 자신이다"라고 자신(自信)한다.

할머니는 순이에게 "잡초의 끈질긴 생명력"(62면)을 일깨워 준다. 열병에 걸려있는 손녀를 살리기 위해 치성을 드리던 중, 할머니는 "뿌리 뽑혀 오뉴월 뙤약볕에 말라비틀어져도 다시 살아나는 달라깨비"(63면)를 본다. 순이의 삶에 있어서 '달라깨비' 는 '뱀' 과 '비둘기' 의 이미지와 어우러져 생명력을 불러일으키는 주술적 힘이 된다. 엄마가 건네준 "작은 목각 비둘기"(75면)는 남양군도로 향하는 배가 난파되었을 때 순이를 구해 준다. 엄마가 목각 비둘기를 만들었듯이, 순이는 정신대에서 고역을 당하는 중에 목각 인형을 만든다. 순이는 정신대에 함께 끌려가 죽음을 당한 친구들의 넋을 달래기 위해 목각 인형에 그들의 얼굴을 새겨 넣는다. 목각 인형은 정신대 여성의 위안물이자 이역만리에서 죽은 조선 여성의 위안물이었으며, 전쟁의 공포로 신음하는 일본 병사들의 위안물이기도 했다. 고혜정은 여성의 몸에 새겨진 상처를 드러냄과 동시에 여성의 내적 자생력으로 상처를 치유해 나가는 모습도 강조한다.

일제 말기 식민지하 궁핍한 조선이 실재하는 역사라면, 순이의 잡초 같은 생명력은 작가가 인물에게 부여한 특별한 성격이다. 작가가 부여한 성격은 생명력으로 가득 한 원형질의 '여성성'이다. 이러한 '여성성'으로 말마암아 그녀는 정신대의 고통을 감내하고, 나아가 일본군 병사들의 치유자가 될 수 있었다. 작중에서 엄마와 할머니가 순이에게 창조적 생명력을 불어 일으키는 데 비해, 오빠와 아버지는 순이에게 현실적인 장애가 되었다. 그것은 위안부 생활을 청산하고, 귀국했을 때 순이를 비롯한 정신대 여성들이 맞닥뜨려야 하는 또 하나의 장애(시선)이기도 하다. 어린 시절 순이가 여성이며 왜소한 체구를 지녔다는 점에서 "땅콩만한 계집애"라고 구박을 받았다면, 해방후 그녀는 왜놈들과 관계한 조선인 여자라는 멍에를 감내해 내야했다. 소설의 구조는 탄탄하지만, 이를 구현하는 작가 의식은 역사성의 한계를 보인다는 점에서 면밀히 재고되어야 한다.

### 2.2. 여성의 몸에 새겨진 역사적 상처와 정치성

작가는 '역사적 여성'의 목소리와 '탈역사적 여성'의 목소리를 구분해야 한다. 정신대에 끌려간 여성은 역사적 존재이며, 그들의 목소리는 단순히 여성의 목소리이기 앞서 이 땅의 역사가 앓아야 했던 신음소리이다. 그것은 신화적이고 원형적 존재인 탈역사적 여성의 목소리와 구분되어야 한다. 작가는 식민지하 상처받은 여성의 몸에, 과연 애증을 초월한 인류애를 실현할 만한 여유와 너그러움이 남아있을 수 있는지 고민해 보아야 한다. 정신대로 끌려간 여성의 몸에는 불임과 자궁암을 비롯한 각종 질병, 주변으로부터의 냉대가 고통스럽게 각인되어 있다. 여성의 원초적인 에너지만으로 그들의 상처가 치유되고, 과거와 화해할 수 있는지에 대해서는 면밀하게 검토되어야 한다. 왜냐하면 주인공 순이는 단순히 소설 속에 등장하는 허구적 존재에 그치는 것이 아니라, 그 자체가 이 땅의 상흔을 고스란히 안고 있는 근대사의 환부이기 때문이다. 고혜정이 소개하는 정신대 여성의 이야기는 자칫 한 여성의 이니세이션(initiation) 스토리에 그칠 수 있다. 통과의례로 치부하기에는 정신대 여성의 상처가 깊으며, 그 상처는 여전히 곪아 있다. 여성의 내적 에너지만으로 국가 차원의 역사적 상처를 극복하기 어렵다. 여성의 에너지는 자신과 이웃의 상처를 치유할 수 있지만, 국가 차원에서 동일한 국가를 상대로 응분의 보상을 받아내기에는 미흡하지 않을 수 없다.

‘정신대 여성’의 인물 형상화는 면밀하게 재고되어야 한다. 작가가 주인공으로 내세운 순이보다 오히려 말년, 덕이, 영분 등이 나약하고 초라한 조선의 순박한 처녀를 잘 형상화 해내고 있다. 그것은 소설의 리얼리티 문제와 밀접하게 관련되어 있다. 그녀들이 처음부터 건강한 생명력을 가진 여성이었던 것이 아니다. 오히려 그들은 순수하고 무지한 무지렁이 시골처녀에 불과했다. 일제 말기 궁핍한 조선의 농촌에서 자란 소녀는 무지할 수밖에 없으며, 무지로 말미암아 그들은 더욱 순박하고 여린 품성을 소지할 수밖에 없었다. 그러므로 이 작품에는 순박한 여린 풀잎 같은 소녀가 정신대에 끌려가 위안부의 삶을 살면서, 거친 풍파에 모질고 거친 품성을 갖게 되는 과정에 대한 핍진한 묘사가 있어야 했다. 정신대 위안부로서의 고충은 그들의 육체에 짐 지워진 무게일 뿐 아니라, 그들이 감당하기 버거운 역사의 짐이었음을 보여주는 과정이 있어야 했다. 정신대 여성의 삶과 내면 변화를 담기에 한 권이라는 소설의 지면은 역부족이다. 좀 더 오랫동안, 깊이 있게 그들의 삶을 내면화했어야 한다. 상처투성이 과거사를 소환해 내는데 있어서, 여성성이라는 생명의 원형질은 역사적(현실적) 조건에 대한 예리한 천착에 앞서 자칫 낙관적 전망을 조장하기 쉽다.

그런 의미에서 작가가 정신대 여성의 삶에 부여한 여성성은 일제 말기 농촌의 무지한 시골처녀가 정신대 여성이 되기까지의 노역을 상쇄시킬 수 있음을 되짚어 보아야 한다. 이 작품에서 주인공에게 부여된 ‘여성성’은 소설의 수사학을 실현하기 위해 작품에 부여한 '금빛 날개'는 될 수 있지만, 정작 일제 말 정신대 여성에게 '금빛 날개'가 될 수 있는지는 고민해 보아야 한다. 작가가 작품의 인물을 창조하는 것은 넌픽션이 아니라 픽션의 형식을 띈 소설만의 특권이지만, 정신대 여성의 삶을 형상화하는 일은 특정 캐릭터의 창조 행위에 그치는 것이 아니라 한국의 뼈저린 근대 식민지사에 대한 역사적 통찰을 수반한다. 한국 정신대 위안부들의 분노를 추스르기에는 아직 이르며, 우리는 일본으로부터 피해에 대한 정당한 보상과 사죄도 받지 않았다. 이러한 시점에서 정신대 위안부 순이의 원형적 여성성은 생(生)의 무한 긍정으로, 비판의 초점을 흐리게 할 수 있음을 유의해야 한다. 갈등은 여전히 존속하고 있으므로, 분노를 삭이기에는 아직 이르다. 그러므로 정신대 위안부의 삶을 다룬 소설이라면, 단순히 '여성소설'의 범주에 그쳐서는 안 될 것이며 역사소설에 버금가는 민중의식을 공고히 해야 할 것이다. 정신대를 소재로 한 소설이라면, 여성해방담론이 아니라 식민지 잔재 청산이라는 정치적 담론을 수행할 수밖에 없다. '여성의 몸'이 역사라는 거대 담론 속에 놓여 있을 때, 그것은 남성에 대한 여성의 성적 정체성을 나타낸다기보다 피지배자의 수난 담론을 표상한다는 사실을 잊지 말아야 한다.

아울러 지적해야 할 문제는 '동성애'와 '근친상간' 모티프이다. 이 작품에서 동성애는 잠깐 언급되었으며, '근친상간'은 주인공 삶에 차지하는 비중이 크다. 그런 만큼, 정교하고 세밀한 묘사가 선행되어야 한다. 정신대 여성의 삶을 재구하는 과정에서 나타나는 동성애와 근친상간 모티프는 단순히 이야기 거리에 그쳐서는 안 된다. 그것은 이야기의 흥미를 돋우기 위해 구성된 것이 아니라, 그 곳에서 그들이 맞닥뜨려야 했던 실제 현실이기 때문이다. 원정 위안부 등 위안부로서 밑바닥 삶을 산 그들에게 동성애와 근친상간은 피해갈 수 없었던 생의 막다른 단애(斷崖)였다. 작가는 이 두 가지 모티프가 출구 없는 정신대 여성들이 다다른 생의 종착지이자 파멸이었음을 호소력 있게 구현해 낼 수 있도록 리얼리티를 확보해야 한다. 작가는 작중에서 정신대 여성의 전형으로 순이를 내세우고 있지만, 실상 순이는 주인공이 아니라 화자의 지위에서 증언자의 역할을 수행해야 했다. 순이는 자신의 명민함과 생명력 가득 찬 시선으로 정신대 여성의 치부와 고통을 예리하게 직시했어야 했다. 작가는 정신대 위안부로 역경을 헤쳐나간 여성들을 통해 잡초처럼 끈질긴 생명력을 구현하기보다, 역사의 정면에서 상처 입은 피해자와 일제의 만행을 직시해야 했다.

### 3. 현재를 조명하는 또 하나의 방식, 신화적 상상력
—박진규 『수상한 식모들』(문학동네, 2005)

#### 3.1. '수상한 식모', '수상한 가정', '수상한 한국현대사'

박진규가 『수상한 식모들』에서 조명하는 대상은 서울의 '중산층 가정' 이다. 박진규가 소설에서 조명하는 현실은 한국의 현대사이며, 작중에서 조명된 서울의 중산층 가정은 그 자체로 한국의 최근사를 표상한다. 가정을 구성하는 구성원들은 다음과 같다. 작중 화자인 '나' 는 18살 비만의 고등학생이다. 가출한 형은 당분 과잉의 음료수를 마시며 서울을 배회한다. 엄마는 아이엠에프 터지기 몇 해 전 버블 경제와 더불어 버블베이비, 막둥이를 낳았다. 아버지는 건축 자재 사업이 부도나고, 피라미드 회사에 들어가서 가진 돈을 모두 날린다. 엄마는 아파트 재개발을 기다리며, 천재소년 늦둥이의 신통함에 자족한다. 작가가 내세운 이 가정의 코드는 '비만(거품)' 이다. 이 비만한 가정에 작가는 직접 일격을 가하는데, 작가는 그의 칼날을 '식모' 에게 넘긴다.

이 소설에서 '식모' 는 박진규가 고안해 낸 현대사의 새로운 코드이다.[1] 그는 단군신화에 주목하여, 웅녀와 구분되는 '호랑아낙' 이라는 또 하나의 여성 캐릭터를 발명해 낸다. 호랑아낙은 단군신화에서 동굴을 뛰쳐나온 호랑이가 또다른 방법으로 부패와 악취 속에서 여성으로 둔갑한 인물이다. 웅녀가 한국사의 정규 코드에 해당한다면, '호랑아낙' 은 비정규 코드에 속한다. 그들은 "한국사의 이랑 사이에 숨어 식칼을 들고 있던 조용한 테러리스트들"(27면)이다. 그들은 "한국사회의 부와 명예를 독식해온 집단(왕조, 탐

1) 박진규의 지적대로(69면,74면) '식모' 는 우리 현대사를 조명하는 키워드이다. 1960년 김기영 감독의 영화 「하녀」, 1963년 「팔도 며느리」, 1971년 「하녀」의 리메이크 작 「화녀」, 1982년 「화녀」의 리메이크작, 1990년대 말 하녀 시뮬레이션 게임 등등 '식모' 는 단순히 경제적 하위 신분 일뿐 아니라, 성적 판타지에 이르기까지 자본주의 사회의 파행성을 조명하는 한국 현대사의 키워드중 하나이다.

관오리, 다수의 뻔뻔한 양반이나 귀족계급)에 대해 은밀하게 대항하면서"(27면) 이 사회 새로운 계층을 형성해 나간다. "주로 입은 무겁되 겁은 없으며, 딸린 식구가 없는 연인들이 호랑아낙으로 뽑혔으며" 그들은 "자신의 신분을 방패로 삼아 본 모습을 감추고 지배계급을 농락했다."(34면)

그들에 대한 명칭이 '호랑아낙'에서 '수상한 식모들'로 변모된 데에는 이 땅의 '자본주의' 유입과 밀접한 관련이 있다. 한국의 현대사에 등장하는 '식모'는 주인과 배리되는, 자본주의 시대 하위 신분에 속한다. "단단한 신분의 경계를 만들어놓은 것은 바로 자본"(35면)이었으며, "자본은 어떠한 법보다도 더 강력하게 신분 사이의 교류를 끊어놓았다."(36면) 바꾸어 말하면, 자본은 어떤 사회보다도 더 신분과 신분간의 골을 깊이 패어 놓았다. 자본주의 시대에 이르러 "서울로 상경한 식모들의 거의 대다수"는 호랑아낙의 전설을 이어받은 '수상한 식모'로 이 땅에 자리잡기 시작했으며, 그들은 전임자에 의해 교육되고 길러진다. "수상한 식모들은 의도적으로 부르주아 가정에 잠입하여 그들의 위선을 까발리고, 가정을 해체시키는 역할을 떠맡아왔다."(27면) 식모는 주인 남자를 유혹하고 그의 아이를 낳거나, 주인집 아이에게 치명적인 상처를 주는 등 가정 파탄을 유도한다. 그들은 가정 살림을 관리하면서 동시에 그 가정을 완전히 파괴하는 이중적인 삶을 산다.

이 작품의 본격적인 전개는 수상한 식모 '순애'와 비만 소년 '신경호'와의 만남에서 비롯된다. 19살의 신경호는 어린시절부터 줄 곧 쥐에 대한 불쾌한 기억을 가지고 있다. 수상한 식모는 화석화되는 자신의 운명에 마지막 비문을 새길 서기로 비만 소년, 신경호를 선택한다. 수상한 식모 순애는 과거 신경호의 집에서 일하던 식모였다. 경호가 수상한 식모의 행적을 기록하는 동안, 그의 엄마는 할아버지의 누드모델이 된다. 엄마는 할아버지의 유산을 염두에 두고, 시아버지에게 자신의 누드를 제공한다. 할아버지는 젊은 시절 자신과 연분이 났던 식모를 그리워한 나머지, 엄마의 몸을 통해 젊은 식모의 환영을 찾으려 한다. 사업실패 이후, 아버지는 하녀 시뮬레이션 게임에 몰두하고 가출한 형은 돌아오지 않는다. 수상한 식모는 과거에서부터 지금까지 가정을 온통 들쑤셔 놓았다. 작중에서 수상한 식모에 의해 파편화된 중산층 가정은 소설 밖에서 오늘을 살아가는 바로 우리 자신과 이웃이다.

수상한 식모 순애가 죽자, 경호는 살인범으로 몰린다. 그는 정신병자 취급을 당하면서 풀려난다. 수상한 식모가 죽자, 경호의 가정에 뿌리내린 저주는 가셔진다. 형은 집으로 돌아와 대학원에 진학하고, 남동생은 제 나이에 맞는 감수성을 되찾는다. 아버지는 아파트 수위가 되고, 엄마는 휴전선 부근에 땅을 사둔다. 경호는 사랑하는 여자 정아와 동거한다. 그렇다고 해서, 수상한 식모의 저주가 모두 풀린 것인가. 아니 질문은 바꾸어서, 이제 이 땅에 살고 있는 중산층 가정의 모럴이 새롭게 수립되었는가. 그렇지 않다. 수상한 식모는 오늘을 살아가는 중산층 가정을 한번 뒤흔들어 놓았을 뿐, 그 이상의 역할은 수행해 내고 있지 않다. 작품 말미에서 수상한 식모의 이야기를 전하는 서기(書記)가 경호가 아니라 '물'이라는 묘령의 여인이라는 점에서 이 작품이 다시 원점으로 돌아가듯이, 이 시대 중산층 가정의 문제는 다시 원점으로 돌아갈 것이며 그 문제는 여전히 존속될 것이다. 그런 의미에서 신진 작가의 신화적 상상력은 수상한 혐의를 보이고 있으며, 우리는 좀 더 면밀히 그 허와 실을 재고해야 한다.

### 3.2. 소설에 나타난 신화적 상상력의 허와 실

이 작품은 단군신화에 등장하는 호랑이를 '호랑아낙'으로 설정하여 신화적 요소를 두드러지게 부각시키고 있다. 신화적 요소는 비단 박진규의 『수상한 식모들』뿐 아니라 앞서 수상작인 천명관의 『고래』(문학동네, 2004)에서도 나타난다. 이 장에서는 박진규 소설의 신화적 상상력이 거둔 성과에 주목해 보고, 그 허와 실을 살펴보려 한다. 후기자본주의 사회를 조명하기 위해, 왜 신진 작가는 신화적 요소를 끌어들였는가. 신화적 요소의 의의를 알기 위해서는 작중에 등장하는 신화적 인물의 위상을 재고해 보아야 한다. 작중에서 그들은 어떠한 임무를 수행하고 있는가.

첫째, 소설에 등장하는 신화적 인물, 수상한 식모는 평범한 인물과 구분되는 비범성을 지니고 있다. 그들은 비범한 능력을 타고 났거나, 후천적으로 비범한 능력을 갈고 닦는다. 박진규 소설에서 수상한 식모들은 약초를 다루는 일, 약간의 마법, 꿈을 갉는 쥐를 다루는 방법 등을 배운다. 이 중에서 '꿈을 갉는 쥐'는 수상한 식모의 비범성을 대표한다. 수상한 식모는 그가 몸담고 있는 집의 혼란을 가중시키기 위해 주인 집 아이의 귀에 '꿈을 갉는 쥐'를 집어넣는다. "흰쥐는 아이의 꿈만 아니라 감수성까지 모조리 먹어치우며" "결국 아이는 앙상한 고집만 남게 되고, 흑백논리의 세계"(87면)만 이해하게 된다. 성숙한 이성과 논리적 판단력이 부재한 가운데, 아이는 육체의 발육만 허락되어 있을 뿐 정신의 발육은 지체된다.

'꿈을 갉는 쥐'는 개인의 비만, 가정의 비만, 사회의 비만을 초래한다. '가눌 수 없는 무거운 몸'은 풍족과 여유를 지나쳐 공급과잉의 비만 사회에 대한 알레고리이다. 공급과잉은 곧 통제불능을 의미한다. 작중에서 비만한 몸은 개별적 인물의 신체이기 앞서, 한국의 거품경제를 의미하며 그것은 곧 통제불능의 혼란을 야기한다. 요약하자면, 박진규의 소설에 등장하는 신화적 인물의 비범성은 한국의 중산층 가정을 질타하고 무너뜨리는데 사용된다. 작가는 현대사회에 등장하는 사건의 디테일에 주목하기보다 굵직한 근·현대사를 배경으로 삼아 자신의 목소리와 의지를 신화적 인물의 엽기성, '꿈을 갉는 쥐' 등으로 구현해 낸다. 작가는 역사의 단면에 주목하는 것이 아니라, 그에 앞서 자신의 목소리와 의도를 직접적으로 전달한다. 작가의 의도를 여과 없이 직접 전달하는 대상이 바로 신화적 인물이다. 전래의 고소설이 그러했듯이, 그들의 비범성은 작가의 감정과 의지를 직설적으로 실현해낸다.

둘째, 박진규의 소설은 마술적 리얼리즘을 구현해 내고 있지만, 그가 구현해 낸 리얼리즘의 마술성은 일고를 요한다. 그의 소설에서 마술적 요소를 구현해 내는 것은 작중 인물의 초인성에 그칠 뿐, 그 외 간결한 문체와 단순한 플롯 등은 전대 소설이 지닌 다양성에 미치지 못하고 있다. 작중의 초인(超人) 수상한 식모는 주인공이 아니며 단지 그들은 작가의 목소리를 직접적으로 실어 나르는 존재에 불과하다는 점에서, 그들은 작가의 인형일 뿐이다. 작가는 현실의 밑바닥까지 내려가지 않고 초인을 앞세워 현실을 밀어낸다. 그 결과 작중에 구현된 초인적 인물의 행위는 피폐한 현실의 밑바닥을 보여줄 수 있는 진정성보다, 엽기적인 행각을 보여주는 해프닝에 그친다. 작중에서 리얼리즘의 마술성을 실현하는 '수상한 식모'는 단지 작가의 격앙된 목소리가 엽기적으로 돌출된 해설에 그칠 뿐, 주인공인 중산층 가정과 그 구성원들에게 근본적인 변화를 초래하지 못한다. 수상한 식모는 한 가정의 혼돈을 불러일으킬 뿐, 한 가정의 정제시키지 못한다. 그 결과 작가가 구현해 낸 마술성은 소설의 표피적인 수사학에 그치고, 소설의 주제에는 어떠한 영향도 미치지 못한다.

셋째, 수상한 식모가 마술적 비범성의 드러내는 동기는 전대의 영웅이 지닌 정의감과 구분되는 '복수심'이다. 그들은 의협심 대신, 불결한 음모나 음울한 마법을 통해 자기 고통과 모욕의 몇 갑절을 다른 이들에게 앙갚음 한다. 그들은 "혁명의 칼을 든 여신"이 아니라 "결코 성스럽지 않았고 때때로 천박하고 잔인했으며 요부

나 창부"(108면)에 가깝다. 그들의 복수는 "선악을 가르는 판결의 불꽃이 아니"라 "눈에 보이는 대로 집어삼키는 불길"(109면)이다. 박진규는 한국 근현대사에 출현한 식모의 보복을 '쩨쩨한 보복' 도 아니며 '폼 나는 보복' 도 아닌 "수상한 보복"으로 명명한다. 수상한 식모의 보복은 "윤택한 가정에 파탄을 일으키는 것"이다. "돈과 명예만 있으면 행복하리란 현대판 기복신앙에 갖가지 혼돈을 불어일으"키되, 피를 부르는 대신 불행과 우울증을 가져다준다. 그것은 "비장미가 없는 대신 유쾌했고, 폭력적이지는 않지만 잔인"(111면)했다.

문학의 효용론적 관점에서, 수상한 식모의 보복은 독자들에게 일종의 카타르시스를 제공한다. 박진규가 만들어낸 신화적 인물은 소설의 수사학을 잘 쫓아가고 있지만, 소설이 추구해야하는 아포리즘이나 미래에 대한 전망은 제시해 주지 못한다. 그들은 소설 내부 형식의 완결성을 돋우는 인물일 뿐, 소설 밖의 현실과 소설 안을 매개할 수 있는 접점을 제공해 주지 않는다. 그들은 전대의 영웅이나 비범한 투사와 달리, 단지 이 사회의 엽기적인 테러리스트이며, 복수의 여신일 뿐이다. 그들은 깃발대신 식칼을 들고 부르주아 가정의 거짓 행복을 가차없이 무너뜨리지만, 엄격히 말해 그들 역시 이 사회의 혼란을 가중하는 또 하나의 부패 권력이다. 팽창기 자본주의의 부르주아 가정을 뒤흔들어 놓았을 뿐, 그들 역시 그 자체로 부르주아 가정의 헛된 환영이자 사기꾼에 지나지 않는다. 신진 작가 박진규의 신화적 상상력은 소설 내적 완결성은 가져왔지만 소설과 이 시대가 만날 수 있는 교차점을 제공하고 있지 않다는 점에서, 일정한 한계를 드러내고 있다. 신인다운 패기는 수사학적 장치가 아니라, 독자의 내면을 울리는 현실의 핍진함에 있음을 염두에 두어야 한다.

## 4. '과거'와 '현재'를 조명하는 신진 작가들에 대한 격려와 당부

이 글에서는 신진 작가 고혜정과 박진규의 처녀작을 대상으로 그들이 '과거'와 '현재'를 조명하는 방식에 주목해 보았다. 고혜정은 『날아라 금빛 날개를 타고』에서 '과거'를 조명하기 위해 원형질의 여성성을 강조하고 있으며, 박진규는 『수상한 식모』에서 '현재'를 조명하기 위해 신화적 상상력을 동원하고 있다. 고혜정이 강조하는 원형질의 여성성이나 박진규가 고안해 낸 신화적 인물은 궁극적으로 신화 원형적인 요소를 내포하고 있다. 그들은 '과거'와 '현재'에 일어난 사건을 재현하고 극적으로 형상화하는 방식으로 신화 원형적 모티프를 원용하고 있다. 실재하는 날것의 사실을 새롭게 가공하고 개성적으로 제련해 낸 두 신진 작가에게 격려와 아울러 다음과 같은 당부를 드리고 싶다.

고혜정은 『날아라 금빛 날개를 타고』에서 정신대 여성을 통해 한국의 근대 식민지사를 새롭게 조명해 내고 있는데 그녀가 조명해 내는 과거는 암울한 한국사의 상처에 해당하는 만큼, 무엇보다도 작가는 뚜렷한 역사관을 수립하고 있어야 한다. 작중 주인공은 단순히 여성 인물이 아니라 일제의 식민지 조선수탈의 상흔을 온전히 몸으로 감내해 내야 했던 정신대 여성이라는 사실을, 작가는 유념해야 한다. 아울러 작가가 작품에서 정신대 여성의 귀향 후 삶까지 깊이 있게 천착했더라면, 이 작품은 생(生)에 대한 무한 긍정으로 치닫지 않고 현실의 고난과 문제성이 소설의 문면에 잘 드러날 수 있었을 것이라는 아쉬움이 남는다. 쉽지 않은 소재를 천착한 신진 작가의 패기를 높이 평가하는 반면, '역사적 과거의 소설화'는 소설의 수사학에 앞서 뚜렷한 역사관이 전재되어야 함을 거듭 당부한다.

박진규는 『수상한 식모』에서 수상한 식모를 통해 한국의 현대사를 조명해 내고 있다. 현재를 조명해 내는 방식과 관련하여 다음과 같은 사실을 당부하고 싶다. '수상한 식모' 라는 표제에서 '수상한' 이라는 표제는 사실, 식모의 수상함만을 의미하는 것이 아니다. 그것은 우리가 몸담고 살아가는 이 세상의 '수상함' 과 상통한다. 이 세상을 '수상한 눈' 으로 직시하는 것이 오늘날 한국 문학에 전력하는 소설가의 임무이다. 작가는 단순히 현실을 판박이로 찍어내는 '자동판매기' 가 아니며, 현실을 고스란히 독자들에게 전달해 주는 '택배직원' 도 아니다. 이 땅의 작가는 수상한 작가가 되어야 한다. 그들은 이야기에 화장도 시키고 옷을 입힐 줄 알아야 하지만, 날카로운 식칼을 쥐여 줄 수도 있어야 한다. 그런 의미에서 모름지기 우리 삶의 미세한 일상에 주목하는 소설가는 순간에 머무르는 진실에 주의를 기울이며, 찰라에 머무르는 진실의 값과 아울러 그 찰라의 진실을 대체하는 또다른 환영(이미지)에 주의를 기울이고, 이전의 진실과 다음의 진실이 중첩되는 과정에 집중해야 할 것이다. 일체의 부정은 반대로 일체의 긍정을 시사한다. 바라건데, 부정정신아래 새롭게 도사리고 있는 긍정의 힘을 읽어내길 바란다. 일체의 부정과 더불어 일체의 긍정을 살려내는 일은 복잡다난한 현재를 조명하면서 그 현재를 다가올 미래와 맺어주어야 하는 이 땅의 소설가들의 몫이리라.(2006, 여름)

# 자본주의 팽창기에 선 소설가의 진로

— 김영하 『오빠가 돌아왔다』(창작과비평, 2004)

## 1. 소설의 운명

서점에서 서고에 진열된 다양한 책들과 그들의 위치를 보면, 문학의 위상을 가늠해 볼 수 있다. 서점에서 단연 자리를 많이 차지하는 서종(書種)은 수험서적 · 참고서류를 비롯한 각종 실용서적이다. 실용서적이 자본의 질서에 문제를 제기하지 않고 자본주의를 맹목적으로 추종하고 있다면, 문학서적은 자본의 질서에 문제를 제기하고 현재를 성찰한다. 독자들은 그들이 몸담고 있는 사회와 규범에 대해 의문을 제기하기 보다, 그 사회에 살아남기 적합한 실용적인 방법을 터득하고자 한다. 자본주의 팽창기, 문학서적은 자본주의 체제하 생존의 노하우를 다양하게 보여주는 실용서적에 밀려, 서점의 가장자리로 밀려나 있다.

문학서고로 가서, 다양한 문학서적 가운데 한국소설이 놓인 위치를 살펴보면 한국소설의 운명 역시 평탄하지 않음을 알 수 있다. 발빠르게 번역되는 다양한 외국서적에 밀려 한국소설은 소수의 자리를 확보하고 있다. 세계적인 문학상을 수상한 작가의 작품 · 세계적인 판매기록을 내고 있는 작품은 그 세계적인 명성만큼이나 독자들의 관심을 충분히 자극하고 있다.[1] 형편이 이쯤되고 보면, 그 계절에 나온 신간 한국소설이 다음 계절까지 서점에서 자리를 지킨다는 것은 무척 어려운 일임을 짐작할 수 있다. 아니나 다를까. 봄에 신간란을 장식하던 소설이 여름에는 재고서적으로, 가을에는 아예 서점에서 자취를 감추고 없다. 소설에서 스테디 셀러를 찾아보기 힘든 것은 어제 오늘의 현실이 아니다.

한국소설의 경우 신간(新刊)은 문단에 입문한 신인 작가의 첫창작집, 관록있는 작가의 신작집, 특정한 문학상을 수상한 작가의 작품집 등으로 분류할 수 있으며, 대체로 이들이 신간 소설란을 장식한다. 동인문학상 · 이산문학상 · 황순원문학상을 독식한 김영하의 소설은 소설서고의 자리를 비교적 오래 동안 점하고 있다. 김영하는 소설집 『오빠가 돌아왔다』(창작과비평사, 2004)로 이산문학상을 받았으며, 그 속에 실린 단편 「보물선」으로 황순원문학상을 받았고, 장편 『검은꽃』(문학동네, 2003)으로 김동인문학상을 수상하였다. 1995년 등단이래 문학동네신인상 · 현대문학상을 띄엄띄엄

---

1) 오늘날, 한국의 작가들은 더욱 많은 경쟁체제 속에서 창작한다. 그들은 당대의 뛰어난 작가들을 견제하는 것은 물론, 홍수처럼 쏟아져 나오는 외국문학작품과 경쟁해야 한다. 이것이 서점안에서의 현실이라면, 서점밖에서 작가들은 영상서사물 등의 다양한 문화 상품과 경쟁해야 한다. 다문화에 노출된 독자들을 겨냥하기 위해서, 그들은 더욱 극심한 경쟁체제 속에서 외국문학서적은 물론 다양한 문화 상품을 극복해야 하는 것이다.

받은 바 있으나, 유독 2004년 가을을 즈음하여 한국소설가로서 그가 최다 문학상을 수상한 것은 무엇 때문인가. 이 글에서는 김영하의 『오빠가 돌아왔다』(창작과비평사, 2004)를 통해, 최근 소설의 진로를 살펴보고 소설쓰기의 변화를 살펴보고자 한다.

## 2. 자본주의 팽창기에서 소설가의 슬픈 운명

『오빠가 돌아왔다』에 수록된 8편의 단편 중, 가장 먼저 수록된 「그림자를 판 사나이」는 자본주의 팽창기에 처해 있는 작가의 슬픈 운명을 보여주고 있다. 이 작품의 주인공은 소설가이다. 나는 마감이 임박했으나 작품을 완성하지 못한 채, 친구들을 만나고 자신을 되돌아본다. 김영하는 이 작품의 '소설가'를 통해, 우리 시대 존재하는 두 가지 타입의 문학을 시사하고 있다. 작중에서 내가 소설가로 등단하자, 주변의 친지들은 다음과 같이 축하의 메시지를 전달한다.

> ① 작가가 되었다는 소식 듣고 내 일처럼 기뻤다. 부디 좋은 작품 써서 나같이 방황하는 청춘들을 구원해주렴.(25면)
>
> ② 여자들을 위하는 문학을 하렴. 그럼 일생이 평탄할 거야. 여자는 아름답게 그려주고 남자들은 죽일놈들로 만들어. 그럼 아무도 널 미워하지 않을 거다.(30면)

①은 "어렵게 대학을 졸업"(25면)하고 회계사 시험에 합격한 친구 정식의 축하 메시지이고, ②는 "결혼을 마치 홈쇼핑처럼 여기는 여자"(29면) 엄마의 축하 메시지이다. 나는 '방황하는 청춘'의 구원자가 될 것인가, 그렇지 않으면 '특정 목적(여자들)'을 위한 상품을 제조하여 평탄한 삶의 발판을 마련할 것인가. 마감이 다되도록 소설을 쓰지 못하는 나의 어려움의 실체는 여기에 있다.

소설가인 나의 삶, 아니 소설을 쓰는 일에 균열을 몰고 온 문제적 인물은 정식이다. '정식'은 이 작품은 물론 김영하 소설 전체에서 의미있는 인물이다. 그것은 그가 '소설이 방황하는 청춘을 구원할 수 있다'는 명제를 내세운데 있다기 보다, 현실에서 무수히 '방황한 인물'이며 '방황하지 않기 위해 분투한 인물'이기 때문이다. 그의 아버지는 시골 고등학교 교사, 농사일을 전전하면서 어렵게 아들을 대학에 보낸다. 그는 학창시절 내내 공부에 전념했으며, 회계사 시험에 합격한다. 그는 어려운 시간중에서 '소설'을 읽으며 영혼의 안식을 얻곤했다. 회계법인에 들어간 후로도 한동안 문학에 뜻을 두었다. 나는 그를 미경에게 소개했고 두 사람은 결혼했다. 그는 회계사로 일하고, 미모와 지성을 겸비한 아내는 방송국 PD로 일했다. 그들은 오래지 않아 강남에 집도 마련했다. 그럼에도 정식은 '심장'에 불이 나서 자신의 육신을 불태우고 그가 탄 자동차마저 화염에 휩싸여 죽는다. 정식의 '자연발화(自然發火)'는 시사하는 바가 크다. 안정된 경제적 기반은 '육체'를 구제할 수 있었지만, '영혼'은 구원해 줄 수 없었다. 영혼의 구제가 불가능한 현실에서, 그는 스스로(自然) 육체를 소진시킨다. "아무런 죄도 짓지 않고 성실하게 하루하루를 살던" 정식은 "제 속에서 타오른 불길"(36면)로 죽는다.

이와 대조적인 인물이 나의 '엄마'이다. 친구 홍정식은 자신의 심장에 불이 붙어서 사망한 반면, 엄마는 "하고 싶은 걸 다 하고 살았"으며 "남편도 셋이나 두었고 여행이며 쇼핑이며 대체로 아무 생각 없이 저지르고도"(29면) 잘 산다. 엄마는 "결혼이라는 제도"를 비롯하여 자본주의 사회의 가장 합리적인 생존방식을 터득한 소비자이다. '쇼핑'과 '소비'가 육체의 소모적인 능력에 속한다는 점에서, 자본주의의 효용가치를 최대한 만끽하는 엄마는 애초부터 영혼의 '구원'이 불필요했다. 그녀는 영혼을 염두에 두고 있지 않으므로, '육체'와 '영혼(정신)' 간의 분열(방황)을 경험할 필요도 없다. 엄마는 자본주의 제도의 효용가치를 십분 활용하면서 육체를 풍요롭게 한다. "엄마는 대체로 하고 싶은 걸 다 하고 살았"으며, "이상한 것은 그렇게 살고도 별로 끝이 험하지 않았다"(29면)는 것이다. 자신의 심장에 불어 붙어서(자연발화) 죽은 친구와 자본주의의 충실한 소비자인 엄마, 이 양자 간의 틈바구니에 김영하의 근작집 『오빠가 돌아왔다』가 서 있다.

이러한 상반된 두 인물은 김영하의 두 번째 작품 『호출』의 「전태일과 쇼걸」에서 이미 출현한 바 있다. 「전태일과 쇼걸」에서 작가는 이 땅에 살고 있는 두 부류의 인물군, '전태일'과 '쇼걸'을 제시한다. '전태일' 이 자본주의에 맞서서 분신자살한 것처럼, 당면한 문제를 진단하고 그 스스로 문제의 해결자가 되어 뛰어들 것인가. 그렇지 않으면 '쇼걸' 이 그러한 것처럼, 자본주의 효용성을 십분 활용하면서 물질을 탐할 것인가. 문제는 '영혼' 과 '육체' 의 양극화라는 두 가지 관점이 아니라, 더 이상 이 두 가지가 동등한 구도아래 공존하지 않는다는 사실이다. 이미 자본주의 가치체계 내에서 '육체' 는 '영혼' 을 압도한 지 오래이며, 이 땅에서 '영혼' 이 버티고 설 여지는 점차 없어지고 있다. 전태일의 분신(焚身), 홍정식의 자연발화(自然發火)는 육체에 대한 영혼의 소리 없는 절규이다. 아니 인간이 점차 자본의 노예로 전락하는 현실에 대한 작가의 고뇌이다. 김영하의 소설 쓰기는 영혼을 잠식하고 있는 육체의 횡포, 이 지점에서 시작한다. 좀 더 솔직하게 지적하자면 영혼을 뒤돌아보되, 이 땅에 굳건히 뿌리를 내리고 있는 육체의 존재 역시 무시하지 못하는 소시민으로서 김영하의 소설 쓰기가 시작된다.

'방황하는 청춘의 구원' 이라는 정식의 명제가 아직도 이땅에서 유효하다면, 소설가인 나와 바오로 신부는 동일한 목적을 추구하는 사람들이다. 「그림자를 판 사나이」는 소설가와 신부의 만남으로 시작된다. 소설가인 나는 마감을 코 앞에 두고, 고교시절 성당에서 주일학교를 함께 다닌 두 친구, 미경과 바오로 신부의 전화를 받는다. 미경으로부터 온 전화는 마감 일을 앞세워 피했지만, 바오로 신부로부터 온 전화마저 피하지 못한다. 내 집에 찾아온 바오로 신부는 제법 취하자, 며칠 전 그가 미경을 위해 잠자리를 함께 했음을 고백한다. 그후, 나는 미경을 만난다. 나는 10년은 더 늙어버린 미경을 만나고 나서야 그녀의 남편 정식이 죽었다는 사실을 알게 된다. 이 작품에서 남편을 잃은 미경이 "방황하는 청춘"이라고 한다면, 방황하는 미경의 상처를 어루만져 준 것은 바오로 신부이다. 바오로 신부는 "너무 불쌍해서, 그것 말고는 어떻게 해줄 수 있는 게 없어서"(27면) 미경이와 잔다. 여기에서 신부의 현실적 입지는 부차적인 문제이다. 바오로 신부가 학창시절 미경의 첫사랑이었다는 것도 논외의 문제이다. "방황하는 청춘"의 구원 여부에 맞추어 사건을 바라본다면, 바오로 신부가 미경을 육체적으로 구원해 준데 비해 소설가인 나는 타인(미경)의 영혼은 물론 육체를 구원해 주지 못한다. 나는 그녀를 집으로 바래다주고, 혼자 집으로 돌아와 미경과 결혼하는 상상을 해 볼 뿐이다. 아니, 소심한 나는 혼자 침대 속으로 들어가 우는 것이 고작이다. 나는 친구 정식을 통해 "아직도 문학이 방황하는 청춘을 구원할 수 있다고 믿고 있는 모습"에서 새삼 감동을 받았지만, 소설을 통해 인간을 구원하는 모습 아니면 인간을 구원할 수 있다는 가능성을 전혀 보여주지 못한다. "제 그림자에 놀라던 소심한 어린아이"(10면)는 소설에서 자기를 둘러싼 일상의 풍경을 보여주는 것만으로도 무척 힘겨워한다.

왜 그럴까. 왜 작가인 나는 순결한 영혼을 위해 그들을 방황에서 건져줄 수 있는 구원의 메시지를 소설로 보여주지 못하는 것일까. 그것은 작가가 이 땅에서 소설을 읽는 독자들이 누구인지, 그 누구보다 그들의 성향을 잘 알고 있기 때문이다. 이 땅의 얼마 안되는 순결한 영혼들이 '자연발화(自然發火)' 와 같은 자멸의 길을 걷는 반면, 자본주의에 충실한 소비자들만이 간헐적으로 소설을 탐한다. 이 땅의 소설가는 창작에 앞서, 소설 소비자들의 구미를 충분히 고려해 둔다. 그 결과 그들은 '방황하는 영혼의 구원자' 이기를 포기한 채 자본주의 제도 아래 효과적인 '소비재' 를 제조하는 데 골몰하는 자신과 조우하기도 한다. 김영하는 이 작품에서 자본주의 팽창기에 서 있는 소설가의 '슬픈 운명' 을 보여준다. 소설가인 나는 '엄마' 의 속물 근성과 거리를 두지만, 그렇다고 해서 '정식' 의 명제를 수용하지도 못한다. 그래서 나는 혼자서 쓸쓸하게 울고, 또 소설의 마감 기일을 지키지 못하는 것이다. '정식의 자연발화(自然發火)' 를 설정해 놓은 김영하는, 이 작품집의 다른 작품에서는 정식과 같은 무거운 인물을 등장시키지 않는다. 김영하뿐 아니라 신세대 작가들의 작품에는 '선지자', '구원자', '구도자' 와 같은 관념적이고 사색적인 인물이 등장하지 않는다. 아니, 그들의 소설에는 현실에 철저히 패배하거나 좌절한 인물도 등장하지 않는다. 그들은 아예 현실과의 대결 의지를 잃어버린 사람, 현실의 그림자에 기생하는 사람 등 철저한 아웃사이더를 보여준다. 같은 맥락에서, 김영하는『오빠가 돌아왔다』에서 자본주의 현실에 길들여진 '속물적 인간' 의 일상과 본능을 보여준다.

### 3. '속물적 인간'과 본능이 지배하는 사회

근작집 『오빠가 돌아왔다』에 등장하는 인물의 가장 큰 특징은 '속물 근성'이다. 「크리스마스 캐럴」은 구체적 사건을 통해 '속물적 인간'의 내면 추이가 잘 묘사되어 있다. 학창시절 영식 · 정식 · 중권은 그들의 성욕을 해소하기 위해 진숙의 육체를 농락했다. 당시 그녀의 별명은 '자판기'였다. 졸업 후 그녀가 독일로 가서 결혼하자, 그들은 그들의 깨끗하지 못한 과거가 고스란히 봉합된다고 여겨 쾌재를 불렀다. 어느날 그녀는 귀국하여 세 남자를 한자리에 소집한다. 바보였다고 생각한 그녀가 똑똑해진 모습으로 나타나서, 그들의 과오를 낱낱이 지적한다. "그때의 나는 말이지, 내가 아무것도 아니라고 생각했어. 니들이 부르는 대로, 그래 걸레지, 걸레라고 생각했어. 그렇게 생각하면 못할 게 없어. --(중략)-- 니들은, 내가 바보였다고 생각하지. 그래 맞아. 난 바보였어. 그치만 그러는 니들은 어땠는줄 알아? 이십대 초반의 너희들은, 기분 나쁘게 듣지마, 어차피 지나간 얘기잖아, 그래, 음, 똥마려운 강아지들 같았어. 너희들은 남 생각할 여유 같은 건 없었어. 욕망에 허덕대는 스스로를 혐오하느라 다른 누군가를 동정하고 자시고 할 여력도 없었지. 개폼을 잡고 내 자취방에 기어들어와 십분 만에 사정하고 도둑놈들처럼 기어나가면서 자기들이 무슨 게릴라나 된 줄들 알고 있었지."(87-88면) 이에 세 남자는 진숙에게 강렬한 살의를 느낀다. 그들의 바람대로, 곧 그들은 진숙의 살해 소식을 접한다. 특히 영수와 정수 두 사람은 용의자로서 지레 겁을 집어 먹는다.

이 작품은 영수와 정수가 진숙의 육체에 직접 해를 가하지 않았음에도 모종의 죄의식으로 겁을 먹는 대목에서부터 시작된다. 이러한 두 남자의 심리 묘사가 따옴표와 문단구분 없이, 이어지는 줄글로 묘사되어 있어 긴박감을 더한다. 우선, '영수의 집' 에서부터 이야기가 진행된다. 영수는 진숙의 살해 기사를 읽은 날, 진숙이 보낸 '크리스마스 카드' 를 받는다. 아내는 진숙이 보낸 카드를 보고 진숙의 살해 소식을 처음 들었을 때, 한 남자의 아내로서 남편과 진숙의 관계를 의심한다. 그러나 곧 아내는 남편이 종신징역에 처할 경우 자신에게 돌아올 경제적 이득을 떠올린다. 집을 나온 영수는 정수와 만난다. 정수는 영수로부터 '크리스마스 카드' 이야기를 전해 듣고, 황급히 자기 집 우편함으로 달려간다. 정수는 집 앞에서 형사들에게 연행된다. 취조실에서 그는 '진숙' 을 누구나 "공유한다 해도 아무 문제가 생기" 지 않은 "유령" 으로, 혹은 "마을의 칠십 먹은 노인네부터 열댓살짜리 떠꺼머리까지 안 먹은 놈이 없는 그런" "미친년"(84면)과 다를 바 없는 존재로 진술한다. 살인자는 중권으로 밝혀지고, 정수는 풀려난다. 애초부터 진숙을 욕망의 하수구 정도로 여겼던 정수 · 영수와 달리, 중권은 진숙에게 애정을 가졌던 것이다. 중권은 자신의 애정이 받아들여지지 않자, 진숙을 죽인 것이다. 강렬한 살해 의지를 가진 영수 · 정수 대신 강렬한 애정을 가진 중권이 진숙을 죽이는 상황, 이것은 목적과 수단이 바뀌고 가치의 척도가 무너져가는 현실의 아이러니를 시사한다.

이야기는 다시 '영수의 집' 에서 마무리된다. 영수는 정수와 헤어지고 집에 돌아온 후에도 초조한 마음을 감추지 못한다. 그것은 비록 그가 진숙에게 어떤 해도 가하지 않았음에도, 누구보다도 강렬한 살의를 가지고 있었기 때문이다. 그는 자신의 과오를 낱낱이 토설하는 진숙을 머리 속으로 수차례 난자(亂刺)했던 것이다. 영수는 살인자로 구속되는 중권을 뉴스에서 확인하자, 아무 일도 없었다는듯 아내에게 다정한 목소리로 말한다. "이봐, 크리스마스잖아. 백화점에 트리라도 사러 가지 않을래?"(92면) 학창시절, 영수 일행은 진숙의 육체를 자본 없이 쇼핑해 왔다. 그것은 암묵적인 공동구매였다. '육체' 만 가진 것으로 여겼던 백치 진숙이가 영혼에 눈을 뜨고 나타나자, 다시금 공동구매할 요량으로 진숙을 만나러 왔던 영수는 그 누구보다도 강한 살의를 느꼈다. 그녀의 죽음은 잠깐 동안 내면의 동요를 몰고왔을 뿐, 이제 그는 아내의 소비욕망을 부추기며 또다른 쇼핑을 계획한다. 진숙이 보낸 크리스마트 카드의 칩에는 착한 애와 나쁜 애를 골라내는 산타할아버지의 활약을 노래하는 '크리스마스 캐롤' 이 흘러퍼진다. 착한 애와 나쁜 애를 골라내는 '산타할아버지' 의 그림이 그려진 진숙의 카드, 그 산타할아버지가 오는 날인 '크리스마스' 라는 시간의 설정은 작중 인물들은 물론 독자들에게 '암묵적인 죄악' 에는 '암묵적인 응징' 이 따라올 수 있음을 음험하고 괴기스럽게 시사한다. 작품의 구조상, 이러한 그로테스크는 역동성을 부가한다. 눈으로 읽는 소설이지만, 이 작품은 감각과 정서 그리고 이미지가 독자들에게 구체적으로 전달된다. 이 작품에서 '속물적 인간'의 내면은 다양한 각도에서 조명된다. 시점, 따옴표 없이 이어지는 줄글, 상황 설정, 인물의 세심한 정서변화 포착 등의 형식이 내용과 조화를 이루며 작품의 짜임새를 더한다.

「크리스마스 캐럴」이 속물적 인간의 내면을 상세하게 묘사하고 있다면, 「오빠가 돌아왔다」는 속물 근성(根性)이 어떤 의미를 내포하고 있는지 시사해 준다. 이 작품에서 14세 소녀가 소개하는 '가족'은 속물적 인간이 만들어내는 파행적 사회를 대표한다. 흥미로운 점은, 알 것 다 아는 열네살 소녀(여동생 · 딸)의 시점에서 오빠와 아버지의 역학관계 · 엄마와 아빠의 이율배반적인 욕망구도가 제시된다는 점이다. "여동생팬티는 갖다가 뭐하는지, 그걸 모를 거라고 생각하는지, --(중략)-- 그래도 매번 눈감아주는 이유는 그래도 오빠가 우리집 기둥이기 때문이다. 돈이 나와도 오빠 주머니에서 나오고 밥이 나와도 오빠 주머니에서 나온다. 아빠는, 이렇게까지 말하고 싶지는 않지만, 식충일 뿐이다."(45면) 아빠는 특정 직업 없는 '전문 고발꾼'이다. 아빠는 일년에 수백건의 민원을 제기하는 '민원제조공장'이다. 아빠의 '민원(民願)제조'는 '민원(民怨)'을 반영한 것이 아니라 아빠의 '시기심'을 반영한 것이다. 오빠가 여자애를 데리고 오자, 아빠는 "청소년 성매매사범"으로 오빠를 신고한다. 오빠는 예전의 어린 소년이 아니다. 오빠는 육체적으로나 경제적으로나 아빠를 쉽게 제압하고, 한 가정의 가권(家權)을 거머쥔다. 어린 소녀는 단순히 집안의 권력 이동만이 아니라, 자본주의 사회의 생태구조, 힘의 절대적 가치를 꿰뚫고 있다. 나는 오빠와 아빠의 관계를 통해 '성장'의 의의를 발견한다. "어른이 된다는 건 간단하군. 우선 부모를 제압할 만큼 힘을 기르고 짝을 찾아 집으로 쳐들어오는 거야."(59면) 건설현장의 함바집에서 일하는 엄마는 오빠의 여자애를 며느리로 받아들이면서 집으로 돌아온다. 법적으로는 이혼했지만, 엄마는 한 집에 기거하면서 아빠와 살을 섞는다. 술주정뱅이 고발꾼 아빠, 건설현장 함바집 아줌마인 엄마, 택배회사 직원인 아들, 그 아들의 미성년 동거녀, 중학교 1학년 소녀 — 한 가족이 야유회를 간다. 가족들은 오빠의 택배회사 봉고차를 타고 야외로 가서, 매운탕에 소주를 마신 후 집으로 돌아온다. 과음한 아빠는 정신을 못 차린 채 봉고버스에 뻗어 있고, 나머지 식구들은 스티커 사진부스에서 가족 사진을 찍는다.

14세의 소녀가 소개하는 '가족 야유회'는 가족이라는 생태계의 먹이사슬(힘의 구조)를 보여준다. '아빠'를 압도하는 '오빠', '오빠'를 제압하는 '엄마'는 작중 가족 구성원들이 '이성'이 아닌 '본능'에 의해 지배받고 있음을 시사한다. 다음과 같은 세 가지 차원에서, 그들은 인간사회라기보다 동물세계를 보여준다. 첫째, 절대적으로 힘이 지배한다. 둘째, 단순한 육욕에 따른다. 셋째, 원시적인 모성애가 있다. 이 세 가지는 '이성'과 대조적인 '동물세계'의 '본능'이다. 본능은 사회와 제도가 만들어지기 이전의 감정으로서, 인간이 경험하고 학습한 것이 아니다. '본능' 이 지배하는 세계에서 '규범', '전통적 습속', '휴머니즘' 과 같은 인간사회의 관념은 애초부터 무의미하다. 21세기 자본주의의 팽창기, 인간은 기존의 사회가 만들어 놓은 규범이 아니라, 오히려 원시적인 본능에 의해 존속되고 있다. 김영하는 '이성' 이 아니라 '본능' 이 지배하는 구도를 통해, 자본주의가 극단에 도달할 수록 그 사회는 약육강식(弱肉强食)의 동물세계로 역(逆)진화함을 시사한다.

### 4. 퍼니(funny), 퍼니(funny), 퍼니(funny) : '비루함' 과 '가벼움' 의 카니발

김영하는 『나는 나를 파괴할 권리가 있다』(문학동네, 1996)에서 『검은꽃』(문학동네, 2003)에 이르기까지 새로운 소재를 독자들에게 선보여왔다. 참신한 소재는 규범적인 현실 토대를 전복시키면서 독자들의 시선을 끌었다. 이에 비해 근작집 『오빠가 돌아왔다』는 일상적 소재를 다루고 있으며, 무엇보다도 현실을 바라보는 작가의 정서가 두드러지게 나타난다. 작가의 정서는 크게 '비루함' 과 '가벼움' 으로 구분할 수 있다. '비루한' 현실을 살아가는 소시민은 그들이 처한 상황을 '가볍게' 인지한다. 상반된 정서는 작중에서 뒤섞이면서, 독자들의 웃음을 자아낸다. 「너를 사랑하고도」는 취업 준비생인 남자와 아르바이트하는 휴학생 여자의 시점에서 이야기가 전개된다. 그리고 또 하나, 이 작품에서 빼 놓을 수 없는 캐릭터는 수영모만 쓰고 수영장에 입장한 아줌마, '토르소' 이다. 수영장에서 남자는 수영모만 쓰고 수영장에 입장한 아줌마를 목도한다. 이후, 그 아줌마의 육체는 남자의 뇌리에 한 조각의 '토르소' 로 각인된다. 대강의 줄거리를 소개하면 다음과 같다.

남자는 수영장에서 여자를 만난다. 남자는 학교 동창인 그 여자를 좋아하고, 수영강사 역시 그 여자를 좋아한다. 반면 그 여자는 국회의원 보좌관을 좋아하며, 나와 수영강사에게는 몰인정하다. 어느날, 유부남인 보좌관이 그 여자에게 관계청산을 요구한다. 자신이 보좌하는 야당의 국회의원이 탈당을 도모하자, 남자는 자신의 입지를 투명하게 정리하지만 야당국회의원으로부터 버림받는다. 여자는 보좌관과 헤어지고 복학을 계획한다. 동일한 시기, 남자는 변심한 애인을 총기난사한 '수영강사의 공기총 살인사건' 기사를 읽고, 여자의 생사를 걱정한다. 남자는 전화로 몰인정한 여자의 목소리를 들으며, 그 여자의 생존을 확인한다. 남자는 수영모만 쓴 채 풀에 들어온 아줌마의 육체 '토르소' 를 떠올리며, 토익책을 펼친다.

이 작품에도 속물적 인간(국회의원 · 국회의원 보좌관)이 등장하지만, 초점이 맞추어진 것은 '토르소' 와 비루한 일상을 살아가는 남녀이다. 취업을 준비해야 하고 좋아하는 여자에게 차이는 자신의 일상이 비록 비루하지만, 남자는 수영모만 쓰고 수영장에 입장한 아줌마의 육체 '토르소' 를 떠올리며 비루함을 극복한다. 이 작품에서 김영하는 무거움 —'국회의원(보좌관)' 보다는 가벼움 —'토르소' 에 힘을 싣고 있다. 그것은 비루한 일상을 가볍게 바라보기 위한 작가의 노력이기도 하지만, 그 한 권에는 '현실' 과 '글쓰기' 의 틈바구니에서 매너리즘에 빠진 작가의 일상이 반영되어 있다.

이 작품과 유사한 정서를 가진 작품이 「너의 의미」이다. 「너의 의미」는 '가벼운' 삶을 살아가는 '비루한' 인물의 소극(笑劇)이다. 이 작품은 충무로의 삼류 영화감독이 주인공이 되어 이야기를 전개한다. 나는 아이스크림 모델과 격렬하고 퇴폐적인 섹스에 탐닉하는 '비루한 인물' 이다. 한 편의 영화도 만든 적이 없는 나는 "이곳 저곳 영화판을 기웃거리며 귀동냥이나 하고 가끔 신인들 뮤직비디오나 찍고 왕년의 연출부 시절 무용담이나 떠들고 다니면서 어리숙한 초짜 여배우들이나 따먹"(175면)는다. 오로지 퇴폐적인 섹스에 길들여져 있는 나는 '사랑' 을 믿지 않으며, 모든 것이 그러하듯 '사랑' 역시 경제적인 거래로 환산한다.

> 「해리가 샐리를 만났을 때」의 맥라이언처럼 오르가슴도 연기하고 헤어질 때는 슬픈 표정도 짓는다. 베개를 껴안으며 사랑한다고 말하기도 하지만 그건 다 거짓말이다. 말하는 그들도 알고 듣는 나도 안다. 우리들 사이엔 보이지 않는 동시통역기가 있어 사랑의 밀어를 비즈니스 용어로 부지런히 바꾸어주고 있는데 단지 모른 체하고 있을 뿐이다. 그게 일종의 거래라는 걸 시장 참가자들은

모두 다 알고 있다.(174-175면)

나는 '사랑의 밀어'를 '비즈니즈 용어'와 동일시한다. 사랑은 "호르몬의 이상분비 때문에 빚어지는 일종의 병리현상"일 뿐이다. "사랑"은 "우리가 지금 하려고 하는 멜로영화에서 그렇듯이, 애들 코 묻은 돈 우려낼 때나 써 먹는, 일종의 청소년용품"(180면)에 불과하다. 나에게 '사랑'은 '멜로 코드'와 같은 또 하나의 '상품 기호'이다. 이러한 나에게 황당한 사건이 일어난다. 멜로 영화를 만들기 위해, 나는 신인 여자 소설가에게 시나리오를 제의한다. 신인 여자 소설가는 시나리오 쓰기를 거절한다. 시나리오와는 별개로, 내친김에 나는 그 여자에게 작업(?)을 건다. 어렵지 않게 나는 여자를 호텔방으로 끌어들인다. 다음 날 아침, 신인 여자 소설가는 시나리오를 쓰겠다고 수락한다. 문제는 여기에서부터 시작된다.

신인 여자 소설가는 나에게 사랑을 고백한다. 돌연, 나는 그녀에게 특별한 의미를 지닌 존재가 된다. "한심한 충무로의 낭인"(175면)에 불과한 내가 그 여자에게 "보헤미안적 예술가의 현신"(181면)으로 보인다. 여전히 퇴폐적인 섹스에 길들여져 있는 나에게, 그녀의 순정어린 고백은 부담스럽다. 시나리오 작업을 위해 얻은 콘도에서, 신인 여자 소설가는 신혼의 단꿈에 젖은 신부처럼 사랑의 밀어를 속삭인다. 나는 멜로 영화를 찍기 앞서, 현실에서 자신이 멜로 영화의 주인공으로 실연(實演)하는 상황이 벌어진다. 사랑을 '멜로 코드'의 상품으로 알고 있는 내가, 멜로의 주인공이 될 조짐을 보이기 시작한다. 만들고자 하는 '제품'에 선행하여, 자신이 주인공이 되어 '제품(製品)'의 '상품(商品)'이 되고 있다. 지금까지 비루한 인물(삼류영화감독)이 가벼운 삶(퇴폐적인 섹스)을 살아왔다면, 이제 '무겁고 진지한 사건(신인 여자 소설가의 순정)'이 비루한 인물의 일상을 전복시키려 한다.

이 작품에서 '무겁고 진진한 사건'이 재미를 유발할 수 있었던 것은 주인공이 '비루한' 인물이며 지극히 '가벼운' 삶을 살고 있었기 때문이다. 상황의 역전이 작품의 재미를 가져온다. 이러한 작품의 장치에도 불구하고, 이 작품 역시 「너를 사랑하고」와 마찬가지로 인물과 사건을 통해 현실을 희극적으로 바라보려는 작가의 의식이 노출되어 있다. 작가는 작중 인물의 비루함을 통해 현실의 중압감을 말소하고, 모든 사건과 사물을 가볍게 바라보고 싶어한다. 비루한 현실을 가볍게 인식하려는 작가의 지친 모습, 이 작품 역시 작가의 매너리즘이 엿보인다. 그래서일까. 작가의 가벼운 시선은 얼핏 재미를 자아내지만, 독자들에게 재미를 넘어서는 '의미'를 만들어내지 못한다. '비루함'과 '가벼움'의 정서는 일상의 일부에 불과할 뿐, 일상의 전모를 담기에는 역부족이다. 아니 더 정확하게 말하자면, 비루한 일상을 가볍게 보려는 것은 소극적인 현실의 위안에 불과할 뿐 비루한 일상을 뛰어넘을 수 있는 적극적인 정서는 아닌 것이다.

## 5. 기교주의자의 글쓰기 전략

김영하의 『오빠가 돌아왔다』에서 「보물선」은 황순원문학상을 수상한 작품이다. 이 작품은 김영하가 어떻게 소설을 쓰는지, 작가의 글쓰기 방법이 간접적으로 드러나 있다. 심사위원들은 "자본주의 경제의 한 중심에서 벌어지는 주가 조작의 실상과 첨단 정보시대의 전설이라고나 불러야 할 보물선 소동의 시말을 한 그물로 후려"[1] 냈다는 점에서, 이 작품에 후한 점수를 주었다. 작품에서는 이러한 제반 사건이 '보물선과 충무공, 그 기이한 커넥션' 이라는 기사의 이름으로 명명되기도 한다. 기사의 표제대로 이 작품은 '보물선' 과 '충무공' , 그 자체가 작품의 보물이다. 이 두 가지 소재는 '자본주의' 와 '내셔널리즘' 에 길들여진 한국 독자들의 구미를 절묘하게 수합해 낸다. 작중에서 '보물선' 은 고수익 상품을 선망하는 대중의 바람을, '충무공' 은 한국인의 일본에 대한 미묘한 적대감을 반영하면서 각각 사건과 인물을 통해 하나의 이야기로 귀결된다.

이형식은 대학시절부터 일제의 음모로 만들어진 '충무공동상' 을 폭파하고 일본의 제국주의적 음모를 만방에 알리려는 포부를 가지고 있다. 이 일을 실현하기 위한 자본을 마련할 요량으로, 그는 태평양 전쟁 무렵 군산 앞바다에 침몰한 일제의 보물선 인양사

2) 황현산, 「황순원문학상심사경위-흥미진진한 주제, 기세등등한 글쓰기」, 『문예중앙』, 2004, 가을호, 13면.

업을 기획한다. 그는 재만이 가담하고 있는 주가 조작 정보모임 회원들과 만나 사업자금을 모색한다. 이후 '보물선과 충무공, 그 기이한 커넥션'이 시작된다. 정보모임 회원은 보물선닷컴을 만들어 주가를 조작, 막대한 이익을 챙긴다. 당연히 보물은 나오지 않는다. 재만을 비롯한 정보모임 회원들은 "보물선에서 얻을 수 있는 이익의 몇배나 되는 돈을 키보드 몇 번 두드려 벌"고, 수배자로 전락한 형식은 정보모임 회원들로부터 약간의 돈을 얻는다. 그 돈으로 형식은 충무공동상을 폭파하고, 재만을 비롯한 정보모임 회원들은 형식에게 돈을 건넨 혐의로 국정원과 금융감독원에 걸린다. 그들은 충무공동상의 폭파자금을 조달한 혐의로 정치적 문제에 말려들다가 결국에는 주가조작 혐의로 수감된다.

재만을 비롯한 주가 조작 정보모임 회원들은 "자기 돈 가지고 사업하지 않"고 "보물선닷컴만 띄"워 "증자하고 광고치고 분위기"를 띄웠다. "작전은 작전인데 그 재료가 보물인 작전"(217면)에 재만 일행은 고수익을 올렸으나, 그들의 덫에 다시 걸려들고 만다. 이형식의 배후에 재만 일행이 있고, 그 배후에 작가 김영하가 있다. 재만 일행이 형식을 이용하는가 하면, 오히려 형식에 의해 재만 일행이 이용당하고 만다. 아니, 이 모든 인물들이 실상 작가의 '충무공과 보물선, 그 기이한 커넥션'으로 이용당하고 있다. 김영하는 작중에서 불합리한 사회의 구조를 다음과 같이 묘사한다. "세상에는 보물선의 전설을 믿는 사람, 직접 보물을 찾겠다고 바다에 뛰어드는 사람, 그리고 그걸 재료로 돈을 버는 재만 같은 사람들이 있다.

어디에나 이런 구조가 있다. 경주에 가면 신라 고분에 관한 전설을 떠드는 할아버지들이 있다. 그걸 듣고 밤을 낮삼아 야산 여기저기를 몸소 쇠꼬챙이로 쑤시고 다니는 사람이 있다. 그러나 결국 돈을 버는 것은 중개상인 나까마들과 인사동에 앉아 쌍화차를 시켜먹는 노회한 골동품 가게 주인들뿐이다."(221-222면) 이러한 불합리한 구조속에서, 작가의 입지는 '그걸 재료로 돈을 버는 사람', '중개상인 나까마상'에 속한다. 작가는 자기가 직접 체험하지 않고, 작중 인물을 통해 사건을 선전하고 분위기를 띄우는데 성공하고 있다. 소설에서는 이것을 작가의 뛰어난 기교로 평가한다.

이 즈음에 다시 소설의 개념에 주목해 볼 필요가 있다. 소설은 '현실의 개연성에 기반을 둔 허구'이다. 전대의 작가들은 '현실의 개연성'을 자신의 생생한 체험에서 가져왔다. 작가의 생채기 만연한 과거는 그 자체로 독자들의 심금을 울리기에 족했다. 그들은 소설의 '허구성'(현실을 재현하는 다양한 양식·소설의 방법론)에 대해 그다지 고민하지 않아도, 그들의 체험만으로 충분히 독자들을 매료시켰다.[3] 그들이 살아온 역사의 질곡, 분단·혁명·민주화가 그들의 삶을 기가 막힌 드라마로 만들었다. 그러나 개인적으로 체험도 없고 역사 자체도 질곡이 없는 세대에 이르면, 작가들은 초조해진다. 총명한 작가라면, 그는 너무나 일상적이고 보편적인 자신의 삶은 더 이상 이야기거리가 될 수 없음을 인지한다. 그들은

3) 오늘날 50-60대 작가들의 작품을 떠올리면 쉽게 납득이 갈 것이다. 이들이 소설을 창작하는 문법의 토대는 단연 자신의 삶과 그 궤적이다.

'현실의 개연성'은 정보를 통해 수집하고, '허구성'에 초점을 맞추어 방법론에 골몰하는 기교주의자가 된다. 김영하를 비롯하여 90년대 이후 등단한 다수의 작가들은 패러디 소설, 다양한 역사 소재의 소설을 통해 자신의 '기교'를 상품화한다.[4] 올해 황순원 문학상을 수상한 김영하의 「보물선」이 놓인 위치가 바로 이 지점이다. 심사위원들은 김영하가 현실의 정보를 정교하게 수합해내는 '기교'에 주목한 것이다. 어쩌면, 김영하와 심사위원은 동일한 시선으로 동일한 지점을 보고 있는지 모른다. 그것은 체험과 실체보다 정보가 범람하는 현실, 21세기 '삶의 허구성'이다. 그들이 본 것이 '현실'이기는 하지만, 그것이 문학이 보여주어야 할 '이상(理想)'인지는 다시금 고민해 보아야 할 것이다.

### 6. 무한경쟁체제에서 소설가의 진로

김영하의 창작집 『오빠가 돌아왔다』는 '유약한 소시민'의 비루하고 가벼운 일상이 나타나 있다. 그 내용으로 본다면, 특별할 것이 없는 소소한 일상의 사건들이다. 기껏 해야, 신문의 사회면을 장식할 정도의 사건이라 할 수 있다. 작품의 흥미에 초점을 맞추어 본다면, 이 작품집은 '만화'와 '꽁트'의 중간 지점에 놓여있다. 단

4) 김영하의 역사소설 『아랑은 왜』·『검은꽃』도 이 범주에 속한다. 역사는 단지 정보(기본 골격)에 그칠뿐, 이 작품들은 작가의 뛰어난 기교를 보여준다.

조롭고 소소한 일상을 다루고 있음에도, 이 작품이 만화나 드라마처럼 재미있게 여겨지는 것은 작가의 뛰어난 기교 때문이다. 이것을 두고, 전통적인 글쓰기의 문법에 맞추어 상향 혹은 하향이라 가치매김하는 것은 아직 이르다. '진화' 가 인간과 환경의 조화를 의미한다고 할 때, '소설의 진화' 역시 인간과 급변하는 주변 환경을 고려해 넣지 않을 수 없다. 국문학사에서 개화기 단편 서사 · 애국전기물이 양식의 미미함에도 불구하고, 그 의의를 끊임없이 조명하는 것은 그 작품이 놓여 있는 시대(정치적 · 사회적 토대)를 고려했기 때문이다. 같은 맥락에서, 김영하 소설의 뛰어난 '허구성' 은 내용 없는 현실을 살아가야 하는 오늘날의 작가가 취할 수 있는 최상의 카드이다. 이념과 윤리가 부재한 시대에 자본주의만이 급팽창하는 현실을 김영하는 직시하고 있다. 그런 의미에서 이 작품집은 그 표제를 '오빠가 돌아왔다' 가 아니라 '초특급울트라 자본주의가 도래했다' 라고 희화적으로 명명할 수 있다.

자본주의가 팽창하는 현실에서 작가들의 글쓰기가 바뀌고 있다. 김영하의 『오빠가 돌아왔다』는 작가들에게 일어난 글쓰기 변화를 대변한다. 심금을 울리는 체험 대신, 소설이 독자들에게 가깝게 다가갈 수 있는 방법은 무엇인가. 김영하의 소설 쓰기는 여기에서 출발한다. 특별히 새로울 것이 없는 일상적이고 신변적인 김영하의 『오빠가 돌아왔다』가 다른 작가들의 소설에 비해 의미를 발한다면, 그것은 그가 소설이라는 범주 안에서 다양한 글쓰기 방식, 기교를 선보이고 있기 때문이다. 작품의 내용에 걸맞는 적절한 시점,

문체, 소재의 상징성 살리기. 예컨대, 이 작품집에는 소설가를 비롯하여 14세 소녀, 취업준비생, 삼류영화감독 — 다양한 1인칭 주인공 '나'가 등장한다. '나'는 고백과 대화를 넘나들면서 사건을 매우 자세하고 진지하게 보여준다. 독자는 '나'를 통해 사건의 현장감을 감지한다. 다문화 · 다매체의 무한경쟁에서 소설이 존속할 수 있는 방법을, 김영하는 기교에서 찾고 있다. 언어의 기교가 돋보이고 사물을 바라보는 직관이 예리한 작가 김영하에게, 우리는 이 시대의 공시성과 통시성을 적절히 살린 무게 있는 장편을 기대해 본다.(2004, 겨울)

# 낭만주의자가 빚어낸 '소리'의 본질과 의미

— 김훈 『현의 노래』(생각의 나무, 2003)

## 1. '노래'를 듣기 전에

김훈 소설은 과거의 복원, 그것도 단순한 재현이 아니라 창조와 발견이라는 점에서 새롭다. 그는 특정 대상에 대해 깊히 탐색하고 문체를 연마한다. 기존 작가들과 다른 참신한 주제와 문체는 이미 많은 독자들을 확보하고 있다. 이 글에서는 김훈의 『현의 노래』에 나타난 '소리(울림)'의 의미를 살펴봄으로서 김훈 소설의 특징과 동시대 의의를 살펴보려 한다. 『현의 노래』에서 가장 두드러진 특징은 문체이다. 간결하고 정제된 문체는 작중 인물의 절제된 정서를 보여준다. 작중 인물의 절제된 정서는 '말'과 '의식'으로 설명할 수 있다. 『현의 노래』에는 작중 인물 간에 다음과 같은 '말'과 '의식'이 빈번히 나타난다.

① "너의 말이 아름답다"

② "너의 말이 힘들구나"

③ 말을 몸 속으로 밀어 넣었다

위 인용문에서 '말' 은 인물과 인물간의 소통 수단이다. ①과 ②는 소통을 보여주고, ③은 소통이 되지 않는다고 판단한 작중 인물이 자신의 말을 삼키는 것을 묘사한 것이다. 작중 주인공 우륵은 대화전에 소통 여부를 판단한다. 그리하여 소통이 안된다고 판단될 때, 그는 아예 '말' 을 몸속으로 집어 넣어 버린다. 설령, 소통이 이루어진다 하더라도 그것은 양자 간에 통하고 막히고의 문제가 아니다. 그것은 '아름다운 것' 이거나 '힘든 것' 중의 하나이다. 작가에게 '소통' 은 '아름다운 것' 이 아니면, 모두 '힘든 것' 이 된다. 소통에 대한 이러한 극단적인 인식은 작가의 의식과 무관하지 않다. 이제 『현의 노래』를 통해 어떤 '말' 이 아름다운 것이며 어떤 '말' 이 힘든 것인지 살펴보도록 하자.

## 2. 김훈 소설에서 '소리(울림)' 의 자족성

김훈은 『현의 노래』에서 가야금의 제작과 전수 과정을 보여주고, '소리를 내는 도구' 에 대해 깊이 사색한다. 우륵을 주인공으로 내세운 소설에서, 우리는 '장인(匠人)' 으로서 내면을 연마하는 작가의 일면을 엿볼 수 있다. 『현의 노래』에서 장인은 '소리(울림)'을 다양한 영역에서 보여준다. '악기'와 '사람', '악기'와 '무기', '악사(樂士)'와 '야공(冶工)', '노래'와 '울음' 간의 긴장이 소설의 소리를 만들어낸다. 『현의 노래』에서 이야기는 단조롭다. 가야를 배경으로 '악사' 우륵과 '야공' 야로는 대립과 긴장 속에서, 각각 '악기'와 '무기'를 만들어 낸다. 우륵과 야로를 주축으로 우륵의 아내 비화, 우륵의 제자 니문, 야로의 아들 야적, 궁녀 아라의 이야기가 삽입된다. 니문은 우륵이 '가야의 금'을 만드는 것을 돕고, 야적은 야로가 '쇠붙이의 병장기'를 만드는 것을 도우며 각각 운명을 함께 한다. 이 밖에, 우륵의 아내 비화는 아라와 더불어 아름다운 여체(女體)와 탐미(耽美)의 세계를 보여준다.

이야기는 악사 우륵과 야공 야로에 의해 전개된다. 그들의 국적은 가야이지만, 그들의 삶은 가야에 국한되지 않는다. 그들의 욕망은 '가야'라는 국가를 초월해 있다. 그들이 지향하는 '악기'와 '무기'는 정작 발원지인 가야를 벗어나 신라와 타국으로 나아간다. 우륵은 '가야금'을 만들고 신라에 전한다. 야로 역시 '가지극'·'반달도끼'를 비롯한 새로운 병장기를 만들어 신라와 백제에 넘긴다. 양자 모두 신라에 귀부(歸附)하지만, 야로는 신라의 이사부에 의해 죽는다. 반면, 우륵은 신라에서 거처를 얻고 '가야의 소리'를 신라인에게 전수해 준다. 이러한 양자 간의 차이는 소리를 다루는 우륵의 욕망이 불을 다루는 야로의 욕망에 비해 위험이 없다는데 있다.

부연하자면 우륵의 소리는 '국적' 이 없는 소리이며, 그것은 소리를 위한 소리, 소리 그 자체의 조화와 완성을 위한 소리이기 때문에 '때' 와 '장소' 의 구애를 받지 않는다. 악사 우륵의 말을 빌어, 작가는 '소리' 는 '제가끔의 길' 이 있음을 거듭 강조한다. 그 '소리' 는 우륵이 국적을 초월하듯 자족적일 뿐 아니라, 그 자체로 절대적이다. 작가가 언급하는 '소리' 의 성격이 드러난 다음 인용문을 유심히 보자.

"소리는 사는 일과 같다. 목숨이란 곧 흔들리는 것 아니겠느냐. 흔들리는 동안만이 사는 것이다. 금수나 초목이 다 그와 같다." (139면)

"(소리에 대한 미추는:필자주) 사람이 그 덧없는 떨림에 마음을 의탁하기 때문이다. 사람의 떨림과 소리의 떨림이 서로 스며서 함께 떨기 때문이다. 소리는 곱거나 추하지 않다." (140면)

"내가 비록 여러 고을들의 소리를 챙겨서 금에 담았다고 하나, 소리는 본래 나라가 없는 것이다. --(중략)-- 고을들의 소리가 있다. 고을마다 왕이 있어, 고을마다 순장이 있고 봉분이 있다. 허나, 소리에 나라가 없어야 그 고을들의 소리를 갈무리할 수 있을 것이다."(224면)

"소리는 제가끔의 길이 있다. 늘 새로움으로 덧없는 것이고, 덧없음으로 늘 새롭다. 아정과 번잡은 너희들의 것이다."(285면)

위 인용문에 의하면, 소리는 다음과 같은 성격을 가지고 있다. '소리' 는 살아있는 "목숨"과 같다. "목숨"이 끊어지면, 소리도 없어진다. 그러므로 '소리' 는 "곱지도 추하지도 않"으며 "덧없는 떨림"에 지나지 않는다. 아울러, '소리' 는 무국적이어야 한다. '소리' 는 본시 제 각각의 길이 있으며, 늘 새로운 것이다. 관념적이긴 하나, 이러한 '소리' 의 성격은 작가가 지향하는 '문학' 의 운명 나아가 '인간' 의 운명을 보여준다.

우륵은 쇠락한 가야의 방방곡곡에서 "무너진 고을들"(206)의 소리를 채취하고, 가야금으로 연주한다. 작가는 '가야의 금' 이 완성되자, 우륵을 제외한 나머지 인물들을 소설에서 일제히 퇴장시킨다. 가야의 태자가 죽고 아라가 순장되며, 우륵의 아내 비화가 죽는다. 가야의 쇠퇴와 가야인의 죽음은 '가야 소리의 완성' 으로 이어지지만, 그 '소리' 는 가야라는 국가와 가야라는 민족을 벗어나 절대적 존재로 자리잡고 있다. 우륵은 단지 '소리' 를 채취하여 제작해 낼 뿐이다. 가야의 소리를 채취하여 신라에 귀부한 우륵의 모습은 소설 쓰는 작가의 분신이다. 작가는 '현실' 과 '역사' 에서 단지 소설의 자료를 채취할 뿐, '현실' 과 '역사' 자체에는 관심이 없다. 작가의 관심은 채집한 자료를 통해 '새로운 소리' 를 제작하는 데 집중되어 있다.

## 3. 낭만주의자의 간결한 기록

김훈의 소설은 낭만주의에 기원을 두고 있다. 그의 낭만주의는 간결하고 건조한 문체로 인해 은밀하게 드러난다. 마르트 로베르는 『기원의 소설, 소설의 기원』에서 소설을 창작하는 작가의 의식을 '업둥이'와 '사생아'로 구분하여 설명한 바 있다. 주워온 자식인 '업둥이'는 당면한 현실과 가족 일체를 부정하고, 그의 내면에 이상적인 왕국을 만들어 나간다. 반면, 데려온 자식인 '사생아'는 현실적인 어머니는 인정하되 아버지를 부정하여 그와 대립하고 현실을 재구축한다. 전자(업둥이)가 낭만주의 작품을 창작하는 작가 의식의 기원이 되고, 후자(사생아)가 사실주의 작품을 창작하는 작가 의식의 기원이 된다. 마르트 로베르는 낭만주의에서 사실주의로의 전개를 소설의 진화로 본다. 예컨대, 『로빈슨 크루소』에서 로빈슨이 현실을 직시하는 대신 자기만의 자족적 세계를 추구하여 또 하나의 왕국 "무인도"를 찾는 것은 '업둥이'의 낭만주의 의식을 보여주며, 그가 다시 현실을 직시하고 귀환하는 것은 '사생아'의 사실주의 의식을 보여준다.

김훈의 소설은 시종일관 '업둥이'의 의식 구조를 보여준다. 그의 소설에는 현존하는 현실 문제가 개입해 있지 않다. 그에게 있어서 문학은 현실 토대의 구조물이 아니라, 자족적이고 그 자체로 완결된 세계이다. 김훈의 초기작 『빗살무늬토기의 추억』에는 장철민 소방관과 여자 맹인 안마사 김복희가 등장한다. 소방관은 불과 운명을 함께 하고, 불 속에서 죽음을 선택한다. 여자 맹인은 소방관의 죽음 이후 자살한다. 그들의 삶을 지배하는 것은 현존하는 사회현실과 제도가 아니다. 그렇다고 해서 그들이 현실과 대적하고 현실을 재구축하는 것도 아니다. 그들은 단지 그들만의 자족적인 세계를 구축해 나갈 뿐이다.

동일한 차원에서, 김훈은 『칼의 노래』에서 이순신을 오늘날의 현실로 귀환시키고 있지만, 그는 '인간' 이순신만을 부각시킨다. '인간' 이순신은 일체의 역사적인 문제와 정치적인 노선을 벗어나 있다. 작중에서 '인간' 이순신은 '조선시대', '임진왜란'과 같은 역사적이고 정치적인 사건을 보여주지 않는다. '인간' 이순신에게 자신을 제외한 모든 대상은 '적'에 지나지 않는다. 작중 '나'에게는 당대 정권과 임금, 관료 모두가 바다건너 왜장과 다를 바 없는 '적'이다. '나'는 어느 누구와도 '연대'할 수 없으며, 그 어디에도 '소속'되거나 '참여'할 필요를 느끼지 않는다. '나'는 자신이 지향하는 '자연사(自然死)'를 준비하고 완성해 나간다. 김훈이 소환해 낸 이순신은 '개체화된 인간'이다.

『빗살무늬토기의 추억』에서 소방관 장철민과 『칼의 노래』에서 구현된 '인간' 이순신은 김훈이 지향하는 낭만적인 세계의 대표적인 주인공들이다. 양자 모두, 현실의 어느 한 곳에도 편입되지 않는다. 그들은 모두 자신이 의도한 대로 자연사(自然死) 한다. 장철민은 소방서의 규율에 편입하지 않으며, 이순신은 임진왜란 중인 조선시대에 편입되어 있지 않다. 동일한 의미에서, 『현의 노래』의 주인공은 굳이 역사적이고 사실적인 존재로서 '우륵' 일 필요도 없으며, 이야기의 배경과 대상도 굳이 '가야' 와 '가야의 금' 일 필요가 없다. '우륵' 과 '가야금' 은 단지 전달 수단일 뿐, 작가는 '소리' 를 통해 자신이 추구하는 세계와 의미를 전하고자 한다. 김훈 소설의 주인공들은 '이름없는 나라' 혹은 '어디에도 없는 왕국' 에 자족적으로 존재한다. 일체의 수식어를 배제한 간결하고 빈틈없는 문체는 작가의 낭만주의 세계관을 은밀하게 감추어 준다. 여기에서 '역사' 의 문제를 떠올릴 필요가 있다. 그는 일체의 역사를 부정한다. 작가가 만든 가공의 세계는 그 어디에도 편입되지 않고 자족적인 반면, 과거의 토대가 부재하는 만큼 미래에 대한 전망을 보여주지 못한다.

김훈 소설에서 낭만주의는 '원형질의 인간' , '탐미주의 세계관' 으로 나타난다. 데뷔작 『빗살무늬토기의 추억』에서부터 『칼의 노래』·「화장」·『현의 노래』에 이르기까지, 그의 작중 인물은 사회적 인간(사회화)이기 이전의 '원형질의 인간' 을 보여준다. 『빗살무늬토기의 추억』에서 소방관 장철민은 현존하는 현실의 질서를 벗어나 있다. 『칼의 노래』에서 이순신은 여종과 관계하고, 아들의 죽음으로 비탄에 잠긴다. 『현의 노래』에서 우륵은 오동나무를 말리고 음악을 연주하다가 죽는다. '아라' 는 걸핏하면 요의를 느끼고 장소와 때를 가리지 않고 오줌을 눈다. '비화' 는 독사에 물리고 사체가 썩어들어간다. 단편 「화장」에서 아내는 볼품없이 살을 늘어뜨린 채, 똥·오줌을 지리면서 죽어간다.

작중 인물들은 사회가 만든 인간의 가치가 아니라 동물의 모습을 보여준다. 『빗살무늬토기의 추억』에서 장철민 소방관의 사체는 불에 타고 콘크리트에 짓눌려 일그러져 있다. 『칼의 노래』에서 목을 베고, 코를 베는 등 사체에 대한 묘사는 정육점을 떠올리게 한다. 『현의 노래』에서 왕이나 이사부, 우륵 등은 똥 · 오줌을 지리고, 위액을 토해내면서 죽는다. 그들의 죽음은 비장하지 않으며, 오히려 동물적이다. 죽음의 동물적인 처리 방식은 김훈이 제시하는 '원형질의 인간' 이 문명화(사회화 · 가공화) 이전의 존재임을 보여준다. 김윤식은 김훈의 글쓰기를 '신석기인의 글쓰기' 라 명명한 바 있다. 이러한 명명의 근저에 작가가 제작하는 '원형질의 인간' 이 자리잡고 있다.

김훈의 '탐미주의 세계관' 은 작중 인물이 현존하는 제도와 질서 이외의 세계를 탐할 때 나타난다. 『현의 노래』에서 아름다운 두 여성 '비화' 와 '아라' 는 서로의 젖가슴을 비벼대며 황홀경에 빠진다. 비화에게는 남편 우륵이 있고 아라에게는 니문이 있지만, 두 여성은 아름다운 상대의 여체를 마주 대하면서 아름다움과 기쁨을 동시에 경험한다. 「화장」에서 작중 주인공은 '추은주' 의 여체를 아름답게 묘사하고, 그 열기로 들떠 있다. 회사 중역인 주인공에게 추은주는 부하직원일 뿐 아니라, 그녀는 어엿한 한 가정의 유부녀이다. 주인공은 가까이 할 수 없는 젊은 여체를 통해 미(美)를 인식한다. 김훈의 소설에서 탐미주의는 현존하는 사회 질서를 벗어난 곳에서 나타난다.

## 4. 김훈 소설에서 '긴장' 과 '갈등' 의 출처

김훈 소설의 작중 인물들이 비록 현존하는 제도와 질서를 벗어나 있더라도, 그들은 '이름없는 왕국' 에서 긴장하고 갈등한다. 소설에서 작중 인물이 보여주는 '긴장' 과 '갈등' 은 작가가 이 세계를 바라보는 시선이기도 하다. 김훈은 자아와 세계 간의 관계를 상호보완의 관계가 아닌 철저한 대립과 충돌, 적대 관계로 보고 있다. 독자들은 여기에서 빚어지는 '긴장' 과 '갈등' 을 통해 소설의 흥미를 느낀다. 김훈 소설에 나타난 '긴장' 과 '갈등' 은 치밀하다. 이러한 긴장과 갈등은 작가의 전직과 무관하지 않다. 기자시절, 그는 현실(사건)과 문자(글)간의 간극을 인식했으며, 그것은 글쓰기의 토대가 되었다. 비록 김훈이 상처투성이 현실을 등지고 자족적(낭만적) 글쓰기를 지향했더라도, 소설에 내재한 긴장과 갈등 그리고 그것을 실현하는 문체는 기자의 현장 감각에서 온 것이다.

김훈의 문학관을 알기 위해 조금 우회해서 '기자 출신 작가' , 기형도와 김소진을 떠올려 보자. 김훈, 기형도, 김소진의 작품에는 '긴장' 이 있다. 이때 '긴장' 은 '자아' 가 '세계' 와 대립하고 갈등하는 데서 온 것이다. 기자의 시점에서 그들은 '사건' 과 '글' 의 간극 앞에 좌절했으며, 작가로서 그들은 '현실' 과 '문학' 간의 간극으로 고통스러웠던 것이다. 그들은 '직장' 과 '현실' 뿐 아니라, '사건' 과

'문학' 간의 경계에서 방황해야 했다. 주지하다시피, 기형도(1980년대 중반)와 김소진(1990년대 전반)이 활동하던 시기에 비해 김훈이 활동하던 시기(1970-80)는 현실이 주는 압력이 더욱 거셌다.

그럼에도, 그의 소설에는 '현실'이 나타나지 않는다. 물론 김훈의 작품활동 시기가 1970~80년대를 훨씬 지난 뒤라는 점도 간과할 수 없다. 그들 모두 작품에 '비애'를 담고 있지만, 그 출처는 상이하다. 김소진과 기형도가 '문학'을 통해 고통스러운 '현실'을 반추하려 했다면, 김훈은 '문학'을 통해 고통스러운 '자신의 내면'을 반추하고 있다. 김소진과 기형도의 '비애'가 '현실'과의 대결에서 온 것인 반면, 김훈은 애초부터 소설에서 당대의 현실을 배제한다. 그는 대학시절 심취했던 '19세기 낭만주의'를 실현한다. 그의 소설은 그가 추구하는 문학의 면모를 보여준다. 『현의 노래』에서 '소리'가 자족적이고 무국적이며 현시적 존재이듯, 김훈에게 문학은 현존하는 사회와 제도의 범주를 벗어난 것이다.

자전적 에세이에서, 그는 대학시절 처음 접한 문학이 '19세기 낭만주의'였다고 언급한 바 있다. '19세기 낭만주의 문학'은 실상 그의 소설의 바탕이 되고 있다. 그의 말을 인용하면 '19세기 낭만주의'는 "인간은 아름답고 세계는 조화롭다는 것"이고 "인간의 앞날에는 자유와 이성이 꽃피고 산천은 본래 스스로 아름다운 것이며 시간은 늘 새롭다"는 것이다. 그의 소설은 모두 제 각각 아름답고 조화롭다. 각 작품은 스스로 빛을 발하며 새로운 세계를 보여준다.

그러나 그는 결코 '소설'과 현존하는 '현실'의 조화를 꿈꾸지 않는다. 그는 독자들에게 '실재하는 현실'이 아니라, 그가 만들어낸 '모조 현실'을 또 하나의 현실로 제시한다. 독자들은 식상하고 피곤한 실재 현실보다는 장엄하고 그 스스로 자족적인 김훈의 현실을 통해 실재 현실을 잊으려 한다. 그러나 엄밀한 의미에서, '19세기 낭만주의'는 '19세기 서구의 현실'을 토대로 형성된 것이다. 오늘날 한국의 현실은 19세기 서구의 현실과 같지 않을 뿐 아니라, 오히려 복잡하고 문제적이다.

## 5. 노래 없는 '악기'에 대한 당부

김훈이 만들어낸 '소리'에 대한 총평을 대신하여, 그가 직조해낸 새로운 역사를 더듬어 보도록 하자. 김훈은 인간 신체의 연장(延長)으로서 '악기'와 '무기'를 탐색한다. 신석기 시대 돌칼은 '생명유지를 위한 최소한의 도구'이다. 그것은 수렵채취를 위한 '농장기'였으며, 때때로 적에 대항하여 싸우는 살상용 '무기'였다. 호모파베르들은 갖가지 연장을 통해 '문명(文明)'을 이룩한다. 애초에는 밥을 만들기 위한 것이었고, 나아가 그것은 밥을 축적하기 위한 수단이 되었다. 『빗살무늬토기의 추억』에서 소방서 소장은 격납고의 소방장비(호스 · 고가사다리 · 갈고리 · 도끼 · 로프)를, 장철민은 중장비(불도저와 포크레인)를 도구삼아 밥을 먹고 산다. 적어도 『빗살무늬토기의 추억』에서 호모파베르의 도구는 종족 보존과 생존을 위한 것이었다.

신석기 시대에서 진화된 형태의 부족국가인 '가야'는 『현의 노래』의 우륵에서 보듯 '무기'와 '악기'를 구별할 뿐 아니라, '농장기'와 '병장기'를 구분한다. 나아가, 조선시대를 배경으로 한 『칼의 노래』에서 이순신의 '칼'은 분명히 '병장기'이다. 호모파베르가 만든 도구는 점차 무기의 성격을 띠기 시작한다. 김훈은 그의 소설에서 '무기'로서 연장의 성격을 보여준다. 김훈은 작품의 표제로 '노래'를 내세우고 있지만, 실지로 그의 소설에는 '노래'가 없다. '아수라'와 '전쟁터'의 ' 아비규환'은 '악기'로 연주될 수 없었으며, 오히려 그것은 예속화에 박차를 가하는 '무기'를 통해 구현된다. 김훈 소설에서 작중 인물들은 항상 '아수라'의 세계에서 '전쟁중'이기 때문에 '노래'를 부를 만한 내면의 풍류를 갖지 못한다.

『현의 노래』는 김훈의 낭만주의가 한 층 더 구체적으로 드러나 있다. '가야금'이라는 매체를 통해 김훈은 '소리'에 절대적 의미를 부여한다. 우륵이 '가야의 금'을 가지고 '신라'에 귀부할 때, 제자 니문은 의문을 품는다. 이에, 김훈은 우륵의 입을 빌어 '소리'의 운명을 보여준다. '소리'는 '아수라'에 존재하는 것이라고. 『현의 노래』에서 '아수라'는 『칼의 노래』에서 이순신이 처했던 전장터의 동일한 곳이다. 그런 의미에서 김훈이 말하는 일체의 '소리'는 김훈의 적대적인 세계 인식에 기원을 두고 있다. 작가가 세계에 적대적인 이유는 그가 추구하는 인간의 존재방식이 '절대적인 개인' 의 형태를 띠고있기 때문이다. 일체의 '소리' 가 대상과 대상간의 부딪힘에서 발생한다면, 김훈의 소설은 절대적인 '개인' 이 세계와 부딪힌 과정에서 발생한 필연적인 귀결점이다. 그 결과 소리의 울림은 '노래' 라기 보다는 오히려 '갈등' 과 '마찰' 을 보여준다.

『칼의 노래』는 물론이거니와, 『현이 노래』에서 '음악 소리' 는 순장자들이 묻히면서 내지르는 '아비규환' 과 구분되지 않는다. 임금의 장례중, 우륵이 연주하는 '음악 소리' 는 죽음을 애도하는 '울음소리' , 죽음을 두려워하는 순장자들의 '아비규환' 과 혼융되어있다. '노래' 는 들리지 않고 '소리' 만 난무한다. '아수라' 와 '전장터' 에서 노래를 찾는 일은, 낭만적일지는 모르지만 현실적인 일이 아니다. 이 글의 서두에서 작가는 소통을 '아름다운 것' 이거나 '힘든 것' 중의 하나로 인식한다고 지적한 바 있다. 양자 중, 김훈의 인식은 '아름다운' 소통이라기보다 '힘든' 소통에 근접해 있다. 이상문학상과 동인문학상을 수상하고 본격적으로 소설에 입문한 김훈의 선택이 '낭만주의' 라면, 이제 그가 소설에서 흥겹고 신명나는 진정한 '노래' 를 부르기를 기대한다.(2004, 여름)

# 제2부
# 낮은 목소리의 울림과 파장

# ‘빈곤한 노마드’ 와 순례자의 시선

— 공선옥 『유랑가족』(실천문학사, 2005)

## 1. ‘고향’ 을 잃은 세대

최근 소설의 작중 인물들에게는 ‘고향’ 이 없다. 소설에 등장하는 개인은 시 · 공간을 초월하여 단지 ‘개인’ 으로 존재한다. 자신이 곧 단일자이자 입법자이다. 그들은 가정과 국가를 비롯한 특정 공동체에 소속된 구성원이 아니라 각 개인이 공동체와 맞먹는다. ‘고향이 없다’ 는 것은 물리적 현존으로서 고향이 부재하다는 의미 외, 향수(鄕愁) · 망향(望鄕) · 사향(思鄕)을 비롯한 근본적 정서와 그에서 파생된 인간 간의 유대감 상실을 의미한다. 그런 의미에서 고향의 상실은 정신적 구심점의 상실을 동반한다. 이제 소설 속의 인물들에게 귀향(歸鄕) 의지는 없으며, 오히려 그들은 이향(離鄕) · 탈향(脫鄕)을 꿈꾼다. ‘반드시 되돌아가야 할 곳’ 이 없다는 것은 ‘반드시 지키고 수행해야 할 명(命)이 없다는 것’ 과 동일하다.

1970-80년대까지만 해도 소설에서 '고향'은 의미 있는 메타포로서, 작중 인물은 물론 당대 사람들에게 공동체적 연대감을 자아내는 아우라를 만들어 냈다. 예컨대, 황석영의 「삼포 가는 길」에서 부랑자와 창녀를 비롯한 뜨내기들을 하나로 묶어준 연대감의 기원은 '삼포'라는 고향이다. 작중 인물들은 고향을 떠나 있으면서도 고향을 잊은 적이 없으며, 반드시 귀향하리라는 의지로 말미암아 그들은 고단한 현실을 감내해 낸다. 물리적 실체로서 고향 '삼포'는 부재하지만, 고향에 돌아가려는 의지만으로도 뜨내기들은 서로 연대하고 공감할 수 있었다. '고향'은 단순히 물리적 현존의 의미 외, 개별자에게는 정신적 에너지가 되었고 공동체에서는 연대감의 기원이 되었다. 국가가 부재하고 민족의 존립을 예측하기 어려웠던 식민지 시대, 다수의 작가들이 소설에서 '고향'을 소환해 냈던 것도 궁극적으로는 고향이 환기시키는 정서적인 동질감과 메타포 때문이다.

그렇다면, 오늘날 고향을 대체하는 것은 무엇인가. 도시인가. 전통적으로 농촌(시골)이 고향을 대변했다고 볼 때 이농과 더불어 도시가 고향을 대체한다고 볼 수 있지만, 도시는 전대의 고향이 지닌 역량을 구비하고 있지 않다. 도시와 농촌은 소비할 수 있는 시장의 규모와 위상으로 구분될 뿐이며, 고향을 떠난 사람들은 '소비의 장'으로 집결한다. 도시는 '소비'가 촉발되고 그것을 촉진시키는 대표적인 공간이다. 지그문트 바우만은 오늘날 개인의 '자유'는

'미래의 소비를 보장받는 일' 이라 본다. 소비할 수 있는 능력이 있고 없음에 따라 '자유' 의 여부가 나누어진다는 것이다. 전대의 체제가 무용해지는 다국적 자본주의 시대에 이르면, '국가' 와 '민족' 에 앞서 소비할 수 있는 개인이 그 소비 능력으로 말미암아 자유를 보장받는다.[1] 돈을 벌기 위해서라면, 그들은 국가와 민족을 초월하여 기꺼이 다른 나라의 뜨내기 노동자가 된다. 이제 고향을 등진 사람들은 '소비의 공간' 에 집결하고 '소비할 수 있는 조건' 을 구비하기 위해 자신의 육체는 물론 신념을 비롯하여 모든 것을 송두리째 내버린다. 그들은 소비의 자유를 찾아 헤매는 '호모 노마드' 가 된다. 자크 아탈리에 의하면, 그들은 이 땅의 '빈곤한 노마드(인프라 노마드)' 이다.

자크 아탈리는 노마디즘이 신체적으로나 정신적으로 그리고 문화적으로 현대인을 형성해냈다고 본다. 다른 종족에 비해 호모 사피엔스 사피엔스만이 살아남게 된 것은 그들이 가장 뛰어난 노마드들이었을 뿐 아니라 자연에 의존해 사는 자들이기 때문이라는 것이다. 반면 '정주성(定住性)' 은 정착민에게 '농경' 을 발명케 했으며 목축 일을 할 수 있도록 했지만, 아울러 그들이 발명한 국가는 그들로 하여금 규합하고 획일화시키기 위한 통제의 권력 기관이 되었다. '정주성' 의 국가들이 이동을 제압한 곳은 그 어디서나 권력이 형성되어 단단히 자리 잡는다. 아탈리에 의하면 인간은 중대한 모험 속에서 노마디즘으로 역사를 이루어왔고, 다시 여행자

1) 지그문트 바우만 · 문성원 옮김, 『자유』, 이후, 2002. 참조.

로 되돌아가고 있다. 지난 농경생활 역시, 인간의 역사는 유랑 민족들이 다른 민족들에게 가한 전쟁의 연속이었을 따름이다. '정주성 유토피아'가 사라지고 '시장'과 '여행'으로 산업적 세계화가 이루어지면서 인류는 '빈곤한 노마드'와 '부유한 노마드'로 구분된다.[2] 동시대 작가 중에서 공선옥의 소설을 주목하는 이유는 작가가 이 땅의 '빈곤한 노마드'에 주목하고, 그들의 삶을 소설에 소환해 내고 있기 때문이다.

## 2. '빈곤한 노마드', 소비를 찾아 나선 불안한 실향민(失鄕民)

'호모 노마드'가 새로운 세기의 새로운 삶의 형태라고 한다면, 그러한 삶에 있어서도 다양한 양태의 서열이 매겨지고 있으며 작가 공선옥은 그 중에서 비탈진 음지를 살아가는 '빈곤한 노마드'를 소설로 포용하고 있다. 주지하다시피, 일련의 공선옥 소설에 등장하는 제 인물들은 소비를 박탈당한 사람들이다. 특히 최근 발간된 공선옥의 『유랑가족』에는 제3세계 노동자, 고향(농촌)을 떠난 사람들을 비롯하여 온갖 종류의 이주 노동자들과 소비능력을 구비하지 못한 사람들이 등장한다. 그들에게 고향을 대체하는 곳은 '소비의 장'이며, 그들은 돈이 풍부하게 유통되고 있는 곳을 찾아

2) 자크 아탈리 · 이효석 옮김, 『호모노마드—유목하는 인간』, 웅진닷컴, 2005. 본문의 '호모 노마드'에 관한 글은 아탈리의 견해를 소개한 것이다.

길을 떠난다.

공선옥 소설의 유랑가족에게 돈은 당장 직면한 생계를 위한 필수불가결한 물질을 의미하면서 동시에 '소비할 수 있는 자유'를 의미한다. 작중의 중국 조선족은 '소비할 수 있는 자유'를 찾아 나선 '빈곤한 노마드'를 대표한다. 명화를 비롯한 중국 조선족의 유랑은 국가와 민족을 초월하여 '소비의 자유'를 찾아나서는 빈곤한 노마드의 성격을 집약적으로 보여준다. 그녀는 중국에서 한국으로 건너온 후, 다시 전라도의 시골에서 서울의 가리봉동으로 옮긴다. 명화는 "돈 없는 데서 살기 싫은 건 중국이나 한국이나, 어디나 다 한가지였다."[3] 복래반점의 조선족 승애는 미국 시민권을 가진 교포, 나이 많은 장애인과 결혼해서 미국으로 들어갈 꿈을 꾼다. '더 많은, 더 나은 소비'를 위해 풍부한 자본이 유통되는 곳이 그들의 정신적 구심점이다.

작중에는 중국 조선족 외, 이 땅에 있는 농촌의 부녀자들 역시 '소비의 자유'를 찾아 유랑길에 오른다. 달곤의 처, 용자는 "앞이 보이지 않는 촌구석 생활로 돌아가"(83)려 하지 않는다. 그녀는 "남편도 사랑도 자식도 다 필요없이 그저 믿을 것은 돈 밖에 없다"(84면)고 여긴다. 같은 식당에서 일하는 중국 아줌마는 다음과 같이 말한다. "돈 없는 고향 왜 갑네까. 가면 앞날이 보이지 않는 고향은 고저 심정 안에 고향일 뿐입네다. 피죽을 먹어도 돈 있는 땅

3) 공선옥, 『유랑가족』, 실천문학사, 2005, 64면. 이하 작품 인용은 말미에 페이지 수만 밝힘.

에서 먹는 게 좋습네다. 먹고살기 어려워 돈 찾아 고향 떠난 사람은 절대로 고향 안가요."(86면) 그들은 자신의 삶에 있어서 가장 큰 장애를 궁핍으로 꼽는다. 바꾸어 말하면, 그들에게는 '소비를 기약할 수 있는 자본이 집중된 곳' 이야 말로 정신적 구심점이자 고향이라는 것이다.

수몰지구의 주민들은 "아무리 고향이 좋다 해도 그것은 잠시 잠깐의 기분일 뿐, 돈 없이 살던 고향보다 돈이 있는 한 타향"(220면)이 낫다고 생각한다. "평생 돈 없는 생활에 진저리가 나 있는 그들은 이제 보상금으로 주어진 돈이 있는 한 어디로 간들 겁날 일이"(221면) 없다. 국가와 민족을 초월하는 자본주의 팽창기, 사람들에게 중요한 것은 고향 혹은 타향이라는 역사적 · 정서적 공간이 아니라 '소비할 수 있는 돈' 의 유무이다. 이때, 수몰지구에서 수몰되는 것은 단순히 물리적 실체로서 고향만이 아니다. 그들의 정서적 연대감도 수몰(사장)된다. "갈산리 사람들은 한때는 몸과 마음 정갈하 하여 번갈아가며 제주를 맡아서 당제를 지냈던 당산나무에 대한 몇 푼의 보상금을 가지고 수치심 따위는 버려둔 채"(223면) 싸운다. 이제 고향을 떠나 뿔뿔이 흩어질 그들에게 '당산나무' 가 지닌 종교적 엄숙성과 공동체적 연대감은 온데간데없다. 이미 수몰지구에는 '고향' 도 없으며, 따뜻한 온기를 지닌 '고향 사람들' 도 없다.

'빈곤한 노마드' 에게 있어서 '궁핍' 이 생존의 큰 굴레가 되지만, 그 보다 앞서 인간과 인간 간의 연대감을 상실할 경우 그 삶은 한치 앞을 바라볼 수 없이 급박하게 하강한다. 뻔한 도식 같지만 정서의 결핍을 메우지 않은 채, 물질의 충족만으로는 행복에 이르지 못하기 때문이다. 여관방에서 중국 조선족의 명화는 "그 누가 됐건 전 남편 용철이도, 법적인 남편 기석이도 하지 않은 사랑한다는 바로 그 말이 듣고 싶다"고 생각한다. "사랑한다는 그 말이 거짓말인 줄 번연히 알면서도, 아니 거짓말이어도 좋으니 누군가 나타나서 명화 씨, 당신이 좋다고, 심수봉 노래처럼 못 견디게 니가 좋다고 속삭여주는 사람만 있다면, 그러면 명화는 당장이라도 간이고 쓸개고 다 빼어줄 수 있을 것만 같다."(64면) 고향을 떠난 '빈곤한 노마드'에게 부족한 것은 '돈'이 아니고, '애정'을 비롯한 연대감이다.

같은 에피소드에서 공선옥은 가난한 사람들의 사랑이야기를 삽입하여, 이러한 사실을 간접적으로 시사한다. 소년가장 경수는 고등학교를 마치자, 서울에 올라와 쇠를 깎는 밀링 노동자가 된다. 경수는 서울에서 전셋집을 얻자, 한을 집으로 초대한다. 경수가 아내를 생각하고 아내가 남편을 배려하는 모습을 지켜보며, 한은 '가난'을 극복할 수 있는 힘 '사랑'을 발견한다. "가난은 사람을 황폐하게 만들기도 하고 난폭하게 만들기도 하고 무기력하게 만들기도 했다. 가난은 다양한 형태로 사람들의 삶을 무너뜨렸다." 그럼에도 "가난한 사람들이 그들의 가정을 지켜낼 수 있는 마지막 무기는 사랑뿐"이며, 그것은 "부자들의 사랑보다" "더 눈물나는 사랑"(74면)이다.

사람들이 실향민(失鄕民)이 되어 빈곤한 노마드가 되는 순간, 잃어버리는 것이 있다. 그것은 그들이 두고 온 '고향' 뿐 아니라, 유대 및 연대와 같은 '인간 간의 정서' 이다. 작가 공선옥은 고향을 떠나는 사람들이 '가난' 에 쫓기고 있다는 데 주목하고 있다. 인간의 생존을 위협하는 궁핍과 그로 인해 고향을 떠나야 하는 사람들에게 있어서 연대와 유대는 부차적인 것인지도 모른다. 그들의 코앞에 닥친 '궁핍' 은 '소비할 수 있는 돈' 을 찾아 길을 나서는 '빈곤한 노마드' 의 여정에 박차를 가한다. 공선옥이 『유랑가족』에서 제시하는 빈곤한 노마드의 여정을 쫓아 가 보자.

## 3. '빈곤한 노마드' 의 여로 : '유랑(流浪)' 과 '정주(定住)', 그리고 '죽음'

공선옥의 "유랑가족" 은 '빈곤한 노마드' 이며, 그녀는 『유랑가족』에서 '빈곤한 노마드' 의 여정을 세밀하게 추적하고 있다. 자크 아탈리는 인류를 '비자발적 노마드(인프라 노마드)', '정착민', '자발적 노마드(하이퍼 노마드)' 의 세 부류로 구분한다. '비자발적 노마드' 가 어쩔 수 없이 노마드가 된 주거지가 없는 사람들이라면, '정착민' 은 한 곳에 소속된 노동자 및 기술자 등이다. 반면, '자발적 노마드' 는 창의적인 직업을 가진 사람들로서 고위 간부와 예술가 등이다. 공선옥은 『유랑가족』에서 '비자발적 노마드' 를 조명하고 있으며, 빈곤한 노마드로서 그들의 여정이 지닌 특수성을 '유랑' 이라 명명한다. 그것은 그들의 삶이 한가로운 여행 및 여정과 달리, 목적지와 기약을 알 수 없는 불안한 '유랑' 의 성격을 띠고 있기 때문이다.

공선옥이 보여주는 유랑가족의 여로를 유심히 살펴보면, 그들의 삶은 '유랑' 과 '정주' 그리고 '죽음' 이라는 세 가지 차원으로 나누어져 있다. 유랑가족에게 있어서 '유랑성' 은 유랑민으로서 그들 삶의 한계이자 자유이다. 유랑조차 할 수 없는 사람들이 불안한 '정주민' 으로 남아있으며, 정주조차 불가능한 사람들은 스스로 죽거나 죽임을 당한다. 척박한 삶에서 돈을 찾아 혹은 아내를 찾아 떠도는 '유랑민' 이 있는가 하면, 유랑할 여력조차 없는 사람들(아이와 늙은이, 병약한 이들, 철거지역의 빈민과 수몰지구의 빈민)이 정주민으로 남아있으며, 생존조차 위협받는 최하층 정주민은 죽음에 직면한다. 공선옥이 연작소설 『유랑가족』에서 소개하는 각각의 에피소드에는 '유랑' 과 '정주' , 그리고 유랑은 물론 정주조차 할 수 없어 '죽음' 을 맞이하는 생명들이 등장한다. 각각의 에피소드를 통해 이들의 여정과 삶을 조명해 보자.

첫 번째 이야기 〈겨울의 정취〉에는 '농민' 에서 도시의 '빈곤한 노마드' 로 전락한 김달곤과 서용자, 조영갑과 기석이 등장한다. 건실한 농어민 후계자 김달곤은 서울의 여관을 전전하며 돈을 번다. 그는 도망간 아내를 찾기 위해, 농사짓다가 밀린 부채를 피하기 위해, 아니 자신의 숙명을 피하기 위해 도시를 떠도는 노동자가 된다. 김달곤이 '유랑'의 자유를 누리고 있는 반면, 농촌의 노모와 아이들(딸 미정과 아들 영기)는 정주민으로서 삶의 비탈진 음지를 살아간다. 이때 정주민은 오히려 유랑민보다 더 암울한 현실을 살아간다. 정미는 집나간 엄마의 사진을 앨범에서 찾아 찢고, 영기는 늘 목에 가래가 끼어 있다. 결손가정에서 아이들은 결손된 정서를 지니고 살아간다. 크리스마스의 "종소리는 평화로운데, 미정이의 세상은 하나도 평화롭지 않다."(44면) 아이들은 다큐멘터리 작가 '한'이 버너에 끓여주는 라면을 먹으며 집나간 부모와 현실을 잊는다. 그 시간, 집나간 용자의 뱃속에 있던 아이는 죽는다. 달곤의 처 용자는 서울에서 카센타 훈이와 눈이 맞아 아이까지 배지만 버림받는다. 달곤은 아내를 만나자 주먹질부터 했으며, 그로 인해 뱃속의 아이는 영원히 세상의 빛을 보지 못하고 그늘진 자궁에서 죽는다.

두 번째 이야기 〈가리봉 연가〉는 중국 조선족 명화에게 이야기의 초점이 맞추어져 있다. 명화는 흑룡강 해림에 남편(용철이)과 딸(향미)이 있다. 그녀는 남편이 다른 여자와 바람이 나자 이혼하고 한국에 왔다. 그녀는 간암에 걸린 오빠의 치료비도 마련할 겸 돈을 벌기 위해 처녀라 속이고 한국의 농촌 총각 기석과 결혼한다. 다시금 그녀는 전라도 시골 마을에서 서울의 가리봉동으로 도주한다. 명화는 가리봉동 조선족 노래방에서 '카수'로 통한다. 그녀는 여관을 떠돌며 노래방에서 아르바이트 한다. 노래방에서 '가리봉 연가'를 부르고 길을 나선지 얼마 되지 않아, 명화는 가리봉동 뒷골목에서 비명횡사한다. 유랑민 명화는 '빈곤한 노마드'의 딱지를 떼지 못한 채 죽음을 맞는다.

세 번째 이야기 〈그들의 웃음소리〉에는 유랑조차 할 수 없는 '정주민의 일상적 비애'가 잘 나타나 있다. '샘밭골'은 애초 물이 많아서 사람들은 먹고 남는 물로 농사를 지으며 살았다. 군부대가 들어서자, '샘밭골'은 '부대동'으로 바뀌어 사람들은 더 이상 농사를 짓지 않았고 군인들을 상대로 먹고살았다. 군부대가 다른 곳으로 이전되자, 부대동은 조만간 도로에 편입될 운명에 처한다. "이제 부대동 사람들도 어디론가 떠나야 할 운명에 놓여 있다. 아니 부대동 사람들은 이미 어디론가 뿔뿔이 흩어졌고 지금 부대동에 남아 있는 사람들은 어디론가조차도 떠날 수 없는 사람들"(114면) 불안한 정주민들이다. 그들은 당장 직면한 불안한 현실과 맞먹는 불안한 과거를 가지고 있다. "철거 예정일만큼 기거할 수 있다는 희망을 품고 부대동으로 스며든 고물장수, 내막을 알 수 없지만 사이가 의심스러운 남녀, 빚쟁이를 피해 혼자만 살겠다고 도망나온 것이 확실한 사내, 영구임대 아파트에 살다가 임대료를 못 내 아들인지 손주인지 아리송한 여섯 살배기 아이와 함께 쫓겨나온 성이 김씨고 이름은 모른다는 영감"(114면) 등, 소급해 보면 그들은 도시의 달동네를 떠나온 사람들이다. 이러한 정주민 중에서 작가는 '연순'의 비애를 조명한다. 강원도 산골에 살던 연순은 천보에게 납치되어 딸 윤미를 낳았다. 윤미가 네 살 때부터, 천보는 감옥에 들락거렸다. 연순은 한 밤중에 들이닥친 사내로 인해 아이를 낳았고, 출감한 천보는 아내 연순과 아기를 죽이려 한다. 천보가 집에 돌아오자, 윤미는 도로공사 측에서 나온 이사비용을 모두 가지고 가출한다. 천보로 인해 마을은 살벌해지고, 연순은 아기를 남겨놓고 물에 빠져 죽는다. 연순은 '유랑' 조차 할 수 없는 '정주민' 의 삶을 살다가 결국 '죽음' 으로 생을 마감한다.

네 번째 이야기 〈남쪽 바다, 푸른 나라〉에서는 한이 경상도 춘양으로 길을 나선다. 그 곳에서 그는 유랑마저 허락되지 않았던 불안한 정주민 '영주 할머니' 의 장례를 치르고, 영주의 친지인 또다른 정주민들(할아버지 할머니)를 만난다. 한은 고아가 된 영주와 함께 유랑하며, 영주의 고모를 찾아간다. 경상도에서 부산을 거쳐 전라도 고흥의 녹동항에서 연홍도에 이르는 고된 여정이지만, 영주에게 가족을 찾아준다. 그러나 이러한 낙관은 오래지 않아 깨어진다. 작가는 그러한 행복이 실재하기 어렵다는 것을 보여준다. 한은 섬을 취재할 요량으로 연홍도를 찾지만, 이미 영주의 고모부 되는 김선장은 태풍으로 인해 목숨을 잃고 남은 가족들은 그 섬을 떠났다. 영주의 유랑에서 짐작할 수 있듯, 공선옥의 "유랑가족"은 오히려 '유랑' 할 때가 비교적 안정되었다. 결코 '유랑민' 은 안정된 정착민으로 편입할 수 없으며, 그들의 불안한 '정주' 는 곧 죽음 혹은 이별과 같은 또다른 슬픔을 초래한다.

마지막 이야기 〈먼 바다〉에서 작가는 남도의 한 수몰 지구를 대상으로 수몰 지구에 잔존해 있는 사람들의 마지막 풍경을 보여준다. 이 마을은 물막이 공사장 현장과는 멀리 떨어져 수몰이 늦게 되는 지역이라서 다른 마을에 비해 주민들의 이주가 늦다. 마누라가 집을 나가 홀아비가 된 "종만은 수몰 보상금을 받자마자 읍내 다방으로 달려와 영녀의 빚을 갚아"(209면)주고, 그녀를 데리고 산다. 스물일곱살 영녀는 열일곱인 종만의 아들과 종만의 노모 틈바구니에서, 집 나갈 궁리만 한다. "날마다 술만 푸는 남편, 나이가 십년 차이 나는 말 안 듣는 의붓아들, 악담 퍼붓는 시어미니 속에서 영녀는 슬펐다."(210면) 영녀를 데려오는데 보상금을 다 써버린 종만은 국화를 심어서 하우스에 대한 보상을 꾀한다. 국화 모종에 대한 보상을 기대하며 그는 남은 돈을 모두 황덕필에게 주어 일을 부탁하지만, 오히려 황덕필은 영녀를 데리고 도망간다. 이에 박종만은 보에 빠져 죽고, 노모는 실성한다. 수몰지역에서 박종만은 '유랑' 길에 오르지도 못한 채, '죽음' 으로 불안한 '정주' 의 삶을 마감한다.

공선옥이 소개하는 유랑가족은 '빈곤한 노마드' 로서 '유랑' 이 그들의 일상이자 삶이다. 이때 유랑할 수 없는 '빈곤한 노마드' 의 정주는 위태롭다. 그것은 이미 죽음을 예견하고 있기 때문이다. '유랑' 이 허락되지 않을 때, 그들은 불안한 정주민이 되어 일상의 번민으로 속을 태운다. 그것마저 여의치 않을 때, 그들은 죽는다. 그 죽음이 타의건 자의건 간에 그들 삶의 최고 종착지라는 점에서, 그것은 '빈곤한 노마드' 의 숙명적인 그림자와 상실을 보여준다. 이들의 '죽음' 은 삶의 새로운 의의를 보여주는 것이 아니라 단지 소멸과 불모를 보여준다는 점에서, 동시대 정신적 유산으로 편입되지 못한 채 수몰(사장)되고 만다. 작가 공선옥은 이 땅의 빈곤한 노마드를 '유랑'과 '정주', '죽음'이라는 세 가지 차원으로 다채롭게 조명하면서 그들을 과거의 인간, 음지의 인간이 아니라 현재 우리 이웃의 삶으로 포용해 내고 있다.

### 4. '순례자'의 시선

현실을 바라보는 시선은 두 가지로 구분할 수 있다. '풍경(정취)'로서 현실을 바라보는 것과 '극복의 대상'으로서 바라보는 것. 작가 공선옥은 초기소설부터 지금에 이르기까지 시종일관 '극복의 대상'으로 현실을 바라본다. 공선옥의 『유랑가족』은 '겨울의 정취'·'가리봉 연가'·'그들의 웃음소리'·'남쪽 바다, 푸른 바다'·'먼 바다'라는 다섯 개의 에피소드가 연작 형식으로 얽혀 있다. 얼핏 소제목을 보면 제법 감미로운 연가풍의 정취(情趣)가 느껴지기도 하지만, 실상은 그 반대이다. 예컨대 〈겨울의 정취〉를 다룬 이야기에서 '울화 많은 어른'과 '슬픔 많은 아이들'에게 현실은 '풍경'이 아니라 극복의 대상이다. 외부에서는 그들을 풍경과 정취로 바라보지만, 정작 그들에게 농촌은 지리멸렬한 '죽음의 땅'(67면)이다. 제 각각의 이야기 속에서 '정취'를 자아내는 감미로움은 전혀 없다. 〈가리봉 연가〉에서는 노래방에서 '연가'를 부른 명화가 길을 나서며 죽는다. 〈그들의 웃음소리〉에서 웃음은 기

뿐이 아니라 어처구니없는 삶에서 오는 실성을 대변한다. 〈남쪽바다, 푸른 바다〉에서 독자는 감미로운 바다의 정취를 느끼기는커녕, 오히려 태풍으로 인해 '바다' 에서 죽은 선량한 이웃을 만난다. 공선옥은 연가를 부를 수 없는 사람들, 웃을 수 없는 삶을 사는 사람들, 바다를 완상할 수 없는 사람들을 소설에 소환해 냄으로써, 역설적으로 이 땅의 현실이 얼마나 척박한지 보여준다.

이때 주목해서 보아야할 부분은 작가의 시선이다. 작중에서 이 땅의 유랑민을 찾아다니며 조명하는 인물은 사진도 찍고 글도 쓰는 다큐멘터리 작가 '한' 이다. 그는 방송국이나 출판사를 비롯한 특정 단체에 적을 두고 있지 않으며, 간헐적인 의뢰를 받아 간신히 밥벌이하는 가장이다. 외부에서 요구하는 바는 '정취' 이지만, 그가 직시한 실상은 '비애' 이다. 그는 정취로서 현실을 바라보는 시선에 대항하여, 극복의 대상으로서 현실의 심층을 직시한다. 그는 현실의 음지를 유영하는 유랑가족을 조명한다. 그는 작가 공선옥의 시선을 대변하고 있거니와, 이 글에서 주목하고자 하는 바는 그의 시선이다. 결론부터 말하면, 그의 시선은 단순히 관찰자의 시선이 아니라 '순례자(peregrinus)' 의 시선이다. 유랑민을 찾아 타지로 여행을 떠나는 그는 살아있는 현실적인 '신의 보행자' 이다. 순례자에게 있어서 여행의 목적은 이 땅의 도덕적 정화이다. 유랑민이 자유를 찾아 길을 나선다면, 순례자는 유랑민의 평화를 찾아주기 위해 길을 나선다. 유랑민의 여행이 도피의 성격을 띠고 있다면, 순례자의 여행은 자기희생적 성격을 띠고 있다. 이 땅을 생명력 있는 공간으로 만들기 위해 그는 개인의 삶을 뒤로 한다.

순례자의 여행이 가장 돋보이는 이야기는 〈남쪽 바다, 푸른 나라〉이다. 한은 영주 할머니의 부고를 전해 듣고, 경상도 춘양면에 사는 영주네 집으로 간다. 영주 할머니의 문상을 왔으나, 그 자신이 상주의 일을 떠맡고 영주까지 떠맡는다. 한은 자신의 아이가 '급성신우염' 으로 병원에 입원해 있음에도, 혼자 남은 11살 영주로 인해 집으로 돌아가지 못한다. 할머니의 장례를 치르고, 한은 혼자가 된 영주에게 친지를 찾아주기 위해 기나긴 여정 길에 오른다. 영주의 친척을 찾아 '황새골' 로 가지만, 그 곳의 친척 할아버지 할머니는 자신의 몸조차 제대로 건사하지 못한다. 영주의 고모를 찾아 부산을 거쳐 전라도 고흥까지 간다. 한은 영주를 데리고, 고흥의 녹동항에서 신양호를 타고 연홍도까지 간다. 그곳에서 영주의 고모 김귀옥을 만난다. 신양호의 선장 김상철은 김귀옥의 남편이고, 그들 사이에 딸 주희가 있다. 고행 끝에 한은 영주에게 가족을 찾아준다.

여기에서 우리는 순례자를 자처하는 작가의 시선을 읽을 수 있지만, 실상 공선옥은 이것을 보여주려는 것이 아니다. 공선옥은 순례자의 순례가 지닌 의로움보다는 가혹한 현실의 가파름을 보여주려 한다. 이듬해 한은 섬을 취재할 일이 있어 연홍도를 찾지만, 김선장은 태풍으로 인해 목숨을 잃고 남은 가족들은 그 섬을 떠났다. 그들은 실향민(失鄕民)이 되어, 어두운 바다 속 혹은 도심의 음지를 헤매고 있을 것이다. 작가 공선옥이 보여주려는 것은 순례자의 순례가 아니라, 순례자의 자기희생적 고행마저 어떤 영향도 미칠 수 없는 냉정하고 가혹한 현실이다. 이것은 작가가 직시한 이 땅의 현실이기도 하고, 이것을 지켜보는 작가의 슬픈 자괴감이기도 하다. 순례자의 자괴감은 〈먼 바다〉에서 더욱 여실히 드러난다. 한은 '아, 물에 잠길 내 고향' 이라는 사진 전시회에 참석하여, 수몰될 빈집을 순례하며 사진작가 김과 다음과 같이 이야기 한다.

> "수몰이 되면서 여기 살았던 사람들의 삶도 수장이 되는 거라구."
>
> 물 부족 사태라거나, 댐 건설의 필요 불필요를 따지기에 앞서, 김은 건설과 개발의 미명하에 파괴되어가는 사람들의 삶에 대해서 얘기했다. 생태계 파괴에 대한 걱정에 앞서 거기 오래 살았던 사람들의 삶과 도대체 돈으로 맞바꿀 수 없는 정신에 대해서. 그러나 돈 앞에서, 발전이라는 이름 앞에서 그런 정신, 삶을 에워싸고 있던 오래된 정신 같은 것은 그저 허섭스레기에 불과한 것인지도 몰랐다. 김과 한은 마치 도둑고양이처럼 빈집들을 순례하기 시작했다.(246-247면)

공선옥은 이 땅의 작가들에게 순례자의 길을 보여준다. 그것은 근본적으로 자신이 서 있는 땅에서 전진해 나가기보다 자신이 돌아보지 못한 땅을 찾아가기 위해 왔던 길을 되돌아가는 것이며, 아무도 가지 않았던 길을 찾아가는 것이다. "흔적이나, 내력이나 역사 따위"(248면)를 찾아가는 그 길은 고행이면서도, 현실적으로 어떤 긍정적인 결과도 도출해낼 수 없다. 그것은 "돈하고는 전혀 상관이 없는 작업"(246면)이다. 그것은 수몰된 마을과 마을 사람들의 수몰된 양심을 두고, 글(사진)로밖에 남길 수 없는 작가의 자괴감이자, 작가가 선택한 최선이다. 순례자의 슬픈 여로를 우리 역시 아프게 직시하고 따라갈 필요가 있다.

인간을 '호모 노마드'라 규정한다면, 자크 아탈리의 다음과 같은 말을 떠올릴 필요가 있다. "노마드들은 집단으로밖에 생존할 수 없다. 이때 집단은 노마드의 생존 조건이다. 노마드는 자기가 신뢰하고, 자신을 보완해줄 자들과 같이 다녔다. 노마드는 하루 보행을 단위로 공간을 측정한다. 그들에게 거리란 시간일 뿐이다. '시간'이 그들이 가진 전부이자, 그들의 삶이 처한 한계이다." 호모 노마드로서, 우리의 한계를 극복할 수 있는 것은 '연대의식'이다. 전래적으로 연대감은 고향과 같은 근본적 공간을 통해 정서적 동질성을 존속해 왔으나, 고향을 상실하고 고향의 아우라를 상실한 우리들은 이제 우리와 같은 시간을 살아나가는 빈곤한 노마드를 이해함으로써 그들과 더불어 이 땅을 생명의 공간으로 창출해 나가야 할 것이다. 그것은 기존의 향토를 이 땅에 소환해 내는 일이며, 미래 우리들의 삶의 방식이기도 하다. 이 땅의 고독한 호모 노마드인 독자들에게 고향을, 그리고 고향의 정서를 소환해 낼 수 있는 소설을 기대해 본다.(2005, 여름)

# 또 하나의 역사와 생명 공동체

—방현석 「랍스터를 먹는 시간」, (『랍스터를 먹는 시간』, 창작과비평사, 2003)

## 1. 문학은 '생명' 이다

'문학은 밥이다' 라는 명제가 우리를 유혹한다면, '문학은 생명이다' 라는 명제는 우리를 각성시킨다. 문학을 통해 '밥' 을 구할 때 우리의 삶은 구차해질 뿐 아니라, 문학의 '생명' 을 잃을 수 있다. 문학이 생명이면서 동시에 밥도 되면 오죽 좋으련만, 문학은 그리 호락호락한 대상이 아니다. 누구든지 부담없는 마음으로 펜을 들 수 있지만, 그렇게 해서 쓴 글이 모두 '생명' 으로 화하는 것은 아니다. '밥' 은 '생명' 의 수단이긴 하나 목적이 되지 못한다. 문학의 의의는 '밥' 과 구분되는 '생명' 에서 찾아볼 수 있다. 생태계에서 한 개체의 생사(生死)는 필연적으로 다른 개체들에게 영향을 미친다. 개체와 개체 사이에 형성된 생태계의 연대(사슬)는 생명의 생래적 운명인 '공존공생(共存共生)' 을 보여준다. '생명' 이 증식하는 유기체이듯, 문학은 독자들에게 생기(生氣)를 파급시킨다. 문학의

'생명' 은 단선적이지 않고 영속적이다.

방현석의 『랍스터를 먹는 시간』(창작과비평사, 2003)은 '생명' 의 영속성을 보여준다. 창작집에는 황순원문학상 수상작인 「존재의 형식」을 비롯하여 「랍스터를 먹는 시간」, 「겨우살이」, 「겨울미포만」 4작품이 수록되어 있다. 베트남을 배경으로 하는 근작 「존재의 형식」과 「랍스터를 먹는 시간」에 비해, 「겨우살이」와 「겨울미포만」은 90년대에 발표된 작품이다. 작품의 배경과 발표시기에 있어서 차이가 나지만, 베트남을 배경으로 하는 전작(前作)은 한국을 배경으로 하는 90년대의 후작(後作)을 계승하고 있다. 방현석은 시간과 공간을 초월하여, 인간과 인간 간의 제 갈등을 '생명' 의 문제로 제언하고 있다.

「겨우살이」는 학교의 '교칙' 과 사회의 '법칙' 이 인간을 위해 존재하는 것이 아니라 오히려 '생명' 을 앗아갈 수 있음을 보여준 작품이다. 방현석은 소수의 권력을 위해 다수의 희생을 강요하는 사회는 인간의 생기(生氣)는 물론 생명을 위협한다고 경고한다. 이와 다른 방식으로, 「겨울미포만」은 벼랑에 떨어진 이현의 작은 '생명' 이 큰 생명 공동체를 회생시킬 수 있는 여지를 보여준다. 이현의 '생명' 은 흩어져 있던 상모와 봉식, 현강과 창연을 다시 연대하도록 만들 것이다. 「존재의 형식」과 「랍스터를 먹는 시간」은 베트남을 배경으로 베트남의 용사(레지투이 · 보 반 러이)를 통해 생명의 문제를 반추한 것이다. 이 글에서는 중편 「랍스터를 먹는 시간」을 중심으로 방현석이 제기하는 생명의 문제를 살펴보고 방현석

문학의 생명력을 살펴보고자 한다.

## 2. '역사'의 존재 방식 : '죽인 자(산 자)' '죽은 자'간의 원환(圓環) 관계

방현석의 소설 「랍스터를 먹는 시간」 안에는 '죽은 자'가 배외하고 있다. '죽은 자'는 형상을 달리할 뿐, '산 자'의 의식에 자리잡고 서사를 주도하며 소설의 분위기를 제압한다. 「랍스터를 먹는 시간」에는 나와 우옌 티 리엔, 보 반 러이와 팜 반 꾹과 같은 '산 자'의 표상을 빌어 '죽은 자들'이 서사를 주도한다. 나의 '집'과 러이의 '마을'에는 '죽은 자'를 위해 피운 향이 타오르고 있다. 작품은 '산 사람'이 '죽은 사람'을 기억하는 한 편의 진혼제(鎭魂祭)가 된다. 방현석은 죽은 자들의 사인(死因)을 둘러싸고, 살아있는 자들에게 책임을 추궁한다. 한국 '가정'을 배경으로 형을 증오한 나(건석)를 추궁하고, 베트남 '마을'을 배경으로 양민을 학살한 한국군을 추궁한다. 나의 형 건찬은 한국에서 죽었다. 러이의 고향 사람들은 베트남 전쟁 당시 고향에서 전몰당했다. '한국에서 죽은 건찬'과 '베트남 전쟁에서 학살당한 양민'의 사인(死因)은 각각 다르지만 양자 모두 한국의 현대사와 모종의 관련이 있다. 이들의 사인은 다음과 같다.

'한국에서 죽은 건찬'의 사인(死因)은 두 가지로 나눌 수 있다.

첫째, 형의 죽음은 동생인 나의 질시에서 비롯되었다. 베트남 전쟁에서 돌아온 아버지는 배다른 형 건찬을 가족들에게 남겨 놓았다. 베트남인인 형은 어린 시절부터 놀림감이 되었다. 나는 한번도 건창을 형으로 받아들이지 않았고, 형이 어려움에 처했을 때도 형을 백안시했다. 그럼에도 건찬은 동생의 대학 등록금을 벌었고, 공장에서 노동자를 대표하여 시위하다가 죽었다. 베트남에서 건너 온 형이 성장하고 한국 노동운동의 희생자가 되기까지, 나는 한 번도 형을 혈육으로 받아들이지 않았다. 이제 나는 형의 나라에 와서 그의 기일을 기념하고 자신을 반성한다. 형이 비록 공장에서 죽었지만, 그에 앞서 형은 어린시절부터 '집'에서 동생에 의해 죽어가고 있었다. 형의 기일에 베트남 여자, 우옌 티 리엔은 향불을 부쳐주었고 그녀는 나에게 청혼한다. 리엔은 내가 다시 '베트남'과 화해할 수 있는 가능성을 보여 준다. 형의 죽음은 단순히 육체의 사멸로 끝나지 않고 나의 의식에 잔존하여 나의 일생과 의식을 좌우한다.

둘째, 형의 죽음은 한국의 노사문제에서 비롯되었다. 고등학교를 나온 형은 일찍 공장에 취직했다. 그 곳에서 형은 자신의 존재의의를 확인할 수 있었다. 다른 사람들은 현장을 빠져나왔지만, 그는 끝까지 자신의 자리를 지켰다. 남은 가족들에게 그의 부고는 일방적으로 통보된다. 사인(死因)이 불분명하지만, 위에서 하달된 미심쩍은 부고에 대해 엄마와 나는 이의를 제기하지 않는다. "난 내 이름을 비겁하게 만들며 살아가지 않"(121면)는다고 하던 그의 의

지대로, 형은 한국의 노동자로서 이름을 책임지며 자신의 자리를 끝까지 지켰다. 이제 나는 베트남에서 일하는 노동자의 모습을 통해 형을 본다. 조선소에서는 베트남 노동자와 한국 관리자들 간에 분쟁이 일어난다. 베트남 노동자를 바라보는 나의 의식 안에 죽은 형은 여전히 살아 있다. 형은 단순히 죽고 없는 존재가 아니라, 오히려 나의 의식 속에 더욱 견고하게 살아남아 내 삶을 견인한다.

'베트남 전쟁에서 학살당한 양민' 의 사인(死因)은 다음과 같다. 베트남 전쟁에 참전한 한국군이 자딘 마을의 양민을 학살한 것이다. 근 30년이 지난 과거의 상처가 당대의 문제로 부각될 수 있는 힘은 어디에서 연유한 것인가. 전시(戰時)의 대량 학살에서 살아남은 러이는 용사가 되어 양민들의 생명과 동일한 수의 적을 대적했으며, 팜은 전후의 조국을 재건하기 위해 북한에서 유학하고 돌아왔다. 전쟁이 종식된지 오랜 후, 러이는 한국인의 조선소에 취직하고 팜은 공안국에서 일한다. 표면적으로 노동자 러이와 관리자 김부장 간의 대립은 노사갈등의 형식을 취하고 있다. 그러나 자세히 살펴보면, 베트남 전쟁 파병군과 베트남민족해방전사 간의 갈등이 자리잡고 있다. 양자 간의 갈등은 궁극적으로 베트남전에서 학살당한 양민과 한국군의 갈등으로 수렴된다. 나는 양자 간의 갈등을 중재하며, 베트남 노동자의 증오심이 어디에서 유래한 것인지 알게 된다. 나는 러이의 고향 마을에 가서, 전몰당한 양민을 위한 진혼제를 목도한다. 러이는 향을 피우고 징을 치며 죽은 자들의 원혼을 달랜다. 이때 '학살당한 양민' 은 단순히 죽은 것이 아니라, 러이와 팜에 의해 새롭게 몸을 바꾸어 역사의 중심으로 이동하고 있다. 러이와 팜은 자기 몫의 삶을 살기 앞서, 그와 동일한 삶을 살았던 마을 주민과 민족의 운명을 살아 낸다. 이들에 의해 베트남의 상처는 치유되고 있고 베트남이 역사의 무대에 등극할 수 있는 것이다.

죽은 자들의 사인(死因)에는 한결같이 한국의 현대사가 개입해 있다. 형 건창을 죽인 것이 단순히 시위진압대가 아니듯, 베트남 양민을 학살한 것도 단지 한국군인들이라고 단정할 수 없다. 그것은 그들과 동시대를 살았던 우리 민족의 문제이다. 미국과 이라크의 전쟁을 주목하는 작중 인물을 통해, 이제 이 문제는 민족의 문제이기 앞서 생명의 문제로 확산된다. 생명의 외경 아래, 「랍스터를 먹는 시간」은 가해자와 피해자가 구분되는 이분법적 구도를 넘어선다. '죽인 자'와 '죽은 자'가 가해자와 피해자의 구분없이 원환적(圓環的)으로 얽혀있다. 「존재의 형식」에서 시사하듯, 방현석은 인간의 존재가 연대적이고 원환적으로 얽혀 있음을 보여준다. 「존재의 형식」에서 레이가 죽은 전우(戰友)인 반레의 이름으로 시를 발표하여 과거의 상흔과 절규를 현재까지 영속하듯, 한 존재는 단순히 당대적 의미만을 발하는 것이 아니다. 「랍스터를 먹는 시간」에서 나는 형의 삶을 살아내고 있으며, 러이와 팜은 에딘 마을 양민(良民)을 비롯하여 베트남민족해방전사의 삶을 살아내고 있다. 현재의 나는 나와 동시대를 살다가 죽은 타자들, 그리고 동시대의 문제들과 공존하고 있다. 지금 이 순간에도 나는 눈에 보이거나 보이지 않는 다른 존재들과 연대하여 과거의 소명과 현재의 과제를 실현해 나가고 있다.

방현석의 랍스타 먹는 시간에는 '식민주의'와 '탈식민주의' 의식이 혼종되어 있다. 작중 인물들은 탈식민주의적 관점에서 식민주의에 저항하고 있으면서 동시에  식민주의 관점에서 타자를 식민지화 하려든다. 이복형제인 나와 형은 한국과 베트남을 대표한다. 나를 비롯한 한국은 미국에 대한 탈식민주의를 지향하고 있으면서, 동시에 베트남에 대해서는 식민주의를 견지한다. 나는 베트남 현지 공장에서 노사(베트남과 한국)의 관계로 제기되는 식민자의 모습을 목격한다. 탈식민주의 관점에서 볼때 미국과 한국에 대한 탈식민주의를 지향하는 베트남의 관점은[1] 논외로 하더라도, 이 작품에서 '베트남'은 식민지와 피식민자로서 한국의 두 얼굴을 비추어주는 거울이다.

## 3. '생명'의 존재 방식 : 생명의 영속성과 책임감

'죽었다고 다 없는 것이 아니고, 살아 있다고 다 있는 것이 아니다.' 방현석은 눈에 보이는 모든 실체가 현존재로서 진의를 발하는 것이 아니듯, 눈에 보이지 않는다고 해서 진의가 사라지는 것은 아니라고 말한다. 이 말은 생명의 영속성과 역사에 대한 믿음을 실

1) 실제 베트남의 오늘은 식민주의와 탈식민주의를 모두 보여주고 있다. 그들은 세계 열강에 대한 탈식민을 지향하면서도 캄보디아를 비롯한 주변 약소국에는 표독스러운 식민자의 습을 견지하고 있다.

고 있다. 살았지만 생존의 의미를 다 하지 않은 자가 있듯이, 죽었지만 죽음으로 그 의미를 지속적으로 발하는 자가 있다. 이러한 원환적(圓環的)이고 영속적인 역사의 실례를 팜 반 꾹과 나의 대화를 통해 느낄 수 있다. 러이의 고향으로 가는 도정에서, 자동차는 물소 떼들로 인해 한동안 속력을 낼 수 없게 된다. 난데없이 출몰한 '물소' 를 방해꾼으로 귀찮게 여길 때, 팜 반 꾹은 다음과 같이 말한다.

"이 길은 우리의 것이 아니야"(134면)

"저 아이들의 아버지들이 열고 물소들이 넓힌 길을 이 차가 지금 가고 있는 거야."(135면)

현재 내가 통과하고 있는 이 길은 이 땅의 아버지들에 의해 만들어지고, 이 땅에서 인간과 공존해 온 물소(자연)에 의해 견고하게 넓혀진 것이다. 이 곳에서 우리들이 걷고 있는 이 길은 우리들만의 것이 아니다. 그것은 우리의 아버지와 아버지의 아버지들이 걸었던 길이고, 그들이 지키고 가꾸어 왔던 길이다. 나아가, 이 길은 우리들의 아이들이 걸어가야 할 길이다. 좀더 비약해서 말하자면, 이 땅의 역사는 우리의 아버지 · 어머니들과 자연이 만들어낸 것이다. 우리는 창조와 변화의 도정에 존재한다. 이러한 원환적이고 영속적인 세계에서는 주인과 노예, 이분법적 구분과 대립이 무용하다. 모든 생명은 영원히 주인으로 존재한다.

나는 눈에 보이지 않는 존재의 생명을 감지하고 있다. 그 생명은 나보다 앞서 이 길을 만들고 걸어 나간 이들의 것이다. 그들의 희생은 나를 통해 오늘날까지 그 의의를 발하며 영속하고 있다. 죽었지만 살아있는 그 생명의 힘이 죽은 듯이 살아가는 우리를 각성시킨다. 「랍스터를 먹는 시간」에서 방현석은 눈에 보이지 않는 과거와 소통하는 주술적 힘을 보여준다. 그는 '시간'과 '공간'을 초월하여 과거가 현재에도 지속적으로 되풀이되고 있음을 보여준다. 물론, 방현석이 보여주는 '과거'에는 새로운 양태를 띤 주인과 노예가 또다시 주종관계를 실현하려 한다. 베트남 노동자와 한국인 관리자 간의 갈등이 그 예이다. 이에 방현석은 '죽은 자'의 삶을 사는 '살아남은 자'의 목소리를 빌어, 생명은 일회적이지 않으며 영속적으로 그 힘을 확장시킬 수 있음을 재언한다.

생명의 영속성을 감지하기 위해, 우리는 현재에 있지만 과거와 미래를 모두 포용할 수 있어야 한다. 식당에서 베트남 참전 상이용사가 나에게 말한다. "한국군이 내 다리를 이렇게 만들었다" 나는 다음과 같이 응수한다. "내가 하지 않은 일에 대해서 나에게 말하지 말라." 책임을 추궁 받을 때, 우리는 자신이 그 일과 관계가 없거나 관계가 있더라도 매우 거리가 멀다는 사실을 강조한다. 방현석은 이와 상반된 관점에서, '내가 하지 않은 일도 나와 관련이 있다'고 진술한다. 그는 '내가 하지 않은 일일지라도, 나는 알아야 하고 책임져야 한다'고 강조한다. 비록 우리 세대가 한국군을 베트남에 파병한 것이 아닐 지라도 우리는 잔혹하게 학살된 베트남

양민들을 알고 있어야 하며, 비록 우리가 한국군의 이라크 파병을 지지하지 않았을 지라도 우리는 무참히 죽음의 위협에 노출되어 있는 이라크 양민들을 기억해야 한다고 말이다.

방현석이 추궁하는 문제는 이전 세대가 일으켰던 '결과' 가 아니라, 다음 세대의 '태도' 에 관한 것이다. 이전 세대에게 초래된 문제가 노사 갈등이라면, 다음 세대에는 이보다 더 다양한 영역에서 더 큰 갈등과 파멸이 초래될 수 있기 때문이다. 작중 러이의 지적처럼, "전쟁으로 파괴된 세대가 스스로를 바꾸는 일"(170면)은 불가능한 일인지 모른다. 하지만, 지난 세대를 답습하는 다음 세대의 관행은 절망적인 것이다. 과거의 상처를 반복하지 않기 위해, 우리는 방현석이 보여주는 또 하나의 역사 인식을 주의 깊게 살펴 볼 필요가 있다. 방현석은 체제에 대한 반발의 일환으로 또다른 체제를 가져오는 것이 아니라, 탈체제의 생명 공동체를 보여준다.

그는 「랍스터를 먹는 시간」에서 '이념' 이 아니라 '인간' 에 대한 의문을 제기하고 있다. 좀 더 구체적으로 말하자면 그것은 생명에 대한 문제이다. 베트남이든 이라크든 한국이든, 우리에게 초점이 되어야 할 대상은 생명이다. "책임 있는 나라" · "책임을 질 수 있는 나"는 결국 생명의 문제에 귀결된다. 작중 인물들에게 '자부심' 과 '경멸' 은 생명에 대한 책임의 유무에 의해 구분된다. 방현석은 역사의 뒤안길로 접어둔 문제들을 소환하여 우리들에게 책임을 환기시킨다. 과거의 것이든 현재의 것이든 간에 책임을 지지 않는다면, 나를 비롯한 이웃의 생명은 위협받는다고 말이다.

## 4. 낮은 목소리로 굽어보기

방현석은 등단 이후 줄곧 노동소설을 써 왔다. 방현석이 주목하는 대상은 '낮은 자' 였고, 그들을 위한 그의 목소리는 늘 '젖어있었다'. 이전의 글에 비해, 근작 「존재의 형식」과 「랍스터를 먹는 시간」에서 방현석의 어조는 어느 정도 차분해졌다. 창작집 말미의 자서에서 그는 "분명한 것일수록 희미하게 존재한다"고 말한다. 그는 조급함 대신 견고함을 선택한 것이다. 이에 덧붙여 작가에게 '낮은 목소리로 굽어보기' 를 제시하고 싶다. 대상을 전달하는 작가의 목소리가 커지고 빨라질수록, 독자는 대상의 실체가 들려주는 소리를 못들을 수 있다. '희미하다는 것' 은 약하거나 중요하지 않다는 것이 아니라, 영속적이고 도래되어야 할 것을 의미한다.

수작인 「랍스터를 먹는 시간」에도 작가의 조급함이 어느 정도 남아있어 지적해 두고자 한다. 이 작품의 주제는 다양한 양태의 갈등으로 변주된다. '러이와 김부장' 의 갈등은 '나와 형' 의 갈등을 소환하고 '나와 러이', '나와 꾹', '나와 부장들' 간의 미세한 대립으로 변이되어 나타난다. '노동자와 관리자의 대립' 은 '베트남 참전 한국군과 베트남민족해방전사 간의 갈등' 으로 확산된다. 방현석은 두 가지 문제를 동시에, 그리고 성급하게 보여주려고 한 나머지 전자(前者)의 대립이 후자(後者)의 갈등으로 확산될 수밖에 없는 필연성과 계기를 담보하지 못하고 있다. 전자의 대립은 '한국'과 '베트남'을 조명하고 있지만, 후자의 갈등은 궁극적으로 '베트남'을 조명하고 있다. 두 가지 갈등 모두 한국의 현대사는 물론 한국 현대소설사의 큰 줄기를 형성하고 있는 만큼, 집요한 탐색이 필요한 주제이다.

작중에서 첨예한 남자들간의 대립과 갈등 이외 '나와 리옌', '러이와 이니' 간의 남녀 문제가 화해의 가능성을 보여준다. "거침없는 남성성"과 "섬세한 여성성"이 동시에 묻어나는 리옌의 부조화와 이중성은 나에게 베트남을 이해하게 해 주지만, 베트남을 넘어서 한국의 역사를 조명해낼 수 있는 유연함은 주지 못한다. 러이와 꾹이 나에게 유연한 역사 인식의 태도를 보여준데 비해, 리옌은 서사의 주된 흐름에서 배경의 범주를 벗어나지 못한다. 나와 리옌의 관계와 유사한 관계가 베트남 전쟁 당시 러이와 이니의 관계이다. 민족의 전쟁(해야 할 일)에 직면해서, 그들은 상대에 대한 열정(하고 싶은 일)을 전장에 쏟았다. 상대에 대한 애정이 커질수록, 그들은 전장의 사선으로 자진해 들어갔다. 그 과정에서 러이는 이니와 헤어져야 했다. "폭풍우가 치는 광야에 번개와 같이 날아드는" "전사의 사랑"(160면)은 기존에 이 작품이 노정한 문제의 초점과는 많이 벗어나 있다. 리얼리티는 있지만, 소설 전체를 총괄하는 주제에 비추어 볼 때 잉여분에 해당한다. 리엔과 나의 결혼이 이 작품의 관건이 아니듯, 러이와 이니의 관계 역시 민족과 민족 간의 갈등, 노동자와 관리자 간의 갈등 그 어디에도 소속되지 않은 채 전체 이야기에서 동떨어져 있다.

아울러 한 가지 더 지적하고 싶은 부분은 일기와 소설의 관계이다. 「존재의 형식」이 인물과 사건이 하나로 모아지는 모습을 보여주는 것과 달리, 「랍스터를 먹는 시간」은 작가의 성급한 목소리가 작품의 구성에 영향을 미치고 있다. '소설'이 삶의 문제로 환원될 수밖에 없다면 '수기'야 말로 삶의 실체를 보여준다. 그러나 수기와 달리 소설의 묘미는 인물과 사건이 직조해 내는 스토리의 전개에 있다. 「랍스터를 먹는 시간」에서 일기는 소설의 서사구조를 압도한다. 팜 뚜 언의 『전쟁일기』는 "전쟁에 참전한 날부터 죽는 날까지 3년여의 나날들을 기록한 개인 일기"로서 베트남 민족의 역사를 보여주는 데는 성공했지만, 그것을 한국의 현실과 이어주는 데까지는 나아가지 못했다. 작중의 수기는 인물 간의 갈등과 더불어 베트남 역사에 가려진 음화를 복원한다. 그렇다면 1910년 한일합방에 이어 1945년 민족 해방 그리고 1950년 민족분단과 1980년대 민주화 운동에 이르기까지, 우리는 한국 근현대사의 음화를 얼마나 복원한 것일까. 복원되지 않았다면, 어떻게 복원해야 할 것인가. 베트남 민족 간의 갈등 · 계급 간의 갈등을 거쳐서 작중 주인공의 귀결점은 이제 '과거'가 아니라, '현재의 이 땅'에서 '어떻게'의 문제로 넘어가야 할 것이다.

방현석의 시선은 등단한 80년대를 이어 근 20년이 지난 지금까지 변함없이 일관된 곳을 향해 있다. 「랍스터를 먹는 시간」을 관류하는 인물 간의 갈등은 '노사문제'이다. 과거 한국에서 형의 죽음을 초래한 것이 노사문제에 있다면, 현재 베트남에서 한국 관리자와 베트남 노동자 간에 갈등의 씨앗도 노사문제에 있음을 보여준다. 방현석은 베트남에서 한국인 관리자들이 노동자들을 통제하는 일방적인 방식이 80년대 한국과 다르지 않다는 것을 보여준다. 작중에서 베트남 노동자들을 조정하기 위해 가족들에게 전보를 띠우는 방식은 「새벽출정」에서 인천의 여공들을 통제하고 규율하는 수단과 동일한 것이다. 이러한 일관된 작가의 시선에 다음과 같은 사실을 당부해야겠다.

우리 삶에 균열을 몰고 오는 주종관계는 전대에 비해 좀더 빠르고 더욱 다양한 양태로 이 사회 곳곳에 뿌리내리기 시작했다. 「존재의 형식」에서 시인 반레는 다음과 같이 말하고 있다. "우리는 우리 세대가 해야 할 일을 끝냈을 뿐이지요. 다음 세대에게는 또 다음 세대가 해결해야 할 일이 기다리고 있지요"(68면) 이 말에 덧붙여 말하자면, 시대의 변화에 따라 당면한 시대의 문제 역시 다양한 양태로 변한다는 것이다. 노동자와 해직교사, 여성 이외에도 가위눌린 생명들이 이 땅에는 무수히 많다. 80년대 '자본가' 와 '노동자' 의 종속적 이원화는 지금에 이르러 표상만 달리할 뿐 삶의 제 영역에서 더욱 확산되고 있다. 노련한 주술사 방현석이 조금 더 낮은 목소리로 아직 빛이 당도하지 않는 이 땅의 음지를 굽어보기를 바란다.(2004, 봄)

# ‘살아내는 일’ 과 반성(反省)적 삶

— 공지영 『우리들의 행복한 시간』(푸른숲, 2005)

## 1. 죽음

『우리들의 행복한 시간』에서 공지영은 ‘죽음’ 에 관한 문제를 일상적이지만 진지하게 다루고 있다. 공지영이 ‘죽음’ 을 말하는 이유는 ‘삶’ 의 의미를 더욱 깊이 천착하기 위해서이다. ‘살아가는 일’ 은 현재의 문제가 아니라 ‘과거’ 와 더불어 죽어야 하는 ‘미래의 일’ 까지 포괄하고 있다. 삶을 말하면서 ‘살아가는 일’ 을 조명하는 것은 쉽지만, ‘죽어야 하는 일’ 과 더불어 삶을 조명하는 것은 쉽지 않다. 죽음을 의식한 삶은 ‘살아가는 일’ 이라기보다 ‘살아내는 일’ 이 된다. 공지영의 지적대로 “죽음은 이 세상의 가치 중에서 최고의 영예를 누리고 있는 모든 소유와 모순되기 때문”(201면)에, 죽음을 통찰하는 일은 소유와 별개로 삶을 살아내는 일의 의의를 조명하는 것이다.

『우리들의 행복한 시간』에서 공지영은 죽음을 통해 우리의 삶이 얼마나 행복할 수 있는지 보여준다. 그리고 이 행복한 시간을 위하여 우리는 죽어가는 것을 어떻게 살려 내야 할 것인지 진지하게 탐색한다. 죽음을 통해 그녀는 '어떻게' 살아야 할 것인지 삶의 방법을 제시하고 있다. 작중에서 '사형수(死刑囚)'와 '수도자(修道者)'는 진지하게 '살아내는 일'을 하고 있다. 양자 모두 죽음을 맞대면하고 있지만, 죽음을 대면하는 방식에는 차이가 있다. 사형수가 '죽음'을 형벌로 인식하는 반면 수도자는 '죽음'을 자연적인 귀결점으로 인식한다. 형벌로서 죽음은 가혹한 것이다. "사형수는 여섯 번을 죽는다고 한다. 잡혔을 때, 일심 이심 삼심에서 사형 언도를 받을 때, 그리고 진짜 죽을 때, 나머지는 매일 아침마다----이다."(132면) 그는 죽음을 떠올리면서 하루를 시작한다. 수도자(修道者)들은 절대자인 신에 대한 찬미와 더불어 궁극적으로 신에게 귀의하는 것으로 죽음을 수용한다.

그러므로 수도자들이 맞이하는 죽음과 사형수가 맞이하는 죽음은 본질적으로 다르다. 『우리들의 행복한 시간』에서 사형수는 범죄자가 아니라 수도자의 모습으로 죽음을 맞이한다. 수도자와 다를 바 없는 그에게 '구치소'는 '봉쇄 수도원'과 다를 바 없다. 『우리들의 행복한 시간』에서 공지영은 수도자들이 '죽음'을 수용하는 방식을 독자들에게 보여준다. 그들은 매시간 스스로를 죽이고, 다른 사람을 살리는 일을 한다. 일상에서 우리는 반성적 사유의 틀이라는 알레고리로서 죽음을 대면한다. '죽어야 하는 일'은 반성하는 일이다. 그런 의미에서 '사형(死刑)'을 언도받은 '사형수'는 반성의 제 일선에 있다. 일상에서 우리가 몇 번씩 자신을 죽이듯, 궁극적으로 삶이 끝나는 지점에서 우리는 세상에 존재했던 나의 가면을 벗어놓고 성찰해야한다. '죽음'은 우리를 두렵게 만들거니와, 속(俗)의 세계로부터 벗어나 성(聖)의 세계로 진입하기 위한 '통로'이다. 속(俗)과 성(聖)이 교차될 때 흐르는 '눈물'은 상처와 더불어 영혼의 생생한 존재 방식이다.

## 2. 용서

서사 장르에서 가면을 '페르소나(persona)'라 명명한다. 페르소나는 특정 인물의 성격이다. 한 편의 잘 짜여진 서사에서 특정 인물이 그에 걸맞는 특정 가면을 쓰듯, 우리는 각각의 인생 여정에서 '가면'을 쓴다. 공지영은『우리들의 행복한 시간』에서 독자들에게 '어떻게 살아야 할 것인가'를 보여주기 위해 '사형수'와 '수도자'라는 두 가지 가면을 제시한다. 스물일곱 살의 사형수와 일흔이 넘은 모니카 수녀(수도자)가 만난다. 죽음을 앞둔 사형수가 관록있는 수도자를 만나 세례를 받고 죽기 직전 자기 삶을 반성하며 평화롭게 생을 마감했다는 이야기는 진부할 수 있다. 그런 탓인지, 공지영은 교도소와 수도원이 아니라 현실에 발을 딛고 있는 '자살미수자' 문유정을 작중에 등장시킨다. 사형수와 수도자 간의 소통과 평화는 자칫 지금 이 땅에 사는 사람들의 현실적인 문제와 거리를 둘 수 있으므로, 좋은 집안에 태어난 화가이자 교수로서 남부러울 것 없는 미혼 여성을 사형수와 수도자 사이에 등장시킨 것이다. 그리고 사형수와의 동질감 형성 차원에서 미혼 여성을 자살미수자로 설정해 놓았다. 다른 사람을 죽이려는 것이건 자기 자신을 죽이려는 것이건 간에 살아내야 하는 '생'을 훼손한다는 점에서, 그들은 삶에 대해 동일한 태도를 가지고 있다. 사형수와 자살미수자는 그들 삶을 황폐하게 만든 이들과 현실을 '용서'하지 않는다.

사형수 정윤수와 자살미수자 문유정의 상흔을 통해 그들이 입은 상처를 들여다보면 다음과 같다. 정윤수에게 삶은 죽음보다 지독한 좌절과 고통을 주었다. 어머니는 집을 나가고 알콜중독자인 아버지는 윤수와 동생 은수를 학대한다. 모진 가난과 설움 속에 동생은 눈이 멀게 되고 아버지는 자살한다. 어머니가 윤수와 동생 은수를 데리고 가지만, 그들은 의붓아버지의 학대와 어머니의 방관으로 다시 버려진다. 그들은 고아원과 소년원, 그리고 거리를 떠돌면서 거친 세월을 맞이한다. 학대와 구타, 굶주림 등을 겪으며 은수는 어린 나이에 죽음을 맞이해야 했고, 윤수는 범죄자의 길에 접어든다. 사랑하는 여자를 만나 사는 일도 잠깐이었으며, 사랑하는 여자를 위한 수술비를 마련하기 위해 윤수는 다시금 범죄의 소굴로 들어서야 했다. 윤수는 동료의 배신으로 말미암아 동료가 범한 살인죄를 뒤집어쓴다. 윤수는 세 사람을 죽이고 인질극을 벌인 후 구치소에 수감된다.

문유정은 화가이자 교수이지만 정신적으로 피폐해 있다. 소녀시절 큰집의 사촌오빠에게 강간당하고 가족의 몰이해 속에 스스로 자신의 삶을 탕진한다. 큰집의 경제력에 기대야 했던 자신의 집안 사정도 그러하거니와, 어머니는 사촌오빠를 응징하기보다 딸을 오히려 힐책한다. 딸의 상처를 헤아리기보다 그녀를 정숙하지 못하다고 꾸짖는다. 대학시절에는 가수가 되어 노래도 하고 프랑스에 가서 미술을 공부하고 돌아와 교수가 되었지만, 그녀의 뿌리깊은 상처는 치유되지 않는다. 그녀는 약혼을 파기하고 자살 소동을 벌인다. 그녀는 주변 친지들에게 자살 미수자로 인식되며, 정신과 치료를 받는다. 정윤수와 문유정은 삶을 탕진하고 파기하고자 했지만, 진정 그들이 증오한 것은 생(生)이 아니다. 공지영의 지적대로, 그들이야말로 누구보다 더 잘 살아보려 했던 것이다. 생(生)에 대한 의지가 좌절되면서, 그들은 생(生)을 경계하고 부정했던 것이다.

정윤수와 문유정은 일흔 살의 모니카 수녀를 보면서, 스스로 자기 변화를 시작한다. 모니카 수녀는 정윤수에게 평화를 주는 것과 마찬가지로, 조카인 문유정에게도 자신을 되돌아 볼 수 있는 평화를 준다. 그 평화는 마술처럼 찾아오는 것이 아니라, 자신에 의해 천천히 그리고 어렵게 만들어 지는 것이다. 종국에는 모니카 수녀 없이 자살 미수자 문유정과 사형수 정윤수 두 사람이 서로 만나면서 상대의 상처를 치유해 주기에 이른다. 두 사람은 서로의 치부를 보여주고, 서로 상대에 대한 치유자가 된다. 문유정과 정윤수는 스스로 자신에게 내재해 있는 생에 대한 열정과 애정을 자각하고 자신의 가면을 벗는다. 그 순간 그들에게 찾아온 것은 평화이며 신의 은총이다. 그들이 평화를 찾을 수 있었던 것은 '용서'를 통해 타자를 수용할 수 있었기 때문이다. 자신을 버린 어머니, 자신을 배반한 동료, 자신을 배반한 사촌 오빠, 자신을 포용하지 않는 어머니 등, 정윤수와 문유정은 지금까지 그들이 용서할 수 없었던 모든 증오의 대상들을 마음에서 풀어주면서 그들을 이해하기 시작한다. 타자를 용서함으로서, 그들은 '가면'을 벗을 수 있었던 것이다.

반면, 매우 견고한 가면을 쓰고서 결코 그 탈을 벗어던지지 못하는 사람들이 있다. 공지영은 그들을 위선, 위악하는 사람이라 명명한다. "그들이 실은 뼛속까지 외롭고 스스로 홀로 앉은 밤이면 가여운 것이 사실인데도, 그것을 위장할 기회와 도구(물질적 풍요:필자)를 너무 많이 가지고 있음으로 해서, 실은 스스로가 외롭고 가엾고 고립된 인간들이라는 사실을 깨달을 기회를 늘 박탈당하고 있"다. "그들은 생과 정면으로 마주칠 기회를 늘 잃고 있는 셈이었다."(119면) 그들은 "실은 사랑받고 싶고, 실은 사랑을 주고 싶고, 실은 너무나도 외로워서 누군가가 다정하게 곁에 있어주었으면 좋겠다는 말을 다 빼고" 일하는 아이에게 그릇에 이가 빠졌다느니, 장식장에 먼지가 앉았다느니 화풀이한다. '돈이 없는 사람들'이 비굴한 탈을 쓰는 데 비해, '돈이 많은 사람들'은 위선의 탈을 쓴다. 그러나 적어도 "위선을 행한다는 것은 적어도 선한 게 뭔지 감은 잡고 있"으며, "깊은 내면에서 그들은 자기들이 보여지는 것만큼 훌륭하지 못하다는 걸 알"(18면)고 있다.

위악의 탈을 쓴 사람들은 "남에게 악한 짓을 하면서 실은 자기네들이 실은 어느 정도는 선하다고 생각"(158면)하며, "위악을 떠는 그 순간에도 남들이 실은 자기들의 속마음이 착하다는 것을 알아주기를 바"(159면)란다. 그 사람들은 위선자들보다 더 교만하고 가엾은 사람이다. 이들 이외, 다른 사람을 위해 스스로를 희생해야 한다는 이타적 삶에 대해 전혀 자각하지 않는 사람들이 있다. "이 세상에 아무 기준도 없다고 생각하는 사람들, 좋은 게 좋은 거라고 생각하는 사람들, 남들은 남들이고 나는 나라고 생각하는 사람들."(159면) 이들은 애초부터 사회를 이해하려 하지 않으므로, '가면'에 대한 진지한 성찰도 없다. 위선과 위악을 비롯한 견고한 갖가지 가면은 자본의 소유 여하에 따라 매우 두껍게 그리고 조금씩 뒤틀려 있다. 그러나 어떤 가면을 쓰던지 간에, '죽음'과 마주하게 되면 그들은 자신의 가면을 직시하고 아프게 자신의 가면을 벗어버리게 된다. '죽음을 대면하는 방식'은 역설적으로 그들의 생에 대한 태도를 보여준다. 가면을 벗어버린 자가 죽음을 맞이할 수 있는 반면, 가면을 벗어버리는 않는 자는 어떻게 해서든지 죽음을 막으려고 한다.

누구에게나 공평히 찾아오는 '죽음'은 우리들 삶의 반성적 틀이 된다. 죽음은 우리에게 묻는다. 내가 어떻게 살아왔는지, 앞으로 내가 어떻게 살아내야 하는지. 죽음은 우리 삶에 새로운 명제를 제시한다. '용서'하고 자신의 생(生)을 사랑하라고. 죽음을 인지하고 얻을 수 있는 삶에 대한 성찰은 궁극적으로 '사랑' 이다. 이웃과 동료, 심지어 자신을 낳은 어머니와 아버지로부터 버림받았던 정윤수는 죽음보다 못한 삶을 살았지만, '죽음' 앞에서 새로운 명제를 수용한다. 돌이켜 본건데, 그들에게 필요한 것은 '형벌' 이기보다 '사랑' 이었다. 사형수 정윤수와 자살미수자 문유정은 사랑을 받아야 마땅하겠지만, 오히려 그들은 타자에게 사랑을 주면서 스스로 치유될 수 있다는 생(生)의 역설적인 힘을 깨닫는다.

### 3. 신(神)에 대한 자각과 반성적 삶

공지영의 『우리들의 행복한 시간』에 나타난 작가의 의식을 조명하기 위해서는 공지영의 『수도원 기행』을 꼼꼼히 읽어볼 필요가 있다. 공지영의 『수도원 기행』은 작가 공지영의 신앙고백이다. 『수도원 기행』은 단순히 유럽에 있는 수도원에 대한 기행문이 아니다. 유럽의 수도원에서 공지영이 만난 이들은 수녀님과 수도사가 아니다. 공지영이 만난 것은 종교를 비롯해 이 세상과 화해할 수 없었던 바로 '자신' 이었고, 자기 자신과 같은 삶을 살아가는 '이웃' 이었다. 공지영은 종교를 통해 '신' 을 만난 것이 아니라, '사람' 의 본질과 조우한다. 공지영이 인간의 본질을 발견하기 위해 의탁한 대상이 종교였으며, 의탁한 방법이 신에 대한 이해였다. 공지영은 작가로서 포용해야 할 사람들이 어떻게 존재하고 있으며,

그들과 더불어 자신이 어떤 존재로 살아내야 하는지 발견한 것이다. 그러므로 『수도원 기행』에서 공지영이 진지하게 탐색한 것은 철창 안의 수도원이 아니라, 바로 고단한 이 땅의 현실이다.

『우리들의 행복한 시간』에서 공지영은 고단한 이 땅의 현실에서 인간이 어떻게 살아내야 하는지 보여준다. 현실에서 절망을 극복해내는 일은 어렵다. 자신의 생각조차 마음대로 할 수 없는 것처럼, 인간은 자신의 일 역시 마음먹은 대로 해 내지 못한다. 이러한 인간에게 종교와 신은 위안을 준다. 평화를 주면서, 스스로 절망에 맞설 수 있는 능력을 기르도록 한다. 종교와 신이 마술처럼 상황을 역전시키는 것이 아니라, 종교와 신은 자신의 상황을 '스스로' 역전시킬 수 있는 인내를 기르도록 한다. 작중에서 사형수 정윤수는 "돌이 빵이 되고, 물고기가 사람이 되는 건 마술이고 사람이 변하는 게 기적"(209면)임을 깨닫고, 자발적으로 마술이 아니라 기적에 동참한다. 그러므로 카톨릭을 포함하여 제 종교는 극히 인간적이다. 인간으로서 인간됨의 본질을 자각하고, 스스로 완성을 실현해 나가도록 일깨우고 견고하게 하는 것인 종교이다. 작중 공지영의 말대로, 그녀가 『우리들의 행복한 시간』에서 상투적이지 않은 '진짜 이야기'를 발견할 수 있었던 것도 그녀가 스스로 변하는 기적의 대열에 동참했기 때문이다.

자기 변화를 실현하는 일을 현실적인 '구원'이라 명명할 수 있다. 공지영의 『행복한 우리들의 시간』에서 '구원'은 양방 간에 일어난다. '나' 혹은 '너' 만의 구원이 아니라, 나를 통한 너의 구원,

그리고 너를 통한 나의 구원이 실현된다. 작중 사형수 정윤수는 말할 것도 없지만, 문유정은 사촌오빠로부터 강간당한 이후 정신적 · 육체적 충격에서 벗어나지 못하고 있으며 서른이 넘어서도 자살미수의 경력으로 정신병원을 들락거린다. 자살미수자 유정이 사형수 정윤수를 만나면서 조금씩 변하듯, 사형수 정윤수 역시 자살미수자 유정을 만나면서 조금씩 변한다. 자기 자신의 삶만을 들여다보던 유정은 사형수 정윤수를 통해 나 아닌 타자의 입장을 되돌아보기 시작했으며, 세상에 대한 증오로 가득 찼던 윤수는 유정을 만나면서 사랑하는 마음과 감사할 줄 아는 마음을 깨닫다. 그들의 고단한 삶은 상처투성이 이지만, 그 상처로 말미암아 그들은 서로가 서로에게 구원의 손길이 되어줄 수 있다. 두 사람에게 있어서 상처는 단순히 고통의 흔적이 아니고 삶을 이해할 수 있는 너그러운 훈장이다. 그러므로 구원은 근본적으로 자신의 고통과 상처에서부터 시작되고 있으며, 궁극적으로 이웃을 통해 실현된다. 사형수는 자살미수자에게 생의 의지를 일깨워주고, 자살미수자는 사형수에게 삶의 의미를 일깨워 준다.

작중에서 사형수와 자살미수자를 연결해주는 매개가 '애국가'라는 사실은 이채를 띤다. 공지영은 삶과 죽음의 길목에 '애국가(愛國歌)' 를 설정해 놓고 있다. 애국가는 '나라를 사랑하는 뜻으로 온 국민이 부르는 노래' 이다. 사형수와 자살미수자가 '나라를 사랑하는 마음' 으로 공히 하나가 될 수 있다는 설정은 흥미롭다. 앞을 보지 못하는 동생 은수는 프로야구 개막식에 울려 퍼지던 애국가를 유독 좋아했다. 동생 은수는 애국가를 부르면서 다음과 같이 말한다. “형, 우리 나라 좋은 나라지, 나는 이 노래를 부르고 있으면 왠지 우리가 훌륭한 사람이 된 거 같애----.”(107면) 윤수의 동생 은수의 말은 역설적이다. 거리의 부랑아인 그들 역시 이 땅에서 훌륭한 사람이 되고 싶었던 것이다. 그들은 국가를 부정하는 대신 국가에서 훌륭한 사람으로 남지 못한 자신을 자책할 정도로, 순진했던 것이다. 프로야구 개막식에서 노래를 부른 가수가 문유정이다. 한때 가수로서 애국가를 부른 적이 있던 문유정을 만나면서, 동생 은수에 대한 윤수의 그리움은 고조된다. 윤수는 세례받기 전, 문유정이 부르는 애국가를 들으며 동생을 떠올린다. 애국가를 부르는 자살미수자와 애국가를 애창하는 사형수, 이들을 하나로 이어주는 애국가는 그들 모두가 이 땅에 발을 딛고 같은 공기를 호흡하는 공동체임을 일깨워준다. 부단히 이 땅의 현실과 조우하려는 작가 공지영의 현실에 대한 애정을 읽을 수 있다.

### 4. 소설 쓰기와 ‘진실’ 찾기

공지영은 『우리들의 행복한 시간』에서 문유정을 통해 소설 쓰기의 의의를 다음과 같이 간접적으로 시사한다. “신문기사에는 사실은 있는데 사실을 만들어낸 사실은 없”다. “사실을 만들어낸 게 진짜 사실인데 사람들은 거기에는 관심이 없”다. 공지영은 이 사회와 세상이 간과하는 진짜 사실, 소위 '진실'에 귀 기울이려 한다. "행위는 사실일 뿐 진실은 늘 행위 이전에 들어 있"기 때문에, 작가 공지영은 몸을 낮추고 귀를 기울여 음지에 있는 진실을 찾아 나선다. 갖가지 형태로 쏟아지는 사실 앞에서 '진실'을 찾는 작업은 쉽지 않다. 작가가 뼈저리게 찾은 진실이 알고 보니 또 하나의 사실에 지나지 않을 수도 있으며, 진실을 찾기 위해 더욱 밑바닥의 수렁으로 미끌어질 수 있기 때문이다.

『우리들의 행복한 시간』에서 공지영은 그 간 자신이 찾아 헤맨 '진실'을 풀어놓고 있다. 작가 공지영이 『우리들의 행복한 시간』에서 찾아낸 진실은 '죽는다'는 것이다. 그것은 생(生)을 마감한다기보다, 반성적 삶에 대한 알레고리이다. 그것은 생(生)의 종결부로서 죽음이 아니라 현실에서 거듭 스스로 죽으면서 반성적 삶을 실현해 나가야 한다는 것이다. 그것은 용서하는 일이며, 아울러 사랑하는 일이다. 공지영은 자신이 믿는 그녀의 신이 그러했듯, 그녀 역시 죽어가는 것을 대신하여 그들의 상처를 자신의 것으로 나누어 갖는다. "위선적 부르주아의 대표"로 잘못을 빌기도 하고, "살인자의 대표선수"(100면)로서 잘못을 빌기도 한다. 우리는 작가 공지영을 그녀가 믿는 특수한 신의 특사로 단정하기보다, 이 땅에 평화를 선포하는 선량한 인간으로 보아야 한다.

공지영은 매우 인간적인 작가이다. 그것은 그녀가 인간을 이해하기 위해 부단히 노력하는 작가라는 것이다. 그녀의 소설이 쉽게 읽히는 것은 그녀가 다루는 이야기의 주제가 가볍다는 것이 아니라 그녀가 발견해 낸 진실이 바로 우리 삶의 일부이기 때문에, 독자들에게 빨리 수용된다는 것이다. 공지영은 우리의 삶과 유리되어 있는 진실이 아니라, 우리 삶의 중심부에 놓여있는 상처투성이 진실을 독자들에게 소개한다. 그러므로 공지영의 소설을 통해 우리는 상처투성인 채 간금된 우리의 진실과 조우하고 쉽게 동화되는 것이다. 작가 공지영은 진실을 찾아내는 일 못지않게 진실을 표현하는 방법에도 주의를 기울인다. 당명한 문제의 본질을 보여주기 위해 그녀가 선택한 것은 문제 그 이상도 이하도 아니다. 그녀는 자신이 찾은 진실을 보여주기 위해 상투적인 방법을 사용하거나 우회하지 않는다. 『우리들의 행복한 시간』에서 공지영은 사형수의 '일기(블루노트)'와 사형수를 이해하려는 자살미수자의 '고백'을 이 작품의 문체로 설정해 놓았다. 자살미수자의 불안하고 거친 진실이 장문(長文)의 고백체와 혼란스러운 구어체(口語體)로 구사되고 있으며, 사형수의 고통과 상처는 블루노트를 통해 간결하되 여운이 남는 문장으로 처리되고 있다.

공지영은 소설가로서 자신이 이 땅에서 해야 할 일이 무엇이며, 그리고 그 일을 어떻게 수행해 내야할 것인지 잘 알고 있다. 『우리들의 행복한 시간』은 공지영의 소명 의식이 구체적으로 드러난 수작이다. 그녀는 이 작품에서 남성과 구분되는 '여성성'이 아니라 생명을 살리는 '모성성'이 무엇인지 보여주고 있다. 그것은 삶, 살아있는 것에 대한 수용이 아니라 죽음을 비롯하여 죽어가는 것에 대한 포용이다. 공지영은 모든 죽어가는 것과 고통받는 것들이 지닌 생명의 의의와 가치를 힘주어 말한다. 그녀는 죽어가는 것을 살리려 하는 동시에, 죽어가는 일이 지닌 공평성을 독자들에게 널리 알리면서 반성적 사유의 틀을 제공한다. 궁극적으로 공지영은 이 땅의 평화를 갈구한다. 이전의 작품에서 그녀가 이 시대와 불화하고 이 시대를 고발하려했다면, 『우리들의 행복한 시간』에서 그녀는 자신의 내면은 물론 이 땅에 '평화'를 찾고 있다. 나는 이것을 '인간을 직시한 평화의 담론'이라 부르고 싶다.(2005, 가을)

# '시장'의 발견, 낮은 데로 굽어보기

— 이명랑 『나의 이복형제들』(실천문학사, 2004)

## 1. '시장'의 언어에서 '현실'의 언어로

『나의 이복형제들』은 『삼오식당』에 이어 시장 사람들의 모습을 보여주는 이명랑의 두 번째 연작 소설이다. "언어는 자신이 어떤 사람이며 어떤 계급에 속한 인물인지 그야말로 단박에 보여주는 신분증"[1)]이며 "신분제도의 앞잡이"(85면)라는 작가의 말에 따를 것 같으면, 작가 이명랑은 대표적인 시장사람이다. 그녀는 이미 『삼오식당』에서 영등포 시장 사람들의 일상을 그들의 언어로 전해 준 바 있거니와, 이 작품에서도 시장 사람들의 '시장의 언어'는 단연 돋보인다. 영등포 시장 사람들은 모두 다양한 사투리와 속어를 구사하고 있지만, 그들은 결코 특정 지역색을 드러내지 않는다. 그

1) 이명랑, 『나의 이복형제들』, 실천문학사, 2004, 35면. 이하 작품 인용은 인용문 말미에 페이지수만 기입함.

들은 충청도 · 경상도 · 전라도 등의 지역적 경계를 벗어나 있다. 그들은 특정 지역의 출신이기 앞서, '이윤 추구' 라는 동일 목적을 실현하기 위해 시장에 모여든 뜨내기 장사꾼들이다. 그러므로 그들에게 원초적인 고향은 중요하지 않다. 그들이 발부치고 있는 '시장' 이야 말로 그들에게는 새로운 고향이자 삶의 터전이다. 『삼오식당』과 비교하여 『나의 이복형제들』에서 돋보이는 '시장의 언어' 를 몇 가지 소개하면 다음과 같다.

① "익스큐즈 미. 아이 니드 어 니들. 아 원트 바이 어 니들 앤 쓰래드."(43면)

② "주민등록증으 받아야 하니까, 그래니까 안 되지요. 아이, 참! 이런 거 가지고 다니면 큰일이 나지요, 큰일이! 내가 한글 아는 거 들키면 맞아 죽지요, 맞아죽어!"(131면)

③ "치이 버언!"(266면)

①은 불법체류 중인 인도인 노동자가 자신의 구멍 난 양말을 꿰매기 위해 이 사람 저 사람에게 바늘과 실을 구하는 대목이다. ②는 한국 남자와 살기 위해 한국에 온 중국 여인이 이 땅의 주민으로 살아남기 위해, 남편의 구타를 감내해 내면서 몰래 한글을 공부하고 있는 대목이다. ③은 전신의 근육이 굳어가고, 마침내 입술 근육마저 제대로 움직여 주지 않는 중풍 환자가 텔레비전의 7번 채널을 요구하는 대목이다. 위에서 제시한 '시장의 언어' 는 '시장

의 언어'인 동시에 지금 이 땅에 있는 '낮은 자들의 언어'이다. 『나의 이복형제들』에서 작가는 '시장의 언어'만을 보여주는 것이 아니라 이 땅에 있는 '낮은 자들의 언어'를 보여주고 있다. 작가는 '시장의 언어'에서 마침내 '현실의 언어'를 발견한 것이다.

『나의 이복형제들』은 『삼오식당』에 비해 두 가지 의미있는 특징을 가지고 있다. 첫째, 작중 화자는 17살의 가출소녀이다. 가출소녀인 '영원'이의 시선은 어른의 시선도 아니고 아이의 시선도 아니다. 그것은 이 땅에 살고 있는 17살 소녀의 투명한 시선이다. 가출소녀는 '집안'의 정형화된 언어가 아니라 '집밖'의 비정형화된 언어로 이 땅의 문제를 직시한다. 그러므로 그녀가 구사하는 언어와 그녀의 눈높이(시선)은 대상의 실체를 가감없이 사실적으로 전달해준다. 둘째, 화자인 가출소녀가 주목하는 대상은 시장의 장사꾼이 아니라 지금 이 땅의 현실에서 소외된 아웃사이더들이다. 그녀는 가출한 자신의 처지와 다를바 없는 외국인 노동자들, 근육이 마비되는 불치병 환자, 난쟁이 등을 주목하고 있다.

그런 의미에서 이 작품은 '시장'을 배경으로 하되, '시장'의 범주를 훨씬 뛰어 넘어 있다. 이 작품에서 작가가 제시하는 문제는 단순히 시장의 문제가 아니라, 여느 시장을 방불케 하는 이 땅에서 고달픈 생명들이 직면한 현실의 문제이다. 작가 이명랑은 17세 소녀를 작중에 내세우되, 사춘기 소녀의 감상적인 내면 침작 혹은 케케묵은 그녀의 가족사가 아닌 이 땅에서 벌어지고 있는 첨예한 현실 문제를 포착하는데 성공하고 있다. 이 글에서는 『나의 이복형제들』에 등장하는 이 땅의 아웃사이더들을 살펴보고, '17세 가출소녀' 라는 젊은 신인 작가의 독특한 시선을 살펴보고자 한다. 그에 앞서 우선, '시장' 이라는 공간의 특수성에 주목해 보도록 하자.

### 2. '시장' 의 발견과 시장 사람들

작중 공간인 '시장' 의 성격을 알기 위해 그 곳에서 살아가는 시장 사람들의 특징을 살펴보면 다음과 같다. 첫째, 시장 사람들은 다중인격자이다. 시장에서 자라는 아이들은 그들이 처한 환경에 의해 다중 인격을 체득해 나간다. 예컨대, 『삼오식당』의 여중생 '현미' 는 무능한 아버지와 바람난 어머니 슬하에서 그 누구보다 빨리 '다중인격' 을 체득한다. 가정교사인 나는 "방금 전 어깨를 들썩이며 울던" 현미와 "이제 막 손가락 사이에 담배를 끼우고서 "폼나?" 하고 경쾌하게 묻"[2]는 현미, 두 인격의 현미를 목도한다. "현미는 이 집에서 도망가지 않고 살아남기 위해, 어른이 될 때까지만이라도 어떻게든 여기 이 까라마조프가(家)에서 버텨내기 위해 지금 담배를 꼬나물고 있는 저를 또 하나 만들어낸"(79면-삼) 것이다. 현미를 비롯한 "다중인격의 아이들은 살아남기 위해, 자기가 처한 환경 조건 안에서 어떻게든 살아남기 위해, 생존의 전략으로

2) 이명랑, 『삼오식당』, 시공사, 2002, 79면. 이하 작품 인용은 말미에 페이지수만 표기하되 '삼' 이라 명시한다.

자기 안에 여러 개의 인격을 만들어낸다"(79면-삼)

『나의 이복형제들』에서 작가는 시장 사람들의 '다중인격'을 '전기(電氣)'에 빗대어 다음과 같이 설명한다. "그렇다. 나는, 전기로 만들어진 세상(시장-인용자)에서 살고 있는 것이다. 나의 둥지에는 전기로 냉기를 유지하는 냉동창고와 전기로 따뜻해지는 전기장판이 있다. --(중략)-- 전기는 냉기와 온기 사이의 간극을 쉽게 극복한다. 이곳 사람들은 전기의 이러한 특성을 아주 높이 평가하고 있는데, 그래서인지 이들의 습성에는 어딘가 전기를 닮은 구석이 있다. 이곳에서는 모두가 피를 나눈 형제이면서 동시에 철저히 남이다."(55면) 다음에 소개하는 일화는 시장 사람들의 '온기'가 어떻게 '냉기'로 돌변하는지, '온기'와 '냉기'의 상관관계를 잘 보여준다. "어제의 형제가 차지하고 있던 자리에 오늘 새로운 사람이 나타나면 이들은 처음 얼마 간은 체면상 경계하는 태도를 보이다가도 얼마 지나지 않아 이 새로운 이방인을 형제로 받아들이는데 주저하지 않는다. 그러고 나면 과거와 마찬가지로 백반 두 상에 공기밥 하나를 주문하기 시작한다."(56면) "밥값을 천원이라도 줄일 수 있다는 이득이 이들로 하여금 새로운 이방인을 서둘러 형제로 맞아들이게"(56면)한다. 뜨내기가 나타나 간혹 이 이방인에게 시비라도 걸면 이웃의 형제들은 그것을 묵인하지 않고 그들의 형제가 당한 모욕의 몇 배를 뜨내기에게 갚아준다. 그러나 '손님'이 나타나면 그들은 다시 냉정한 이방인이 된다. 그렇다면, 앞서 보여주었던 뜨거운 형제애는 무엇이란 말인가. 장사꾼들은 "단지 주기적으로 어디에고 화풀이를 해야만 했기 때문에 뛰쳐나와 뜨내기를 향해 욕지거리를 내뱉은 것뿐"(57면)이다. '냉기'와 '온기'를 순식간에 오가는 '전기'처럼, 시장 사람들은 '형제'와 '남'을 순식간에 오고가는 다중인격자들이다. 이때 이들을 차갑거나 혹은 뜨겁게 만드는 것은 '손님', 더 정확하게 말하자면 '손님의 주머니'가 가져다주는 '이윤'이다.

『나의 이복형제들』에서 다중인격을 가장 잘 보여주는 인물이 서울상회의 '협동합시다 아저씨'이다. 시장 사람들과 한 자리에 모여 있을 때, 그는 대학시절 자신이 민주화 운동의 선봉장이었음을 거듭 강조한다. 반면 혼자 가게 방에 있을 때, 그는 이중장부(공개장부 · 비밀장부)를 만드는데 골몰한다. 외적으로 그는 외국인 노동자의 고용에 그 누구보다 앞장섰다는 공로자의 면모를 보인다. 하지만, 그 이면에는 값싼 임금으로 주야를 가리지 않고 외국인 노동자를 혹사시키는 악덕 고용주의 면모가 자리 잡고 있다. 그는 시장 사람들에게 '협동합시다', '우리는 하나다!'라고 외치지만, 정작 그것은 자신의 이윤을 극대화하기 위한 하나의 선전 구호에 지나지 않는다.

둘째, 시장 사람들은 삶의 방식에는 아랑곳 하지 않고 개인의 이윤 추구에만 골몰한다. 『나의 이복형제들』에서 시장 사람들은 "장사에 필요치 않은 것은 컵 하나라도 들여놓"지 않는다. "더 많은 과일상자들을 부려놓을 수 있는 공간을 확보하는 것, 그것이 바로 이 낡은 건물들이 이행해야 할 유일한 의무"(40면)이다. "이곳 사람들은 제 점포를 안락하게 꾸미거나 깨끗하게 유지하려는 노력 같은 것은 하지도 않는다. 이익과는 상관없이 오로지 자기 자신만의 정신적 만족을 위해 가게를 청소하고 꽃을 가져다놓거나 무언가를 사다 벽에 거는 행위를 하는 것, 이곳 사람들은 그런 짓거리를 이렇게 부른다. "돈지랄이여."(39면) 시장 사람들은 "기업을 하든 장사를 하든, 저희들이나 우리나 어차피 남의 주머니에 들어 있는 돈 털어내서 먹고 사는 장사꾼"(157면-삼)이라는 사실을 냉정하게 직시한다.

셋째, 시장 사람들은 '날것' 혹은 '자연(自然)'과는 거리가 먼 도시인이다. 시장 사람들은 소상인 중개업자이다. 그들은 자신이 만들거나 재배한 것을 파는 1차 생산자가 아니다. 그들은 누군가 만든 것을 구입한 후에 그것을 다시 높은 가격으로 판다. 그러므로 그들은 시장에 나온 '생산물'보다, 시장에 나온 '사람들'에 대해 더 많은 흥미와 관심을 가지고 있다. 바꾸어 말하자면, 시장 사람들은 생산과 같은 자연물을 다루는 일보다 사람을 상대하는 가공적인 일에 길들여져 있다. 그들은 "진짜로 살아 있는 것, 길들여지지 않고 자연 그대로 인것, 마지막까지도 날개를 푸드득거리는 것, 살아보겠다는 의지를 끝내 놓지 않는 것은 단 한 번도 가까이 해본적이 없"(59면)다. 『나의 이복형제들』에서 영원이 역시 "하룻밤 푹신한 침대에서의 잠자리를 위해 입에서 군내가 나는 낯선 아저씨를 따라 여관엔 들어갈 수 있어도 까치는 만질 수 없다." 그런 의미에서 그들은 "한심한 도시인"(59면)이다.

작중 시장 사람들이 '다중인격자' 이며, '이윤' 을 챙기는 데만 급급하며, '한심한 도시인' 의 면모를 가지고 있음에도 그들이 밉지 않은 이유는 무엇인가. 그것은 다른 사람들에게 좀처럼 찾아볼 수 없는 '생의 활력' 을 그들이 갖고 있기 때문이다. 시장 사람들에게 '생의 활력' 은 '내일' 에 대한 신념에서 온다. '협동합시다 아저씨' 는 17살의 영원이에게 검정고시를 권한다. "지금이 다가 아니다. 오늘만 있고 내일은 없을 것 같어?" 이것은 영원이를 비롯하여 '협동합시다 아저씨' , 시장 사람들 모두의 가슴 속에 깃들여 있는 '생의 활력' 이다. 이러한 '내일' 을 작가 이명랑은 다음과 같이 묘사한다. "인적이 뜸한 산을 골라 불을 지르고 텃밭을 만들고 거름 대신 자신이 흘린 땀방울을 그득그득 부어주고 그 텃밭에 씨를 뿌리고 나서, 아무 데나, 어디 그늘이 진 나무 밑에 등을 기대고 앉아 바라보고 싶은 거다. 그 텃밭에서 어떤 꽃이 피어날지, 그 꽃이 무슨 색깔의 잎을 가지고 있을지, 천천히, 서두르지 않고 지켜보고 싶은 것이다. 설령 그 텃밭에서 싹이 돋아나지 않더라도 상관없다. 그저 그늘에 앉아 바라볼 수 있는 텃밭이 있고 그 땅 밑에서 아무거라도 꿈틀거리고 있다고 생각할 수만 있다면 그걸로 충분하다." (269면) 시장 사람들이 간직한 '내일' 은 생명을 가꾸는 텃밭을 간직하는 일과 다르지 않다.

시장 사람들이 비록 다중인격자이고 이윤추구에만 급급하며 한심한 도시인의 모습을 보이고 있더라도 그들은 '내일' 이라는 '미래' 를 가꾸고 설계해 나가는 사람들이기 때문에, 우리는 그들을 미워할 수 없다. 비록 시장의 아이들이 그 누구보다 빨리 '생활'을 발견하더라도 그것을 탓할 수 없다. 어차피 생활을 발견하고 일구어 나가야 하는 것이 인간의 몫이라면, 시장의 아이들은 그것을 조금 빨리 인식하게 된 것일 뿐이다. 우리는 시장 사람들의 위선과 위악 그리고 냉소와 조롱으로 말미암아 눈살을 찌푸리지만, 실상 그들이 발견해 내고 가꾸어나가는 생활을 통해 '미래'가 존재한다는 것을 알기 때문에 우리는 유쾌한 마음으로 그들을 바라볼 수 있다. 그들은 그 어느 누구보다 '생활'과 가까운 자리에 있다. 생활과 가장 가까운 그 자리가 바로 '시장'이다. 신세대 작가 이명랑은 문명이 산재해 있는 서울 바닥에서 '백화점'이 아니라 '시장'을 주목하고, 그 곳에서 '생활'이라는 값진 열매를 수확해 내고 있다.

### 3. 가출 소녀와 그녀의 이복형제들

『나의 이복형제들』에서 이명랑은 시장 사람들 중 매우 힘겹게 '내일'을 가꾸고 있는 사람들을 주목한다. 그녀는 그들에게 '빅 앤 화이트 하우스'가 있는 쾌적한 '내일'을 만들어주려 한다. 가출 소녀인 영원은 서울상회에서 일한다. '협동합시다 아저씨'는 가출 소녀인 나를 고용했다. 그녀는 낮이면 과일을 파는 '서울상회(가게)'에서 일하며, 밤이면 지하창고에 가서 잔다. 그녀가 시장에서 목도하는 이 땅의 아웃사이더들은 인도의 깜뎅이, 근육이 굳어가는 불구자 춘미언니, 중국 머저리, 난쟁이 왕눈이 등이다. 영원이는 이러한 아웃사이더들에게 자신의 시 · 공간을 나누어준다. 그녀는 인도의 깜뎅이와 그녀의 둥지를 공유한다. 인도 깜뎅이는 영원이와 함께 창고에서 잔다. 인도 깜뎅이는 불법 체류자이다. 시장 사람들은 그의 '불법 체류' 를 악용하여 그에게 과다한 노동을 강요한다. 그는 주야를 가리지 않고 노동하며, 시장 사람들의 놀림감이 된다. 영원이는 그에게 '빅 앤 화이트 하우스' 라는 '내일' 의 꿈을 심어준다.

이외, 그녀는 중풍을 앓는 춘미언니와 가게 방을 공유한다. 저녁의 불청객인 춘미언니는 가게 방에 들어와 텔레비전을 독점하고, 그녀는 마음대로 놀릴 수 없는 춘미언니의 손을 대신하여 리모콘을 눌러준다. 저녁의 불청객 이외에도, 영원이에게는 대낮의 불청객이 있다. 중국인 머저리는 수시로 가게에 드나든다. 중국인 머저리는 얼굴 한 번 본 적 없었던 한국 남자와 중국에서 결혼하고 한국으로 왔다. 한국에 와서 보니, 머저리의 남편에게는 다른 여자가 있었다. 지금 그녀는 장미다방에서 커피도 팔고 몸도 판다. 그녀는 주민등록증을 발급받을 날만을 손 꼽아 기다린다. 영원이는 그녀의 한글 공부를 도와 선생 노릇을 한다. 남편은 머저리의 머리에 '엉뚱한 생각' 을 집어넣지 말라고 윽박지르지만, 영원이는 머저리의 '내일' 을 위해 틈틈이 한글과 숫자를 가르치고 그녀의 돈을 은행에 저축해 준다. 영원이는 중국 머저리에게 '내일' 에 대한 꿈을 심어주고 그것을 키워나간다.

이외 틈틈이 나타나 그녀를 못살게 구는 또 하나의 불청객이 있다. 그는 호시탐탐 영원이의 작은 몸을 넘본다. 왕눈이는 마흔을 넘은 중년이지만, 그의 키는 6살배기 남자 아이정도이다. 그는 자신의 왜소한 몸을 보호할 요량으로 자신의 몸보다 큰 진돗개를 데리고 다닌다. 그는 중국 머저리의 몸을 호시탐탐 노리는가 하면, 영원이에게도 눈독을 들인다. 한 밤중, 그는 영원이가 자는 지하창고 문을 열기 위해 창고 문에서 서성거린다. 그러나 막상 영원이가 그를 데리고 냉동 창고에 가서 직접 옷을 벗어 보이면, 그는 오줌을 지린다. 그는 "몸짓 좋은 진돗개의 호위 없이 키 큰 정상인들과 눈을 맞추는 일"(203면)도 버거운, 단지 왜소하고 무력한 난쟁이일 뿐이다. 그는 단지 "누구를 물어뜯지 않고서는 잠시도 견딜 수 없을 만큼 제 자신이 가여운"(189면) 처지이기 때문에, 약자들에게 더욱 극악하게 으르렁거리는 것이다. 그는 평생 자신을 수호해 온 개의 털로 말미암아, 병원에서 사형선고를 받는다. 자신의 수호자마저 잃어버린 난쟁이에게, 영원이는 '나는 디지몬 한 마리'가 그려진 담요를 준다. 영원이는 난쟁이의 잃어버리는 날개를 대신할 수 있는 모조 날개를 준 것이다.

17살의 가출 소녀 영원은 이러한 아웃사이더들을 '이복형제들'이라고 넓게 포용한다. 비록 각자 어머니는 다르더라도, 동일한 아버지를 둔 형제라는 것이다. 좀 더 구체적으로 말하자면, 개별자의 출신(모양)과 성격이 다를지라도 그들은 모두 같은 하늘 아래 동일한 현실의 무게를 감내해 나가야하는 상처받은 이웃이라는 것이다. 17살의 나이에 걸맞지 않은 영원이의 넓은 포용력은 어디에서 연유한 것인가. 영원이의 포용력은 집을 떠나기 전 그녀의 행적에서 그 유래를 찾을 수 있다. 그녀는 무녀의 딸로서 만신이 될 운명이었다. 그녀는 내림굿을 받고 있었다. 그 부분을 인용하면 다음과 같다.

> 손이 한 번 허공으로 들려질 때마다, 발이 한 번 땅을 박차고 올라설 때마다, 내 몸이 가벼워졌다. 나는 아무것도 걸치지 않은 맨몸, 속박 없는 몸, 꿈 없는 몸이 되었다. 나의 얼굴에는 기쁨과 자유가 넘쳤다. 기꺼운 마음으로 일월다리 앞에 꿇어앉았다. 이제 내 마음은 복종할 기쁨으로 가득 차 있었다. 어머니가 물었다.
>
> "너는 무엇이 되려느냐?"
>
> "나라 만신이 되겠습니다."
>
> "나라 만신이 되어 어떻게 하려느냐?"
>
> "억울한 사람, 고통받는 사람, 답답한 사람을 위해서 살겠습니다."(248면)

그녀는 이제 사람들을 보지만, "사람들의 얼굴은 보이지 않고 얼굴을 뒤덮고 있는 인간의 살점 대신" "그들 생(生)을 뒤덮고 있는 운명의 무늬들"을 보기 시작한다. 그것은 "하나같이 일그러지고 추한 무늬들. 침이 질질 흐르는 혀를 입 밖으로 쭉 내어 밀고 있는 것, 흰자위가 드러난 눈알을 희번덕거리고 있는 것---"(249면)이다. 비록 아버지의 방해로 무녀가 되지 않았다하더라도, 그녀의 내면을 감도는 열기는 그녀로 하여금 "남들처럼 살아보려고 해도 평범하게도 살 수 없는"(250면) 운명을 만들어 놓는다. 그것은 어쩌면 만신의 삶보다 더 고달픈 삶인지 모른다. 신의 중개자가 되어 신의 뜻에 따라 공수를 하고 굿을 하는 무녀와 달리, 그녀는 이제 홀로 '신'과 '중개자' 역할을 모두 감당해 내야 하기 때문이다.

그녀는 신의 뜻을 전달하는 수동적인 심부름꾼(messenger)이 아니라, 그녀 스스로 이 땅의 아웃사이더들을 찾아내고 그들을 치유해내는 적극적인 창조자(creator)가 된다. 아버지는 영원이가 '신의 여자'가 아니라 '자신(自身)의 의지' 대로 살아가는 창조자가 되기를 바랐던 것이다. 비록, 영원이의 아버지는 죽었지만 아버지가 남긴 '플라스틱 카메라'는 아버지의 분신으로 남아있다. 가출한 영원이는 아버지의 뜻에 따라 '자신의 의지' 대로 살아나간다. 그녀는 '플라스틱 카메라'를 가지고 사물의 외형을 찍는 것이 아니라, 이 땅에 살고 있는 아웃사이더의 내면을 찍어낸다. 영원이의 '쓰기' 노트는 영원이의 행적과 플라스틱 카메라의 진정한 용도가 무엇이었는지 증명해 준다. 영원이는 자신의 주변에 찾아오는 불청객들에게 '카메라 렌즈'를 고정시키고 그들의 내면에 깃들어 있는 상처를 종이에 옮겨적었던 것이다. 가출 소녀 영원이가 '외국인 노동자' · '근육이 굳어가는 불구자 춘미 언니' · '난쟁이 왕눈이' 등을 모두 자신의 이복형제로 포용하고 형제애를 발휘한 것도 모두 여기에서 말미암은 것이다. 작품 말미에 이르면, 영원이는 아웃사이더들과 더불어 영등포 시장을 떠난다. 이 땅의 아웃사이더들이 '내일'을 만들고 있는지, 아니면 아직도 '내일'을 향한 꿈만 꾸고 있는지 그들의 귀추가 궁금하다.

### 4. '시장의 언어'가 거둔 성과

젊은 신세대 작가가 현실을 바라보는 눈이 예사롭지 않다. 이명랑의 언어는 '머리'에서 나온 것이 아니라 '체험'에서 나왔다. 그렇기 때문에, 더 신선하고 흥미를 배가시킨다. 그녀의 언어는 '현실'을 토대로 하되, 아울러 적절한 '상징'을 내장하고 있다. '시장의 언어'는 누구나 쉽게 이해할 수 있는 일상어이지만 작가가 그 안에 적절한 상징을 숨겨 놓았으므로, 독자들은 어휘를 되새기며 꼼꼼하게 읽게 된다. 그러나 개별 문장의 작은 단락에서 넘쳐나는 어휘의 상징으로 말미암아, 그 단락을 포함하고 있는 장의 주제가 흐려지지 않도록 유의해야 할 것이다. 다양한 이야기를 성급하게 하려들면, 각 어휘의 상징이 전체 글이 내포하는 상징과 뒤섞여 제 빛을 발하지 못할 수 있다. 그렇다손 치더라도, 『나의 이복형제들』에서 이명랑이 만들어낸 '시장의 언어'는 주목할 만한 성과를 거두고 있다. 작가는 우리들에게 살아있는 '시장'의 진모를 그대로 보여주고 있다.

자세히 살펴보면, 그 '시장'은 '영등포'에만 있는 것이 아니다.

그것은 우리가 살고 있는 도심에도 존재하고 있다. 아니, 우리들이 아둥바둥 살아가는 현실이 실상 하나의 거대한 '시장'이다. 이명랑이 제시하는 시장은 비록 위선과 위악으로 가득 차 있을망정 '생의 활기', '내일'에 대한 꿈으로 가득 차 있다. 『삼오식당』에서 삼오식당 아줌마가 아픈 다리를 절뚝거리면서 간직해 온 '내일'은 그녀의 세 딸과 손주들이다. 봉투 아줌마가 좁은 평상에서 쪼그리고 봉투를 접는 것도 가족의 '내일'을 키워나가기 위한 것이다. 억척 어머니들이 시장에서 불굴의 의지로 가꾸었던 내일은 '자신의 가정과 자녀들'이었다. 그러나 『나의 이복형제들』에 이르면 시장 사람들이 추구하는 '내일'은 우리 가족만의 것이 아니다. 그것은 인도 깜뎅이, 중국인 머저리를 위한 내일이다. 그리고 온전히 앉아서 죽음만을 기다려야 하는 불구자들, 근육마비의 춘미언니 · 난쟁이 왕눈이의 내일이다. '나와 우리 가족의 내일'이 아니라 '우리 모두의 내일'을 보여주기 위해, 이명랑은 '17세의 가출 소녀'를 작중 화자로 등장시킨 것이다. 작가 이명랑의 시선은 자신의 내부로 향한 것이 아니라 외부로 열려 있다. 그 시선은 높은 곳이 아니라 자신보다 낮은 곳을 향해 있다. 만만치 않은 신예 작가의 후속 작이 기대된다.(2004, 가을)

# 분단상황의 대물림과 그 파장

— 김시일 『불과 소금의 노래』(살림터, 2003)

## 1. 분단 상황에 대한 환기

김시일의 『불과 소금의 노래』를 읽고, 마음이 짓눌렸다. 몸 담고 있는 동시대의 감수성에 길들여져 있는 나에게 작가는 내가 경험한 범주 이상의 것을 보여주었다. 오늘의 잣대로 이전 세대가 짊어진 '과거의 그늘'을 얼마나 깊이 있게 읽어 내고, 현실로 소환해 낼 수 있을 것인가. 그것은 작가의 고민이기도 하면서, 작가와 동일한 길을 걷고 있는 평론가의 몫이기도 하다. 작가와 필자간 경험의 낙차는 문학이라는 범주 속에서 균질화 된다. 30대의 감수성으로 중년 작가의 웅숭깊은 삶의 기복을 속속들이 이해하는 것은 힘들지만, '문학'이라는 범주 속에서 우리는 동일한 감수성을 공유하면서 하나로 어우러질 수 있으며 아울러 문학적 경험 속에서 나는 작가의 작품을 언급할 수 있으리라 본다.

최근 작가들은 그들의 소설에서 당대 삶의 다양한 편린을 보여주거나, 과거 역사를 환타지로 가공해 낸다. 그들은 자신을 둘러싼 지금 이 곳의 삶에 자조와 냉소를 보내거나, 그렇지 않으면 지금 이곳과 거리가 먼 환타지 세계를 그려낸다. 반면, 김시일은 지금 이곳의 삶을 보여주되, 지금 이곳이 안고 있는 갈등의 근원을 역사적으로 소급해 나간다. 그것은 오늘 이 자리에서 비롯된 것이 아니라, 과거 특정 사건으로부터 파생되었던 것이다. 김시일의 소설에서 시공을 초월하여 이 땅을 잠식하고 있는 유효한 문제거리는 한국전쟁을 비롯한 분단의 고착화이다. 예컨대, 「월장」에서 종손(宗孫)인 나는 한국전쟁에서 파생된 윗 세대 간의 갈등을 다음 세대들의 유산으로 여전히 짊어지고 있다. 「끈의 기억」에서 사내는 외아들의 정신병을 고치기 위해 찾아간 기도원에서 한국전쟁 당시 사내가 죽인 소작인(덕보)의 여동생을 만난다. 사내는 아버지(지주)를 죽인 소작인을 자신의 손으로 죽였고, 그것을 지켜본 여동생은 정신을 잃고 훗날 신병을 앓는다. 김시일은 오랜 시간이 흐른 후일지라도 지주의 아들(사내)이 소작인의 여동생(덕례)과 조우하게끔 만들고, 과거의 상흔을 드러내고 화해하도록 만든다. 김시일은 분단조국에 대한 의식을 쉽게 떨쳐버리지 못한다. 심지어, 「변주」에서는 이란성 쌍둥이의 갈등을 '분단조국'과 동일한 관점에서 바라본다. 단편 분량의 짧은 글에서 작가는 이란성 쌍둥이 남매의 정서적 간극을 '분단조국'의 문제와 동일시한 결과, 작가의 의도가 여과 없이 노출되는 작위성을 보여주기도 한다.

반면, 「끈과 지퍼」에서 김시일은 군부대에서 벌어진 사건을 통해 분단상황을 또다른 시각으로 조망하고 있다. 한국전쟁 이후, 우리나라에서 '병역의 의무'는 복합적인 국민 정서를 자아낸다. 그것은 '국방의 의무'로서 이 땅의 남자들이 반드시 수행해야 할 의무이면서, 동시에 청춘의 한 때를 송두리째 상납해야 하는 고질적인 짐이기도 하다. 한국전쟁 이후 '분단 상황'으로 말미암아, 이 땅의 젊은이들에게 '병역'은 국가안보는 물론 길들여지지 않은 청춘을 성숙시키는 통과의례로 받아들여져 왔으나, 근래에 이르러 '병역'은 파행적 인간 질서를 불러일으키는 문제의 발단으로 부각된다. '입대'를 피하기 위해 비리가 생기는가 하면, 군복무 중에도 내부의 문제가 산발적으로 드러난다. 김시일은 「끈과 지퍼」에서 군대 안에서 벌어지고 있는 문제를 폭로하고 있다. 그는 '국방(國防)'의 명목으로 압제당하고 있는 개인의 '자유(自由)'를 시사한다. 작중에서 강종도는 훈련 도중 구타를 당한데다가 서둘러 의무대에도 못 가고 응급치료조차 받지 못한다. 같은 통합병원에 있던 최상병은 정신병동에서 의병사 제대한다. 김시일은 군대에서 개인이 자아를 상실하고 육신을 상실하는 과정을 보여준다.

이 문제는 현재형 문제라기보다, 궁극적으로 분단상황이 초래한 과거 진행형의 문제이다. 한국전쟁과 분단이래, 전제적인 질서가 초래한 파행의 일면을 보여준다. 이념의 양극화와 더불어 1950년 한국전쟁이 발발하자, 남과 북 어디에서건 힘쓸 수 있는 한반도의 젊은이들은 전쟁의 노예가 되어야 했다. 그것은 소속한 집단의 존속을 위한 것이라기보다 자신의 생존을 위한 필수불가결한 선택이었다. 참혹한 '전쟁'을 겪으면서, '병역(兵役)'은 전후(戰後) 전재민(戰災民)들에게 또 하나의 생존 방식으로 자리잡는다. 한국전쟁이 종식되자 정부는 '국군의 날'[1] 등을 제정하여, 국민들에게 분단상황을 각인시키고 자주적 안보를 강조한다. 병역은 국가의 안보(安保)이기 이전에, 국민 개개인의 안녕과 직결되었다. 반공이데올로기, 연좌제를 비롯한 다양한 정치적 규제는 '국가안보' 및 '개인의 안보'와 동일시 되었다. 휴전선으로 남과 북이 총대를 겨누고 있는 분단 현실에서, '병역(兵役)'은 여전히 성역(聖域)으로 자리잡고 있다. 우리는 과거와 마찬가지로 지금도 '분단상황'에 있다. 문제는 병역(兵役)이라는 '제도'가 아니라 점차 깊어가는 '분단의 골'이다. 분단상황이 장기적으로 고착화됨에 따라 병영(兵營)내에서 발발하는 문제들을 개선해야 하겠지만, 왜 우리가 병역(兵役)의 의무를 감당해야만 했는지 재고해 보아야 할 것이다. 분단이 과거 진행형의 형태로 오늘날까지 우리 삶을 옥죄고 있다면, 남북 간의 동일 민족이라는 정체성은 대과거 진행형의 형태로 오늘날까지 우리 삶에 잔류해 있음을 잊지 말아야 할 것이다. 우리는 무엇보다도 동일 민족의 정체성을 회복해 나가야 한다. 국방, 병역, 민족주의 등 제반의 사안은 모두 분단상황 극복의 노정에 놓인 우리의 과업이다.

1) '국군의 날'은 한국전쟁 중 국군 제3사단 23연대가 강원도 동해안 양양지역에서 최초로 38선을 넘어 북진한 10월 1일로 정한 것이다. '국군의 날'은 현충일 등과 더불어 1956년에 제정되었다.

## 2. '서정(抒情)' 과 '체념(諦念)' 의 경계

김시일 소설에 나타난 서정성은 독특하다. 작중에서 서정성은 '노숙자', '귀환불능점', '폐선' 의 이미지를 띠고 작품을 무겁게 가라앉히고 있다. 작품집에서 서정성이 매우 두드러진 작품으로 「안경닦기」와 「불과 소금의 노래」를 들 수 있다. 「안경닦기」에서 작가는 '노숙자', '부랑자', '천사' 등 도심의 밑바닥 인생을 보여준다. 작중에서 나는 명퇴후 퇴직금을 모두 날리고, 노숙자가 된 바 있다. 나는 노숙자로서 함께 동거동락한 '배낭고래' 를 잊지 못한다. 나는 지하철역 일대와 지리산까지 그를 찾아 가지만, 못 찾고 서울로 돌아온다. 서울역에 이르러서야 나는 그의 주검을 마주한다. 그렇다면, 내가 그토록 애타게 찾는 '배낭고래' 란 어떤 인물인가. '배낭고래' 는 단편 「안경닦기」의 중심인물일 뿐 아니라, 작품집 『불과 소금의 노래』에서 작가의 의지가 반영된 인물이기 때문에 유심히 살펴볼 필요가 있다.

'배낭고래' 는 '별이 흐르는 밤' 을 비롯한 고흐의 화집을 배낭에 가지고 있으며, 언젠가는 지리산에서 약초를 케 내어 새 삶을 도모하려 한다. 그는 눈에 보이는 것보다 눈에 보이지 않는 것, 눈에 보이더라도 희미하게 보여서 사람들이 잊고 지내는 것에 관심을 갖는다. 그의 눈에는 지구상의 모든 사람들이 노숙자와 다를 바 없어

보인다. 그렇다고 해서 그가 놀고 먹는 것은 아니다. 아침을 먹고 나면, 그는 허드렛일을 하여 돈을 모으고, 그 돈으로 소주를 사서, 노숙자들의 '지하도'를 잠시나마 '밤의 궁전'으로 만들어 준다. 가진 것은 없지만, 그는 불의를 참지 못하는 정의파이다. 서울역 부랑자가 '천사'를 농락하자, 여지없이 그에게 일격을 가한다. 이러한 정황으로 미루어 보면, 지하도의 '배낭고래'는 로맨티스트이다. 의협심이 강한 로맨티시트가 삭막한 도심의 한복판에서 살아간다는 것은 무척 힘든 일이다. '배낭고래'의 죽음은 이미 예견된 일이다. "안경을 닦으면 세상이 잘 보이나? 적당히 흐릿하게 보이는 게 편할 텐데---- 이런 때에 잘 안 닦인다고 너무 세게 닦다가 렌즈를 깰 수도 있잖어?"(33면)라고 배낭고래가 나에게 한 말은, 실상 그 자신에게 해당하는 것이었다. 작가가 '배낭고래'를 작품의 중심인물로 내세운 것은, 우리들이 일상에서 놓치고 있는 '서정성'을 '배낭고래'를 통해 현실로 소환해 내고 보여주려 한 때문이다. 김시일은 삭막한 도심의 한 가운데 기계화되고 있는 우리의 정서 속에 '서정성'을 환기시키고 있다.

'서정성'은 「불과 소금의 노래」에서 더욱 구체적으로 드러난다. 바닷가 선창에서 선술집을 지키는 노인과 염전에서 일하는 사내가 있다. 눈발이 휘날리는 날, 그곳을 지나치는 여자는 두 사람에게 다양한 감정을 불러일으킨다. 노인은 집떠난 딸을 생각하고, 사내는 자신을 기다리다 혼기를 놓쳐버린 여자를 생각한다. 바닷가 인근에는 '대설경보'로 모든 사람의 발이 묶이고, 특히 사내의 내면에도 이에 필적할 만한 '대설경보' 가 기다리고 있다. 그는 날이 새면, 염전의 사장과 임금협상을 해야한다. 협상이 결렬된다면, 그는 파업을 강행해야 할지 모른다. 그날 밤, 사내는 여자와 몸을 섞는다. 그러나 그것은 단지, "눈석임"에 지나지 않는다. 그것은 사내의 내면에 '쌓인 눈이 속으로 녹아 스러지' 는 것에 지나지 않는다. 작중 사내는 눈을 '막을 수' 도 없으며, '피할 수' 도 없다. 그런 의미에서 김시일이 보여주는 서정성의 독특함은 그의 체념에서 온 것임을 짐작할 수 있다. 이에 대해 황정산은 '소금이 되어 세상을 지키고 변치 않으리라는 생각은 눈석임처럼 속으로 녹아 내리는 허망한 것이 되어 버린다' [2] 고 지적한 바 있다.

황정산의 지적에서 우리는 한 가지 더 짚고 넘어가야 한다. 김시일이 보여주는 '체념' 은 주인공이 '자신의 의지' 를 버린 데서 온 것이 아니라는 것이다. 작중 주인공의 의지는 변함없이 그대로인 반면, 그 의지를 실현할 수 있는 상황과 조건은 날로 악화된다. 공격적인 현실에 노출된 인물은 그것에 맞서긴 하지만 '막을 수' 도 없으며, '피할 수' 도 없다. 연대할 수 있는 공동체가 부재한 가운데, 작중 인물들은 홀로 혹독한 현실의 공격을 감내해 낼 뿐이다. 그러므로 작중 주인공의 '체념' 은 부재한 동지, 악화일로에 놓인 조건과 상황에 대한 체념이다. 체념을 동반한 서정정이 작중 '상황(사건)' 에서 기인한 것이긴 하지만, 이 밖에 다수의 작품에서는 글쓰는 작가의 중심 정서로 자리잡고 있다. 이러한 독특한 서정성

2) 황정산, 「사라져 가는 것들의 아름다움」, 『불과 소금의 노래』, 살림터, 2004, 292면.

은 내면을 탐색하는 자조적 인물의 정서 변화를 포착하는 데는 적절하지만, 그 인물이 외부 세계로 나아가는 데는 걸림돌이 된다.

「꽃게와 폐선」에서 나는 가세가 기울고, 학업을 지속할 수 없다. 게다가 건강도 악화되어 삶의 기운을 잃었다. 친구의 도움으로 꽃게 어장의 감독일을 하지만, 자신에 대한 자괴감으로 인해 점점 더 무력해 진다. 나는 어장에 있는 '폐선' 을 자신의 처지와 동일시한다. 급기야 나는 '폐선' 을 불질러 자괴감을 없애보려고 한다. 나는 지난(持難)한 내면 탐색의 시간을 가진다. "정말 불태워 버리는 게 내 삶의 극복은 아닐 것이다. 또 나의 거울에 비쳐진 모습을 영영 볼 수 없게 될는지 모른다. 그것은 나에 대한 함몰이자 영원한 위선이고 마는 걸까. --(중략)-- 어쩌면 거울의 사라짐으로 인하여 나는 완전히 삶의 현장에서 패배해 버릴는지 모른다. 자신에 대해서 더욱 초라해짐을 느낄 수 있었다."(181면) 자괴감과 망설임 속에서, 나는 폐유통을 폐선에 붓는 대신 꽃게 어장이 있는 바닷가에 붓고 만다. 지난(持難)한 나의 갈등은 결국 어장에 있는 꽃게의 죽음을 초래한다. 자신의 비루한 자화상과 맞대면하려는 작가의 열기는 뜨거운 것이나, 너무 오랫동안 자화상을 그리는 일에만 빠져 있어서는 안된다. 문학, 적어도 소설은 개인의 '자화상' 보다는 이 땅의 '풍경화' 를 그리는데 적합한 장르이다. 개인의 서정에 함몰되기보다, 동시대 공동체의 정서를 담아내고 견인할 수 있는 굵은 필치가 요구되는 것이 소설이다.

「귀환불능점」의 경우, 체념적인 서정성이 작품의 주제를 희석시키고 있다. IMF 당시, 주인공은 실직하고 많은 것을 잃는다. 사랑하는 여자의 부모에게 인사하려던 계획은 물론, 사랑하는 여자의 뱃속에 든 생명마저 잃어버린다. 구직이 어려워지는 가운데, 주인공은 전화, 신문, 컴퓨터 통신을 비롯하여 외부(사회)와 소통할 수 있는 접선을 잃어버린다. 그는 자신의 현 상황을 '귀환불능점(Point Of No Return)' 으로 여긴다. 귀환불능점은 "항공기가 활주로에서 가속받아 이륙해야 되는데 그렇잖으면 지금까지 받은 힘 때문에 어쩔 수 없이 사고를 낼 수밖에 없는 지점"(95면)을 두고 이른 말이다. "성공적인 비행을 위해서는 무사히 통과해야 되는 포인트"(95점)이지만, 그는 그 포인트에서 비행은커녕 제대로 일어설 수조차 없다. 그는 도심을 떠도는 비둘기의 근거리 비행을 시민의 속물근성으로 폄하하지만, 정작 자신에게는 현실적인 어떠한 비행 능력도 없다. 이 작품에서 '서정성' 은 오히려 작품을 무겁게 가라앉히고, '소시민의 실직' 으로 주제를 단순화시킨다. 김시일의 소설에서 체념을 동반한 서정성은 작중 인물이 자신의 내면 세계로 침잠할 우려가 있다. 내면을 달구는 '불' 과 내면을 저려놓은 '소금' 은 외부로 표출되어야 제 기능을 다할 수 있다. 내면에 고여 있는 불과 소금은 서정성의 과잉을 초래하고, 외부 세계와의 소통을 차단할 수 있다.

### 3. 우리 삶에 물을 대는 일

작품집 『불과 물의 노래』가 보여주듯, 작가가 본 현실은 '바다'이다. 그 곳은 잔잔한 물결이 넘실대는 고요의 바다가 아니라, 거친 풍랑이 불같이 이는 격랑의 바다이다. 작가 김시일은 바람잘 날 없는 바다 속의 '고래'이다. 그가 바라본 세상은 항시, 격랑 속에 뒤덮혀 있다. 그가 본 세상은 '불'이었으며, 그 자신은 항시 '소금'이 되어야 했다. 어쩌면 그것은 김시일뿐 아니라, 그와 동시대를 살았던 세대들의 공통적인 상흔인지 모른다. 당부하건대, 이제 '바다'를 통해 '불'과 '소금'만을 볼 것이 아니라, '물'을 볼 수 있기를 바란다. 바다에는 불과 소금 이외, 아주 많은 양의 '물'이 있다. 그 물은 단순히 바닷속에만 머무르는 것이 아니라, 하늘로 올라가기도 하고, 다시 바다와 바다 아닌 곳으로 떨어지기도 한다. 물은 단지 몸을 바꿀 뿐, 한 곳에 고여있는 것이 아니라 여러 곳을 순환하면서 이 땅의 변화를 주도한다. 그 변화는 '순환'이고, '정화'이며, '질서'이기도 하다. 작가 김시일이 자신의 소설에서 물을 찾아 질박한 '물의 노래'를 불러 주기를 바란다. 도심에 찌들고 자괴감에 상처입은 우리들은 이제 물을 찾아 헤매야 할 것이다. 우리 몸의 목마름을 채워주고, 우리 정서의 말랑말랑한 유로(流路)를 찾아내야 할 것이다. 우리 삶에 물을 댈 수 있도록, 작가의 유연한 현실 감각을 기대해 본다.(2005. 봄)

# 삶의 패턴으로서 '가족'과 우리 시대 '집 지키기'

— 김원일 『가족』 1 · 2(문이당, 2000)

## 1. 집과 가족

태초 인간들에게 세계는 바로 '집'이다. 세계와 집 사이의 경계가 없었던 그 집을 우리는 '낙원'이라 부른다. 낙원을 상실한 인간은 울타리와 벽을 통해 세계와 그들 사이의 '경계'를 만들기 시작했으며, 집과 세계의 끊임없는 길항이 그들 사이의 깊은 심연(深淵), '길'을 만든다. 집과 세계의 경계에 가로 놓인 무수한 길은 삶을 끝없는 '여정'으로 만든다. 여정은 탐색의 형식이라기보다 상실을 전제하고 있다. 상실의 시대에 부재하는 낙원의 꿈을 간직한 집, 그것은 바다 속 거친 풍랑을 피할 수 있는 요나의 고래 뱃속과 같은 의미를 지난다. 격랑을 피하기 위한 장치(집)로서 고래의 뱃속이 필요했으나, 인간은 고래 뱃속에서 서식할 수 없으며 그들은 필연적으로 세계 밖으로 나아가야 했다. 소용돌이치는 고해(苦海)

의 세계(밖)와 대조적인 내밀한 집(안), 양자는 인간의 삶을 역동적인 형태로 바꾸어 놓는다. '집' 과 '세계' 간에 놓여있는 존재가 인간이다.

바슐라르의 말을 원용하면, 非我(non-moi)라고 말하는 것과 같은 식으로 이 세계는 非家(non-maison)이다. 어머니의 뱃속에서 막 빠져나온 인간들은 집을 제 2의 자궁으로 삼아 그 곳에서 행복의 배아(胚芽)를 심는다. 이때 집을 존속하고 키워나가는 존재를 일컬어 특별히 가족이라 명명한다. 집에 대한 이야기는 곧 가족에 대한 이야기며, 가족은 이 세계에서 집을 지키기 위해 다양한 역경을 감내해 낸다. 가족 서사는 이러한 가족들의 '집 지키기' 로 요약할 수 있다. 가족들은 '수직적(垂直的) 외향성' 과 '응집적(凝集的) 내향성' 을 통해 각각 집을 확장시키고 정서적 결속력을 공고히 한다. 척박한 이 세계에서 살아나가기 위해 '가족' 은 특정한 삶의 패턴으로 자리잡은 것이다. 핍진한 세계를 살아나는 용이한 방식이 '가족적 삶' 이었다. 오늘날 가족의 구성 방식은 점차 다원화 되고 있다. '가족적 삶' 에서 '가족' 이라는 형식은 필수적인 것이 아니라 선택적인 것이다. '가족' 을 대체하는 대안 가족을 비롯하여 기존의 성격을 해체하는 다양한 공동체가 가족을 대신한다.

김원일의 『가족』은 얼핏 일가(一家)을 보여주는 것 같지만, 삼세대에 걸친 가족의 구성 변화를 보여준다. 이 작품에서 월남(越南) 1세대인 김석현 옹(翁)은 밥집(냉면집) 경영을 통해 집의 경제와 규모를 확산시켜 나가며, 아울러 고향에 대한 내밀한 소망 의식을 통해 공동체의 응집력을 키워 나간다. 이러한 가족의 확대 사진이 곧 사회이자 국가이며, 집을 유지하기 위한 그들의 부단한 노고는 이 세계에 그들이 존재할 수 있는 발판이자 계기이다. 김원일의 『가족』은 지금 1997년 구제금융사태를 맞이하여 세계는 더욱 냉혹해지고 집은 점차 협착해져, 가족들은 집 밖의 길 위에서 방황하고 있다. 그들의 집안으로 들어가 그들의 삶을 살펴보는 일은 바뀌어가는 오늘날 가족의 성격을 들여다 볼 수 있는 좋은 계기가 될 수 있으리라 본다.

## 2. 집 안의 길(道)과 집 밖의 길(道)

가족과 집은 크게 두 가지 기반을 요한다. 경제적 내실을 기하여 집을 키워 나가는 수직적 외향성이 그 하나요, 정서적 공동체의 결속력을 공고히 하는 응집적 내향성이 그 하나이다. 이 두 가지에 기반하여, 가족은 세대를 거듭하면서 그들의 집을 지킴과 동시에 그들의 결속력을 유지할 수 있다. 김 옹은 이 두 가지 기반을 그 스스로 유지하고 확립한 인물이다.

김 옹은 평양 출신의 월남(越南) 1세대로 1951년 1 · 4후퇴 피난길에서 아들과 처를 거느리고 부산으로 가서 풀빵 장사로 피난살이를 시작했으며, 이후 1954년 서울에 올라와 포장마차에서 냉면을 파는 것으로 그들의 가계를 꾸려 나간다. 그는 절약 끝에 목돈을 쥐게 되자 길 갓집에 세를 얻어 평양 살던 동네 이름으로 '죽원면옥' 간판을 내 걸 수 있었고, 그로부터 십여 년 간 호황을 누려 세든 집을 매입하고, 버젓한 그들의 살림집을 마련한다. 그는 냉면에 앞서 풀빵이, 밥집에 앞서 포장마차가 근원해 있어야 한다는 건강한 삶의 윤리를 몸으로 익혔다.

그가 집을 확장하는 경제적 토대 외, 가족의 정서적 결속력을 다질 수 있었던 것은 '독실한 믿음'과 '고향에 돌아가겠다는 소망의식'(1권9면) 때문이다. 그에게 있어 고향에 대한 귀속의지는 삶의 근거가 되었으며, 아울러 종교에 대한 믿음은 삶의 윤리적 척도가 되었다. 특히 기독교 신자인 김 옹의 생존 윤리는 작중에서 '교회'로 표상 되는데, 그것은 낙원이 이 땅에 도래할 수 있다는 건강한 희망을 의미한다. 그에게 있어서 낙원은 민족이 통일되고, 고향을 방문하고 가족과 어우러져 사는 민족의 통일에 있으므로, 비단 그 낙원의 성취가 특정 교회의 교리에 국한된 것일 리는 없다. 그러므로 김 옹의 '교회'와 '독실한 믿음'은 특정 종교의 교리를 의미하기 앞서, 낙원에 대한 현실적 희구의 긍정적인 표상이다. 김 옹이 사람을 만날 때마다 인사처럼 건네는 말 '예수님 잘 믿디?'에서, '예수님'은 실상 특정 종교의 신(神)이라기보다는 건강한 삶을 살고 있느냐는 이 세계에 대한 건강한 사람의 인사법이다.

고래로부터 낙원을 상실한 인간들은 세계에 적대감을 가지고 있으므로, 그들의 집이 곧 낙원일 수 있기를 꿈꾸며 그 꿈을 종교에 기탁해 왔다. 종교에 대한 의지가 잃어버린 낙원에 대한 동경에서 기인한 것인 만큼, 김 옹의 독실한 믿음은 낙원이 현실에 실현될 수 있다는 가능성을 보여주는 긍정적인 현실관과 상통한다. 그것은 언젠가 민족통일이 실현될 수 있다는 희망을 의미한다. 실향민(失鄕民) 김 옹은 고향에 대한 향수를 비롯하여 집단이 지닌 정서를 지니고 있다. 그는 자신이 꿈꾸는 낙원이 개인의 복락(福樂)을 위해 구현되는 것이 아니라 모든 사람들의 복락(福樂)을 위하여 실현되어야 한다고 믿는다. 그는 자기 집만의 풍요가 아니라 모든 사람들과 더불어 나눌 수 있는 풍요를 위해, 사후에도 불우한 이웃을 위해 5천만 원 상당의 돈을 남겨 놓는다. 그는 이러한 수직적 외향성과 응집적 내향성의 실현을 통해, '가족적 삶' 을 공고히 하는 집을 팽창시킬 수 있었다.

그러나 3세대 손자들에 이르면, 현실은 낙원이 도래할 수 있는 긍정적인 공간이 아닐 뿐 아니라, 무엇보다도 그들 자신이 낙원의 실현 가능성을 믿지 않는다. 이미 그들에게 집과 세계 사이에는 엄청난 심연이 존재하며, 집은 그들의 최저 낙원도 되지 못한다. 김 옹의 손자들은 교회에 대한 믿음, 이 땅에 낙원이 도래할 수 있다는 긍정적인 희망을 애초부터 갖고 있지 않다. 첨단 기계를 만지는 김용규에게 종교는 논리에 어긋나는 케케묵은 신비주의이다. 냉철한 수량적 사고가 지배하는 현실의 논리, 조직화 된 정보사회, 도시 공동체 삶에서 종교는 실제 생활과 일치하지 않는 공허한 메아리에 불과하다. 냉혹한 현실에 살아 남기도 힘들진 데, 구태여 어려운 종교적 구도 생활을 그 누구도 자청하지 않는다. 그들이 교회의 선(善)이 세계의 윤리가 되지 못한다는 부정적인 현실관을 가지게 된 것은, 개인과 세계 간의 완충과 자정(自淨) 능력을 상실한 그들의 초라한 집과 가족때문이다.

김 옹의 아들 김치효는 밥장사를 탐탁히 여기지 않으며, 손님 앞에 굽신거리며 셈을 받는 요식업을 꺼려한다. 김치효와 그의 처는 1세대인 김 옹과 달리 냉면에 앞서 풀빵이, 밥집에 앞서 포장마차가 선행되어야 한다는 밥의 건강한 윤리를 체득하지 못한 것이다. 그들은 애초부터 가혹한 현실에 좌충우돌하면서 집을 바로 세우지도 못할 뿐 아니라, 유지하지도 못한다. 김치효는 이미 네 해 전에 아버지 모르게, 지배인 황기웅에게 보증금과 월세의 형태로 냉면집을 세놓고 운영에서 손뗀다. 그러나 구제금융사태에 이르러, 황기웅의 월세가 제 때 들어오지 않을 뿐 아니라, 아들 시규와 딸 선결에게 돈을 주다 보니 그들의 생활은 협착해 진다. 그의 아내 장여사는 집안에 우환이 겹치자, 지상(地上)에서의 삶을 비관하던 끝에 휴거에 의지하는 광신적 신비주의자가 된다.

2세대에 이르러, 김치규가 밥집(죽원면옥), 경제력을 팔면서 집의 수직적 외향성을 상실하는가 하면, 그의 아내는 정서적인 가족공동체로서 집의 응집적 내향성을 상실한다. 이제 집이 그 확산과 응축의 기능을 상실함에 따라, 남은 가족 3세대 자식들은 집 밖의 길 위에서 뿌리 없는 방랑을 시작한다.

### 3. 집이 없는 방, 방뿐인 집

1세대 김 옹이 형성한 가족과 집의 응집력은 2세대인 김치규를 거쳐 3세대 손자들 용규, 시규, 준에 이르면 흐트러진다. 집과 세계의 경계에 길이 존재한다고 할 때, 그들은 이 세계에 편입되지도 못할 뿐더러, 집으로 귀환하지도 못한 채 길을 떠돌며 그들의 뿌리를 상실한다. 그들의 방황과 여정은 '길 위를 배회하는 김용규', '길 위에 쓰러져 생을 마감하는 김시규', '길 위에서 집과 세계의 경계를 넘나드는 김준' 세 부류로 나눌 수 있다. 이 세 배회자들은 방랑의 강도를 달리하고 있으면서도 세 가지 공통점이 있다. 첫째, 그들은 생(生)을 소모하는 것과 마찬가지로 자신의 육체를 애정 없는 섹스, 알코올과 마약으로 소모하고 있다. 둘째, 그들에게는 정서적 공동체 의식이 없으며, 자신의 역사적 뿌리를 가지고 있지 않다. 미국에 사는 김용규는 이미 고향과 민족에 대한 연대 의식과는 멀리 벗어나 있으며, 김준은 19세기말 20세기초 프랑스를 자신의 정신적 고향으로 여기고 있다. 셋째, 그들에게는 그들을 집으로 인도할 정서적인 반려자가 없다. 김용규와 그의 여자들은 상호 애정이 부재하며, 김시규는 아내를 잃는다. 김준 역시 두 여성과 한시적으로 육체적인 관계만 가진다.

길 위의 배회자, 큰아들 김용규는 명문 대학을 나와 미국에서 학위를 받고 미국 벤처 기업에서 인터넷 사업을 하며 재미동포 2세와 결혼하여 아들 동호를 두었으나, 결혼생활 여덟 해 만인 작년 봄에 이혼한다. 이후 아일랜드계 처녀와 재혼하지만 그들 사이에 애정은 없다. 지금은 홍콩 출신의 미혼녀와 사귀면서, 동시에 섹스 파트너로 노주희와 교재한다. 일가(一家)를 형성하지 못하고 정주(定住) 할 집도 없는 그에게 현실을 비롯한 모든 것은 일회적으로 존재하다. 김용규의 소모적인 섹스는 핍진한 인간들의 삶의 방식을 표상한다. 그는 자신이 집 밖의 길 위에서 배회하는지 모르고 아슬아슬한 곡예를 하고 있는 '현실중독자' 이다. 조기태의 극은 길 위에서 방황하는 '현실중독자' 의 실태를 잘 묘사하고 있다.

> 조기태의 말로는, '행복지수 투' 라는 제목이 말해주듯 현대란 두 가지 쾌락이 삶을 결정한다는 게 주제요, 두 가지란 가득 찬 냉장고와 섹스의 즐거움이란 결론이다. 현대가 개인주의 시대지만 단독자로서의 삶은 쓸쓸하므로 주거공간에 남녀 둘은 있어야 한다. 풍요가 가져다 준 시대에 생을 즐기는 방법은 맛있게 먹고 적당히 배설하는 쾌락이다. 섹스는 배설의 쾌락 중 으뜸이요 성욕은 물리지 않고 즐길 수 있는 수단이라고 조기태가 돼지족발을 씹으며 자기 나름의 논리를 편다.(2권31면)

길 위의 수많은 김용규들은 '식욕' 과 '색욕' 과 같은 감각에 빠져든다. 감각의 미망에서조차 중독될 수 없는 사람은 알코올과 마약에 의지하여 환각에 빠져 길 위에서 생을 마감한다. 지방 이년제 대학을 나온 김시규는 본시 아내와 함께 냉면집 일을 거들고 있었다. 시규의 처는 섬에서 중학교를 마치고 열여섯에 상경하여 동대문시장 상가 내 봉제 공장 보조로 일을 시작했는데, 그녀가 실밥 먼지에 싸여 야근에 시달리는 재봉공이 되었을 무렵 약수동교회에서 시규를 만난다. 시규의 처는 몇 차례 자연 유산 끝에 첫 아이 환을 출산했으나 환은 선천성 심질환을 앓는 장애아였고, 환과 두 살 터울로 태어난 둘째 동채 역시 선천성 자폐증을 앓는 장애아였다. 시규는 폭음하기 시작했으며, 그의 아내는 생기를 잃고 약물에 의지하다가 수면제와 신경안정제 과다복용으로 사망한다. 이 때부터 김시규의 길 위 생활이 시작된다. 그는 만화방, 게임방, 비디오방, 휴게방 등 길 위의 집 없는 방에서 알콜과 마약으로 생을 소모한다. 마약을 통해 환각의 순간에 이르면, 그는 일시적이나마 현실에 부재한 그의 소망 즉 죽은 아내와 건강한 두 아들과 조우한다. 시규가 그 세계에서 빠져나오지 못하는 것은 부재를 현존으로 가능케 해 주는 환각의 마력에 있다. 시규는 강원도 속초에서 중환자가 되어 서울로 옮겨왔으나, 얼마 지나지 않아 그의 생도 끝난다. 세속(世俗)에 중독된 용규의 환락에 비해, 현실을 등진 시규의 환각은 현실에 대한 절망과 반항이 서려있어 비애를 자아낸다.

반면, 길 위에서 집과 세계를 배회하는 김준은 그가 가야할 집을 탐색하고 방황하는 비교적 희망적 전언을 보여주면서, 작가 김원일의 애정과 가치관을 가장 많이 노출하고 있다. 김준은 집에서 얻어낸 돈으로 조기태와 동숭동 대학로에 커피점, '드라마틱'을 내고 그곳에서 살다시피 한다. 그에게 있어 '드라마틱'은 깊은 바다이고, 그곳에서 그는 '심해어(深海魚)' 처럼 바다 밑을 어슬렁거리기만 할 뿐, 생존경쟁의 논리가 지배하는 물 위 세계에 선뜻 발을 들여놓지 못한다. 생태계 이전의 무균질 인간을 꿈꾸는 그는 냉혹한 현실 세계에 맥없이 부유(浮游)하는 유약한 인물이다. 김준은 무의지적으로 연극 배우 지승연의 섹스파트너가 되었다가 이후에는 연상의 노주희에게 순정을 품는 등, 자제력을 잃고 부유한다. 결혼, 가족적 삶을 전제로 하지 않은 그들의 만남은 현재만 있을 뿐 미래가 보이지 않으며, 만나면 밥 먹고 술 마시며 노닥거리다 모텔에서 끝난다. 김준에게 연상의 노주희는 부재한 모성을 일시적으로 대신하지만, 형과 노주희의 과거를 알고 난 후에는 그의 순애보도 종식된다. 엄마가 종교적 엄숙주의에 빠져들면서 신흥 종교의 종말론에 빠져 있을 무렵, 모성이 부재한 집으로 들어선 늦은 밤 김준은 그 집에서 울증과 두려움을 느낀다.

그에게는 고향도 부재하고 모성에 대한 정서적 유대감도 없다. 할아버지 김 옹이 "떠나온 고향을 잊지 못한 채 언제가는 가족이 있는 거리로 돌아가 뼈를 묻어야 한다"(2권14면)는 귀향 의지를 생의 의지로 지녔던 반면, 김준은 "고향을 떠난 슬픔을 모르고 그리워할 고향이 없는 신세대"(2권14면)라는 자괴감으로 오히려 19세기 말 20세기 초 프랑스의 파리를 그의 정신적 고향으로 삼고 현실에서 유영(遊泳)한다. 이 땅의 실향민(失鄕民)은 월남 1세대 김 옹이 아니라 고향에 대한 소망 의지마저 상실한 신세대(월남 3세대) 김준이다. 이때 고향은 구체적인 장소라기 보다, 정신의 뿌리로서 견고한 공동체적 연대감을 의미한다.

조경욱은 뿌리를 잃고 방황하는 김준에게 고향의 의미를 되새길 수 있는 계기를 마련해 준다. 김준은 경주 한티버든에서 문명의 이기를 거부하고 자급자족으로 의식주를 해결하며 일백 년 전 삶을 재현하고 있는 조경욱을 만난다. 〈아름다운 삶, 사랑, 그리고 마무리〉의 니어링 부부처럼, 조경욱과 그의 가족은 문명을 벗어난 자연에서 단순한 생활을 통해 노동의 신성한 가치와 풍요로운 수확에 감사하며 자연과 하나되는 생명공동체를 영위한다. 자연과 조화를 이루며 살아가는 조경욱의 생활은 김준으로 하여금 길 위 생활에 또 다른 뿌리를 내리게 한다. 김준은 자신이 살아보지 않았던 일백 년 전의 서구 파리와 그곳 예술가들의 삶을 동경하고 그 삶을 기록하던 일에 회의하고, 원고를 불사른다. 김준의 비애는 월남 3세대라는 문제에서 기인한 것이 아니라, 문명의 거친 속도에서 기인한 것이다. 김준을 비롯한 신세대들은 지금까지 무국적(無國籍)인 문명의 소용돌이 속에 표류하고 있다. 고도(古都) 경주에서 김준은 존재의 시원(始原)이 바다 건너 멀리 있는 것이 아니라, 그가 밟고 있는 이 땅의 자연에 있음을 깨닫는다. 연말 김준은 근원적인 존재의 고향을 만나기 위해 서울역에서 경주행 기차를 탄다.

길이 끝나는 곳에 새로운 길이 있다. 모순적인 것들이 모이면, 모두가 생동하게 된다. 반대적인 두 힘은 양자 서로 견인을 받고 서로 진동(振動)한다. 모든 가치는 진동해야 한다. 김시규의 죽음, 그 뒤안길에 심장이식수술로 건강을 되찾은 아들 환이 있는 것과 마찬가지로 정주(定住)할 곳을 잃은 김준의 뒤안길에는 자연을 꿈꾸며 살아가는 조경욱의 삶이 서로 조응하고 있다. 길의 끝과 시작, 양자 사이의 진동은 곳곳으로 반향되고 증폭된다. 이러한 집과 세계의 역동성은 실상 길과 그 위에서 방랑하는 인간의 격동적인 파노라마를 통해 가족사, 나아가 역사로 공동체의 연대감을 조성한다. 길 위를 배회하는 김씨 형제들의 삶은 하늘의 별을 좇는 환의 맑은 동심, 조경욱의 자연친화적 삶과 어울려 진동하면서 작품의 후반부에 새로운 희망을 암시한다. 집의 의미와 가치를 깨닫기 위해서는 집 밖의 길로 나서봐야 한다고 할 때, 기나긴 여정을 마치고 길 위에 선 사람들은 이제 다시 집으로 귀환하고 있다.

### 4. 대안의 공동체

가족들의 귀환을 위해 집은 다시 그들에게 내밀한 안식의 공간으로 거듭나야 하겠거니와, 이와 마찬가지로 이 세계 역시 새로운 변화를 감행해야 할 것이다. 그런 의미에서 김원일은 집 밖의 세계에 산재한 문제의 일부를 간접적으로 시사한다. 김시규 아내의 '장애아 출산' 을 통해 노동자의 산재(産災)를 다루는가 하면, 김선결의 애인 '강윤재의 죽음' 을 통해 군 의문사의 규명을 추구한다. 이 때 작가가 인간의 몸을 통해 이 세계에 경고를 보내고 있다는 점은 주목을 요한다. 김시규의 처가 오랫동안 일하던 열악한 작업

환경은 이후 그의 출산에도 영향을 미쳐 장애아를 출산했으며, 선결의 애인 역시 부조리한 한국의 현실이 온전한 젊은이의 목숨을 앗아간 것이다. 즉 작게는 신체의 일부를, 크게는 육신의 죽음을 둘러싸고 작가는 이 세계의 파행성을 경고한다. 이때 '육체의 훼손'이 문제시되는 것은 그것이 작중 인물들의 자발적인 선택 혹은 선의(善意)의 실현을 위해 행해진 것이 아니라, 불합리한 현실에 의해 무방비 상태에서 공습(攻襲)당했기 때문이다.

그런 의미에서 김준의 누이인 김선결과 민한세가 돌보는 장애인들은 실상 이 세계에 제대로 적응할 수 없는 일체의 사람들을 대변하고 있다는 점에서 시사하는 바가 크다. 김선결과 민한세는 도시 주변부 빈민들(취로사업에 나서는 일용직, 건설 현장 날품팔이, 영세 상인, 환경미화원, 장애인)을 필두로, 두 사람이 가장 심혈을 기울이는 대상은 장애인이다. 이 세계에 온전히 생존할 수 없는 무수한 현실적 장애자(障碍者)들을 대변해서 그들은 우선적으로 육체적인 부적응자를 돌본다. 노처녀 김선결은 남한산성 변두리에서 장애인 복지시설 '소망보육원'을 운영한다. 소망보육원에는 장애아들을 중심으로 노인장애인과 어른 원생이 있는데, 보육원은 후원금에 의해 운영되고 있지만, 김선결을 비롯한 어른 원생들이 텃밭을 일구어 대부분을 자급자족한다. 김선결과 뜻을 같이하는 민한세는 시각 장애인들이 자활할 수 있는 공동체공간을 마련한다. 그는 지하철 통로나 전동차 안에서 구걸하는 시각장애인들을 모아 헌인릉 부근의 자기집 식물농원에 그들의 공동체생활 터전을 마련해 준다. 공동체생활 삼 년이 지나자, 그는 '심안자활원' 이란 간판을 내걸고 시각 장애인들은 화훼 전문가가 되어 향기만으로 꽃 종류를 식별해 내는가 하면 고추, 상추, 쑥갓, 토마토 모종을 내어 수입을 올리면서 자치 공동체생활을 확립해 나간다.

김원일은 김선결과 민한세의 행복한 집짓기를 통해 피폐한 현실에 대한 대안 공동체를 보여준다. 무차별 공격당하는 약육강식 시대에 소외계층이 가장 기본적인 삶을 유지하기 위해서는 무엇보다도 공동체 의식을 가져야 한다. 물론 이러한 공동체의 연대를 위해서는 개인의 자발적인 노력이 선행되어야 할 것이며, 여기에는 반드시 개인의 자아실현이라는 소의(小義)가 공동체의 대의(大義)와 서로 상응해야 한다. 그런 의미에서 김선결과 민한세의 결혼은 개인의 자아실현과 공동체의 대의 실현이 서로 조화를 이룬다. 맨 손으로 이 땅에 일가를 이룬 김 옹의 죽음, 김시규와 그의 아내의 죽음이 놓여 있는 그 길 모퉁이에, 김선결과 민한세의 결혼은 의미있는 희망의 집을 전조(前兆)하고 있다. 방황하는 김씨 형제들과 대조적으로 길 위에서 집을 짓고 가꾸어 나가는 김선결과 민한세는 현실이 곧 낙원이 될 수 있다는 신념을 잃지 않고 험난한 길 위에 새집을 지어 잃어버린 낙원을 재건한다.

그러나 이 모든 집짓기의 공리는 그저 화해롭게 진행되는 것만이 아니라 허물고 짓는 작업이 되풀이됨으로써 더욱 견고해 진다고 할 때, 작중에는 김선결이 장애인이 되어야 하는 인고(忍苦)의 시간이 전제한다. 두 사람이 결혼을 약속한 그 해 연말, 김선결이 민한세와 쾌락의 시간을 보내고 있을 때 보육원에서는 화재사고가 난다. 당시 건물에 갇혀 있던 원생을 구하기 위해 불 속에 뛰어 든 선결은 인명은 구할 수 있었지만, 얼굴에 지울 수 없는 화상을 입고 한쪽 눈마저 잃는다. 김원일에게 육체는 정신을 대변하는 의식의 외화(外化)이다. 그런 까닭에 육체의 길흉화복에는 반드시 정신의 시비(是非)가 선행해 있다. 3세대 신세대들의 무분별한 육체적 타락은 그들의 쇠락한 정신의 실태를 외화하고 있다. 집 없이 길 위에서 방황하는 자들은 이 세계의 공포와 암울한 그림자로 말미암아 언제 가해질 지 모르는 육체의 훼손 앞에 노출되어 있다. 육체가 정신의 구체적인 실존(實存)이라 할 때, 정신이 부재한 육신은 세계의 거친 숨결에 의해 상처를 입고나서야 다시금 그들의 정신을 구비한다. 일시적이나마 숭고한 정신의 일탈이 보육원의 화재를 몰고 오며, 선결의 얼굴에는 지울 수 없는 화상을 남긴다. 이러한 육체의 훼손이 있은 후, 김선결은 평생을 바칠 소명감으로 보육원을 돌보고, 이를 위해 더 크고 숭고한 정신 교회(善 의지)에 나가기 시작한다.

집(보육원)이 허물어짐과 동시에 김선결의 신체 일부도 허물어진다는 사실은, 육체가 곧 집을 대변하고 있음을 보여준다. 즉 집을 올바르게 세우기 위해서는 그와 아울러 올바른 정신적 토양이 건재해 있어야 함을 작가는 선결의 육체을 통해 보여준다. 공격적인 세계에 대한 보호막이 되어 주었던 집, 정신적 토양이 더 이상 그 기능을 다하지 못한 까닭에 이제 맨 몸이 세계의 공세에 무참히 노출되어 있는 오늘날의 세대들에게, 김원일은 세계의 충격을 완화시킬 수 있는 새로운 정신의 집을 재건하지 않으면 결국 이 모든 세계의 불합리와 모순이 곧바로 우리 자신의 몸에 악영향을 미칠 수 있음을 경고하고 있다. 우리들의 육체에 직접적으로는 생존권을 간접적으로는 신체의 부조화를 조작할 수 있는 이 세계에, 숭고한 정신이야말로 견고한 집의 토대이다. 월남(越南)한 김 옹이 맨손으로 3대를 건사하기까지 그의 건강한 정신이 가족들의 든든한 집이 되었던 것과 마찬가지로, 이제 우리들의 집은 수직적 외향성에 앞서 건강한 정서적 결속력으로 응집적 내향성을 공고히 다져나가야 한다.

## 5. 가족의 변화와 집의 변화

김원일은 『마당깊은 집』, 『노을』, 『불의 제전』에서 자전적인 가족사를 통해 1950년대 한국전쟁 이후 소설사에 큰 족적을 남긴 바 있다. 『가족』에 이르면, 김원일은 분단 문제에 대한 탐구 영역을 당대의 월남(越南) 가족들의 현실 문제로까지 그 범위를 확산시켜 나간다. 당면한 현실 문제에 대한 천착은 이미 그의 초기 작품 「도요새에 관한 명상」에서 공해를 비롯한 환경 문제와 「마음의 감옥」에서 빈민(貧民)들에 대한 관심을 통해 제시된 바 있거니와, 김원일은 장편 『가족』에서 생태계와 현실 부적응자들의 문제를 포괄적으로 제기하고 있다. 그런 의미에서, 가족 구성원들 간에 전개되는 이야기 『가족』은 가족이나 집의 범주를 넘어 사회의 갈등과 모순으로 확대되어 오늘날의 현대사 일부를 조명하고 있다. 특히 1세대, 2세대, 3세대 가족의 궤적 중 김원일이 심혈을 기울인 것은 3세대, 즉 오늘날의 사회 문제와 신세대들의 삶이다. 월남(越南) 1세대 가족들은 자신의 뿌리, 고향에 대한 소망 의지가 종교, 즉 낙원의 대한 믿음을 통해 삶의 윤리로 지속되고 있는 반면, 오늘날의 신세대들은 고향에 대한 정서적 연대감은 물론 현실에서 낙원이 도래할 수 있다는 긍정적인 삶의 의지를 상실했으며, 아울러 그들의 집 역시 더 이상 혼란스러운 세계와 대조적인 내밀한 휴식 공간으로서 낙원의 원형을 유지하고 있지 않다. 이미 그들에게 낙원은 너무나 요원한 비현실이며, 그들은 현실의 무질서에 무방비로 몸을 맡긴 채, 가족을 등지고 집 밖의 길 위에서 방황하고 있다.

이러한 신세대들의 방황에 대해, 김원일은 '나' 아닌 나보다 못한 사람들의 삶을 환기시킨다. 김선결의 '소망 보육원' 과 민한세의 '심안 자활원' 은 새로운 가족적 삶의 모델(집)이다. 나의 부분적인 슬픔에 가리워 전체를 보지 못하는 사람들에게 김원일은 또 다른 공동체를 보여준다. 김원일이 제시하는 '보육원' 과 '자활원' 은 수직적 외향성과 응집적 내향성을 고루 구비하고 있다. 새로운 공동체와 그 삶은 '집' 의 규모와 내실을 키워나가면서 최종까지 살아남아 공동체의 역량을 과시한다. '드라마틱' 이 유흥업소 사기단에 의해 넘어가면서 아예 심해(深海)로 사라진 것과 대조적으로

'보육원' 은 더욱 번성하고 '자활원' 의 장애인들은 보통 노동자와 손색없는 자활의 능력을 마련해 나간다. 이것은 단순히 자선단체에 그치는 것이 아니라 어려운 현실을 살아가는 현대인에게 김원일이 제시하는 새로운 가족적 삶의 방식이다. 파편화된 가족 구성원의 힘으로 극복할 수 없는 현실의 고해(苦海)일지라도, 우리는 또다른 공동체의 힘으로 유려한 결실을 거둘수 있다는 것이다.

자본주의의 약육강식의 논리대로라면 김 옹의 가족들은 현실세계의 적응력 부족으로 천천히 도태되어야 할 것이나, 그럼에도 3세대에 이르러 김준이 다시금 현실을 직시하고 김선결이 현실에 살아 남을 수 있었던 것은 '공동체에 대한 발견' 이 선행해 있기 때문이다. 김준이 조경욱을 통해 인간이 자연과 더불어 살아야 한다는 '생명 공동체' 를 발견한 것과 마찬가지로 김선결은 인간은 또다른 부족한 인간들과 더불어 살아야 한다는 '인간 공동체' 를 발견한다. '가족' 의 사소한 일상적인 비애를 넘어서기 위해, 우리는 좀더 큰 가족에게 눈을 돌릴 필요가 있다. 우리는 '인간 공동체' 와 '생명 공동체' 라는 새로운 형태의 가족을 통해, 집과 세계가 더 이상 적대적으로 존재하는 것이 아니며, 인간이야말로 인간의 힘으로 인간에 의해서 집과 세계를 포용할 수 있음을 확인해야 한다.(2001, 겨울)

# 제3부
# 우리 시대 타자의 복화술

# '엽기적 인물'의 탄생과 진화

— 백민석론

## 1. '엽기적 인물'의 탄생

'엽기(獵奇)'는 '괴이한 것에 흥미가 끌려 쫓아다니는 일'을 의미한다. '괴이한 것'이 일상적이고 현실적인 것이 아니라는 점에서, 소설의 허구성(fiction)은 이 시대 엽기의 성격을 구체적으로 보여줄 수 있다. 소설에서 작중 인물의 엽기적 성격을 잘 보여주는 작가로 백민석을 들 수 있다.[1] 백민석 소설에 나타난 엽기적 인물의 특성을 살펴보기 앞서, 우선 소설의 인물 유형을 구분하면 다음과 같다.

1) 백민석 소설의 인물들은 현실의 문법에 비추어 볼 때, 다분히 가상적이라 할 수 있다. 소설에서 작중 인물의 언동이 현실의 문법에서 멀어지면 멀어질수록 독자들은 가독이 어렵다. 지금까지 발표한 6편의 작품집(『내가 사랑한 캔디』, 『헤이 우리 소풍간다』, 『불쌍한 꼬마 한스』, 『16믿거나말거나박물지』, 『목화밭 엽기전』, 『장원의 심부름꾼 소년』) 중에서 특히, 『16믿거나말거나박물지』는 소설의 인물뿐 아니라 소설의 배경이 되고 있는 상황설정마저도 현실과 낙차가 큰 가상의 세계라는 점에서 쉽게 읽혀지지 않을 뿐 아니라, 독자들에 대한 배려가 적다.

E.M 포스터는 인물을 성격 표출양상에 따라 '평면적 인물(flat character)' 과 '입체적 인물(round character)' 로 구분한다. 고전 소설의 인물은 권선징악(勸善懲惡)의 이분법적 도식에 따라 시종일관 지극한 선(善)과 악(惡)으로 고정되어 있다는 점에서 평면적 인물이다. 현대 소설에서 주인공은 작품이 끝날 때까지 다양한 성격변모 과정을 보여준다는 점에서 입체적 인물이다. 입체적 인물은 그들이 소지한 능력에 따라 크게 두 유형으로 구분할 수 있다. 평범 이상의 비범한 능력을 소지한 '영웅' 과 평범 이하의 비천하고 비루한 모습을 보여주는 '악당' 및 '바보' 를 들 수 있다. 전래적으로 소설에서 '영웅' 은 '실현되어야 할 현실' 을 장엄하게 보여주고 있는 반면, '악당' 과 '바보' 는 '존재하지 않아야 할 현실' 을 냉소적이고 비극적으로 보여준다.

이러한 인물 유형 구분에 의하면, '엽기적 인물' 은 '악당' 과 '바보' 를 동시에 구현하는 입체적 인물이며, 그들의 문학적 의의는 '존재하지 않아야 할 현실' 의 문제가 무엇인지 보여주는데 있다. 백민석의 『목화밭 엽기전』에 등장하는 '엽기적 인물' 은 입체적 인물로서 '악당' 및 '바보' 의 극단적 모습을 보여준다. 작중 남녀는 대학 강사와 수학 과외 교사로서의 사회적 존재 의의를 띠지 않으며, 단지 '수컷' 과 '암컷' 으로 구분된다. 그들은 인간성을 상실하고 광포한 동물성만 남아 있다는 점에서 전형적인 '악당' 이다. 미소년을 추행하고 죽이는 범행 과정을 통해, 우리는 그들을 반인륜적인 범죄자라 추궁할 수 있지만 그에 앞서 적잖은 비감을 경험한다. 왜냐하면 이 '악당' 이 행사하는 폭력은 종국에는 그들 자신의 죽음을 초래하는 정도에 그치고 말기 때문이다.

그들이 '악당' 인 동시에 '바보' 이며, 범죄자(가해자)인 동시에 희생자(피해자)라는 점에서 독자는 경악과 조소에 앞서 좌절과 비애를 절감한다. 그들의 악행이 사회에서 어떤 영향력도 행사하지 못한 채 자기 파괴에 그친다는 점에서, 우리는 그들이 현실에서 '받아야 할 그 무엇', '누려야 할 그 어떤 것' 을 상실한 원초적인 결손 인물임을 깨닫게 된다. 백민석의 『목화밭 엽기전』에 등장하는 '엽기적 인물' 의 의의는 '존재하지 않아야 할 현실' 을 살아가는 그들의 비극적 삶을 통해, 현실에 부재한 제 요소가 무엇인지 보여주는 데 있다.[2] 그런 의미에서 백민석 소설에 나타난 '엽기적 인물' 의 추적은 현실에 있어야 할 것이 무엇인지 규명해 나가는 의미있는 계기가 된다. 이 글에서는 『목화밭 엽기전』에 등장하는 '엽기적 인물' 의 성년과 유년 소급을 통해, '엽기적 인물' 의 탄생과 진화과정을 추적해 보고, 그들이 원초적으로 상실한 것이 무엇인지 살펴보고자 한다.

2) '엽기적 인물' 의 출현을 기준으로 백민석의 소설을 구분하면 다음과 같다. '엽기적 인물' 의 탄생을 예고하는 『내가 사랑한 캔디』, 『헤이, 우리 소풍간다』, 『불쌍한 꼬마 한스』, 『장원의 심부름꾼 소년-「장원의 심부름꾼 소년」, 「이렇게 정원 딸린 저택」, 「이 소년을 보라」』과 '엽기적 인물' 의 행적을 보여주는 『16믿거나말거나박물지』, 『목화밭 엽기전』으로 각각 구분할 수 있다. 이 글에서는 『목화밭 엽기전』에 등장하는 '엽기적 인물' 을 주인공으로 삼아 백민석의 다른 작품을 참고할 것이다. 논의의 편의를 위해 본문에서 인용하는 작품 제목을 다음과 같이 축약하기로 한다. 『내가 사랑한 캔디』→『캔디』, 『헤이, 우리 소풍간다』→『헤이』, 『불쌍한 꼬마 한스』→『한스』, 『장원의 심부름꾼 소년』→『장원』, 『16믿거나말거나박물지』→『16』

## 2. 반(反)현실에서 탈(脫)현실로 질주

『목화밭 엽기전』의 '한창림'과 '박태자'가 '엽기적 인물'로 진화하기 이전, 그들 역시 평범한 일상의 소년과 소녀에 지나지 않았다. 대학 강사가 되고, 수학 과외 교사가 되기까지 그들의 성장과정을 백민석의 이전 작품을 통해 살펴보면 다음과 같다.

> 우리가 할리퀸 러브 로망 문고에서 종종 읽을 수 있는, 그리고 비디오 숍에서 구해 오는 110분짜리 로맨스물에서 종종 볼 수 있듯이, 그런 서스펜스와 대모험으로 가득 찬 사랑을 우리도 소유할 수 있을까 --(중략)-- 할리퀸 문고는 대개 반나절이면 읽을 수 있었고, 사랑의 향기로 가득한 비디오 테이프 역시 길어 봤자 두어 시간 내외였다. 그 정도 시간에 실제의 내가 실제의 사랑의 추억을 만든다는 것은 불가능한 것이나 마찬가지로 느껴졌다. 내가 소유한 시간이란 그에 비하면 턱없이 길고 지루하며 필름과 인쇄물에 다 담을 수 없을 만큼 느릿느릿 흘러가는 것이었다. 나는 내가 어째서 무엇에든 쉽게 지치고 마는지 알게 되었다. 나는 당시 두 종류의 시간을 살고 있었던 것이다. 비디오 테이프와 할리퀸 문고, 그리고 지긋지긋하고 별 의미없던 재수 시절"(58-59면, 『캔디』밑줄:인용자)

내가 살고 있는 두 종류의 시간('비디오 테이프와 할리퀸 문고',

'재수 시절') 어디에도 실제 '현실'은 없다. 성년기의 '나'는 '현실에 대한 탈주'와 '현실에 대한 반항' 양자 사이를 부유하면서 세계에 대한 사유방식을 터득한다. 『캔디』는 성년기에 접어든 내가 세계에 적응하지 못하고 머뭇거리는 모습을 반현실주의자인 '반장(反長)'과 탈현실주의자인 '캔디(candy)'로 양분하여 보여준다. '나'는 무조건 현실에 배타적인 '반장(反長)'과 아예 현실에서 일탈한 동성애자 '캔디'를 통해, 현실에 반항(反현실)하던지 현실을 간과(脫현실)해 버리는 인물로 성장한다. 대학 시절, '나'는 시위 현장에서 반현실주의자의 면모를 보이기도 하지만 현실 문제와 정면충돌하는 것이 아니라, 막연한 시대감각으로 이 시대에 습관적으로 반항한다. 뚜렷하지 않은 현실의 저항 심리에 비해, 내가 캔디를 사랑하고 있다는 사실은 주체의 의지가 보다 적극적으로 개입해 있다는 점에서 주의 깊게 볼 필요가 있다.

'캔디' 부류의 인물을 설명하자면, "실제로 뭔가를 때려 치우기보다는 살짝 비켜가는, 그저 때려 치우고 싶다는 생각만으로도 충분히 영원토록 살아갈 수 있는, 그런 아이들"(31면, 『캔디』)이다. 그러므로 이 땅의 무수한 캔디들은 구체적인 행위를 통해 외부 세계와 소통하기보다는 자신이 만들어낸 내면 세계의 이미지만으로도 충분히 자족할 수 있는 세대이다. 그들에게 중요한 것이 현실의 제반 문제가 아니라 자신이 만들어내고 불어낼 수 있는 환영(幻影 · 이미지)이라는 점에서, 캔디 세대는 탈현실주의자들이다. '반항'이 반항하고자 하는 그 대상(현실)에 대한 비판적 시선이 전제해 있다고 볼 때, '일탈'은 그 대상(현실)에 대해 아예 무관심하다. 탈현실주의자로서 '나'는 만화(漫畵)적 인물을 통해 점차 추상적이고 환상적인 세계에 경도된다.

그런 의미에서 백민석 소설에서 '캔디'와 같이 만화영화 캐릭터가 차지하는 비중과 의의는 크다. '엽기적 인물'은 유년시절부터 탈현실주의 세계로 질주해 나갔으며, 이들을 탈현실의 세계로 이끌었던 존재가 바로 컬러 텔레비전의 만화영화 주인공들(딱따구리, 오로라공주와 손오공, 마이티마우스, 집없는 소년, 달려라 뽀빠이, 요술공주 새리, 박스바니와 그의 친구들)이다. '애니메이션'이 "원래, 실제 동화(動畵)와 우리 눈 사이에 생기는 균열을 이용한 속임수"(234면, 『헤이』:밑줄은 필자)에 근거를 둔 것이라면, 이들은 유년 시절부터 '허상(動畵)'을 통해 '현실(눈)'을 간과할 수 있는 속임수에 감쪽같이 길들여져 왔던 것이다. 현실보다는 허상(動畵·이미지)에 정신을 집중했던 그들은 현실에 반항하기보다는, 오히려 현실에서 일탈하는 일이 더 쉬웠던 것이다.

왜 이들은 집 밖의 실제 세계(현실)로 나아가지 않고, 텔레비전 키드가 되어 허상의 세계로 질주하게 되었을까. 결론부터 말하자면, 그것은 '나'와 '세계'를 연결해 주는 '매개'가 부재해 있기 때문이다. 『헤이』에서 '딱따구리들'이 즐겨 부르는 고아들의 노래가 이러한 사정을 잘 보여준다. "어른들은 물으시죠, 너희 아버지는 어딨니 얘야, 너희 어머니는 어딨니 --(중략)-- 저희가 뭘 알겠어요, 아빠는 출근한다고 아침에 나갔다가 돌아오질 않고/저희가 어떻게 알겠어요, 엄마는 설거지하다 말고 끌려나가 고추밭이 다 죽도록 돌아오질 않는데"(『헤이』, 112면) "내가 단 한 번도 온전히 가져보지 못했던 하나의 가족"은 관념적인 차원에 머물러 있다. '가정'과 '가족'에 대한 구체적인 경험이 없는 '나'에게 "그것(가족:인용자)은 내가 결코 알 수 없기 때문에, 나 자신에게조차 설명해줄 수 없다."(「요람속의 고양이 둘」, 『16』, 111면)

'엽기적 인물'의 유년기에는 세계라고 하는 '밖'과 나(我)라고 하는 '안'을 매개하는 '가정'과 '가족'이 부재해 있다. 그들은 오후 5-6시 가족들과 더불어 '생선가시'를 발라먹어야 할 저녁 식사 시간에 홀로 앉아 '캔디'와 '뽀빠이' 등의 만화영화를 보면서 부재한 그들의 '가정'에 대해 '괴로워도 슬퍼도 울지 않는' 법을 배우는가 하면, 파이프를 물고 근육질의 팔뚝을 자랑하는 뽀빠이를 통해 외부 세계에 살아남을 수 있는 힘의 비결을 터득한다. 그들은 온전히 돌아갈 가정도 없을 뿐 아니라 현실에 편입되지도 못한 채, 텔레비전에서 본 만화 주인공의 삶과 자신의 일상을 동일시한다. 그들은 유년기와 소년기, 가족과 가정 그리고 학교로부터 배워야 할 성장(성숙)과 관련된 모든 것을 텔레비젼과 밀폐된 도서관, 진창 늪의 극장에서 배우고, 무허가촌의 뒷골목과 야산에서 실습한다.

현실의 체계 속에 들어가지 못한 그들은 항시 자신과 세계를 매개해 줄 수 있는 가정과 가족이라고 하는 안전지대를 동경한다. '생선가시' 그리고 '아버지와 어머니' — 이러한 환영은 지극히 개인적인 것으로서 개인에게 부재한 요소가 무엇인지 보여주며, 여기에는 결손과 결핍을 채우려는 인물의 무의식적 욕망이 내재해 있다. 로즈메리 잭슨의 지적처럼 "환상은 불연속적이지만 연결된 단위들로 구성된 리얼리티를 재현하는 정상적인 혹은 '상식적인' 관점을 위반하면서 각각의 것들을 분리시키는 구별이 부재한 상황을 설정하거나 그 부재를 폭로한다."(『환상성』, 69면) 작중 주인공들의 현실에 대한 일탈은 환상(幻想)의 형태로 드러나는데, 그들은 자신에게 부재한 제요소들을 이미지로 만들어 낸다.

가령, 『한스』에서 '나'는 '생선가시'의 환영을 보는가 하면, 「Green Green Grass of Home」(『16』)에서 '나'는 '그린맨(green man)'을 만난다. 그러나 현실에서 환영이 극히 일시적인 형태로 존재한다면 그것은 삶의 여유가 될 수 있는 반면, 현실보다 환영이 차지하는 비중이 커질 때 그것은 일종의 정신질환이 된다. '엽기적 인물'의 탄생을 둘러싼 기저에는 탈현실주의자의 환상이 자리잡고 있으며, 이들의 환상이 점차 현실을 압도해 나가면서 독특한 성격의 인물을 창출하기에 이른다.

### 3. '정신질환자'에서 '괴물'로 진화

백민석 소설에 등장하는 엽기적 인물은 유년기부터 정신질환을 앓는다. 『한스』에서 초등학생인 '나'는 부족한 영향과 정서 불안으로 환영을 보며 병원에 출입한다. '나'는 어른이 되어서도 소년 시절이래, 쭉 보아왔던 '생선가시'와 전이감 때문에 종합병원 정신과 상담을 받는다. 『헤이』에서 'K'를 비롯한 주변 사람들은 특정한 정신질환 증세를 보이고 있다. '희(憙)'의 종잡을 수 없는 독백과 환영, '아파트 수위'의 정신질환은 저 자신도 수위하지 못하는 현대인의 일면을 반영한다. '새리'는 정신질환으로 인해 신체(안구)의 정상적인 기능(시력)을 잃는다. 해부학적 손상이 아닌 정신적 외상(성폭행의 충격)으로 인해, 개체가 자신을 보호하기 위해 신체 일부인 시신경을 스스로 마비시켜 버린 것이다.

그들은 유년기 이래 타자를 비롯한 사회로부터 받은 상흔 때문에 제대로 현실의 밖으로 나가지 못한 채, 스스로 가상의 이미지를 환영의 형태로 간직하며 살아간다. 유년기의 정신질환자들은 사회에 대한 피해 의식으로 현실에 반항하거나 탈주하는 모습을 보이는데 그치지만, 성인이 된 이후 그들은 난폭한 괴물이 되어 현실을 파괴하고 폭력을 행사하는 가해자가 된다. 자신에게 상처를 입히는 현실로부터 도피하려던 유년기의 정신질환자들이 이제 인간성이 부재한 괴물이 되어 현실을 파괴하려 한다. '정신질환자'가 현실로부터 소외된 수동적 인물인 반면, '괴물'은 현실을 전복하려는 적극적 인물이다. 심각한 정신질환이 급기야 납치, 폭행, 고문, 살인, 강간과 같은 그로테스크한 폭력을 자행하는 엽기적 인물의 탄생을 초래한 것이다.

『목화밭 엽기전』에서 '박태자'는 울증과 조증 사이를 저속으로

왕복하며 생활한다. 처음에는 병원 정신과에서 처방을 받아왔지만, 이제 각성제 겸 진정제로 복용하는 암페타민을 직접 암거래한다. 그녀는 '박태자' 라는 인간성보다는 '암컷' 의 동물성을 실현한다. 이러한 사정은 '박태자' 에게 그치는 것이 아니라, '한창림' 을 포함하여 '뷰티풀피플' 을 경영하는 언니와 그 남편도 마찬가지이다. 정상적인 인간성이 거세되어 있는 그들에게 남은 것은 광포한 동물성이다. 이러한 괴물들에게 불편한 것은 '사색' 이고, 필수적인 것은 '안전거리' 이다.

> 사색은 수상기 속뿐 아니라, 그녀의 집에도 없다. 그녀의 집 구석구석에서 진행되고 있는 피비린내 나는 일상 어디에도, 사색이란 물건은 없다. 남편은 사색보다는 하, 소리를 지르며 만드릴 원숭이처럼 날뛰기를 더 좋아하고, 그녀 역시 사색보다는 발작하길 더 즐겼다. 그녀가 무엇이라도 좀 사색하기 위해선, 암페타민 몇 알을 삼켜야 한다.(196면)
>
> 암컷과 수컷 사이에 무슨, 안전거리 규정 같은 것이 있는 듯했다. 안전거리는, 육체를 가진 생물이면 어느 것에나 있는 것이었다. 육체란, 공간이라서 그렇다. 해수 속의 박테리아부터, 사우나탕 휴면실에서 잠잘 자리를 찾는 발가벗은 사내들까지, 그 살아있는 공간인 육체는 항상, 타생물과의 일정한 거리를 필요로 하는 것이었다. 불안해지지 않으려면, 불안해지지 않고 최소한의 안정이라도 누리고 싶다면, 그리고 불안해진 나머지 이웃의 목을 물어

> 뜯어 정맥을 끊어놓고 싶지 않다면, 안전거리를 무시하고 너무 가까이 서 있으면 다친다.(171면)

인간이 '암컷' 과 '수컷' 으로 정의되는 세계는 조직과 질서를 자랑하는 '사회' 가 아니라 약육강식의 논리가 지배하는 '동물의 세계' 이다. 동물의 세계에서 살아남기 위해 가장 절실한 것은 '사색' 이 아니라 '안전거리' 의 조절이다. 시인 최승호가 형상화한 '고슴도치' 인간들처럼(『고슴도치의 마을』), 그들은 스스로를 무장하고 있으면서 동시에 그 자신이 공격성을 유지하고 있어야 한다. 고슴도치 인간들 사이에 형성된 '방어' 와 '공격' 의 '거리' 를 시인 정현종은 '섬' 으로 형상화한 바 있는데(『나는 별아저씨』), 이때 '섬' 은 도시에 존재하는 인간의 고독과 단절을 적절하게 보여주고 있다. 그런 의미에서 그 '거리' 의 목적성을 의미하는 '안전' 이라는 표식어는 역설적이다.

인간과 인간 사이의 소원화 및 비인간화의 극한에 광포한 동물의 감각성이 꿈틀거린다. 그들에게는 이지적 요소보다 독취(촉각)와 같은 감각성이 두드러진다. 특히 광포한 동물성의 '수컷' 인 남편의 독취는 '박태자' 가 남편을 인식하는 표식이다. "남편의 냄새와 비교할 만한 냄새를 굳이 찾자면" "대기가 무거운 날, 동물원 실내 관람장에 터질 듯 포화돼 있는 독취를 들 수 있다. 시멘트와 플렉시 유리의 사육장에 갇혀, 몇 년씩이나 인스턴트의 삶을 산 동물들의 독취를 들 수 있다."(195—196면) '인간의 이성' 을 대변하는 '사색'에 대해 '동물의 감각성'을 대변하는 '독취' — 인간의 표식이 사색(이성)이라면, 괴물의 표식은 후각(감각)이다.

괴물들의 '사색 부재'가 감각성의 '독취'로 드러나고 있다면, '감정 부재'는 '인형(人形)'으로 형상화되어 있다. 무감정 · 무의지의 가공적 인간, 인형은 '웃는 플라스틱'으로서 "인간의 형상을 흉내낸 솜씨는 어설프기 그지없지만, 그 근원의 성질은 도무지 인간과 다른 점이 없"다. "휘면 휘어지고 자르면 잘라지고 뽑으면 뽑혀지고, 눈엔 초점이 없으며, 속은 텅 비어 가볍기 한이 없고, 아무리 사랑해줘도 반응이 없다."(72면) 『목화밭 엽기전』의 괴물들이 사색없이 감각에 의존한다는 점에서 동물과 별반 다르지 않다면, 감동과 의지가 없다는 점에서 인형과 별반 차이가 없다.

무감정 · 무의지의 인조 인간, 괴물은 결국 현실의 체계가 조작해 놓은 또 하나의 인공물이자 종속물에 지나지 않는다. 조작된 존재, 만들어진 존재, 유희의 존재라는 점에서 그들은 현실의 체계가 만들어 놓은 부속물에 불과하며 그런 까닭에 그들을 창조해 놓은 조물주(체계)에 대한 그들의 저항은 실상 조물주(체계)에게 어떠한 영향력도 행사하지 못한다. '수컷'과 '암컷'들은 "아무리 지랄을 쳐도 자기가 태어난 이 사회에 한뼘 손톱 자국조차, 한 뼘 이빨 자국조차 낼 수 없는 무력한, 비극적인 존재였다. 둔덕에 수백 구의 시체를 파내어도 비극은 개선되지 않을 것이었다. 영원히 바깥의 존재로 운명지어졌기 때문이다. 이렇게 될 게 뻔했던 운명들이었다."(261—262면) 그들의 폭력은 결국 자기 자신에게 귀결된다.

'수컷' 으로서 '한창림' 의 동물적 공격성은 경찰에게 자신을 알리는 계기를 만들어 수감되고, '암컷' 으로서 '박태자' 의 모성행위(유괴아에게 젖물리기)는 범행을 실패로 몰고 가고 그녀를 죽음으로 몰고간다.

작중 괴물은 일세를 풍미할 악당으로서 그 위세를 떨치지 못할 뿐 아니라 현실의 체계에 어떠한 위협도 가하지 못한 채, 고작 자신의 죽음을 초래하는 정도에 그치고 만다. 왜냐하면 백민석 소설에서 '엽기적 인물' 은 생래적으로 타고난 괴물이 아니라, 외부 환경에 의해 스스로 정신질환자에서 괴물로 진화해 버렸다는 점에서 가해자이기 이전에 피해자들이기 때문이다. 바꾸어 말하자면, 현실의 체계가 괴물과 같은 인형, 혹은 인형과 같은 괴물을 양산하여 체계에 대한 공포와 위협을 다시금 과시할 수 있는 계기로 삼은 것이다. 마치 '원형감옥' 이 수형자들 자신에게 의미를 부여한다기보다는 오히려 외부 사람들에게 범법 행위에 대한 응징과 체계의 권력을 강조하는 데 의미가 있다는 푸꼬의 지적처럼, 백민석 소설에 등장하는 괴물의 출현과 비극적 종말은 현실에 건재하는 체계의 보다 원활한 기능과 위엄을 과시한다는 점에서 그 소임을 잘 완수해 내고 있다.

작중에서 체계를 잘 유지하고 있는 '도시(과천)' 와 '동물원' 의 결합이 이를 반증한다. 동물들이 제아무리 포악스럽다고 하더라도 체계는 이러한 동물을 울타리 내에서 인위적으로 잘 규율하고 관리하여 광포한 동물을 인형('웃는 플라스틱')과 같은 유희의 대상으로 전락시킴으로써, 체계의 권력을 과시한다. 『목화밭 엽기전』에서 현실의 체계는 "잠들어 있던 괴물을 억지로 깨워 불러들여 놓곤, 재미로 쫓아다니며 괴롭히고, 종국엔 괴물이 왔던 곳, 사회 체계 바깥으로 다시 쫓아보"낸다. 괴물은 그저 체계의 "장난감의 수준", "악취미의 희생물"(261면)에 불과하다.

괴물의 악덕이 체계의 질서를 위협한다는 명목하에 처벌받는 것으로 종결되는 『목화밭 엽기전』은 에르네스트 만넬(『즐거운 살인』, 91—92면)의 지적처럼 정의와 범죄라는 이분화된 도식에 의해 부르조아 이데올로기(국가, 사유재산, 법, 정의)의 본성을 은폐한다. 이러한 체계의 보이지 않는 거대 폭력에 비해, '엽기적 인물'이 창출해 낸 괴물은 난폭하지 않으며 교활하지도 않다. '한창림'과 '박태자'가 제아무리 극악한 괴물의 행적을 일삼더라도 "사회 체계 안의 내용물에 그 어떤 영향도 미칠 수가 없다. 괴물스런 위력이 얼마나 막강하든, 바깥에 존재하는 한 아무런 영향도 미칠 수가 없"(260면)다. 괴물은 그저 "사회 체계 바깥의 존재"(260면)로서 이 땅의 아웃사이더일 뿐이다.

그렇다면, 그들이 체계에 편입하지 못한 원인은 무엇인가. 그것은 그들이 체계가 요구하는 '뿌리'를 가지고 있지 않기 때문이다. 『캔디』에서 '한선생'은 교장을 향해 말한다. "도대체 그 뿌리가 도대체 어디 있다는 거요. 증명해 봐요. 그게 학벌을 말하는 거요. 당신 고향집을 말하는 거요. 당신의 그 대단찮은 패밀리를 말하는 거요? 혹시 정권의 주구 노릇은 아니요?"(『캔디』, 71—72면:밑줄은 필자) '학벌', '고향집', '패밀리', '정권의 주구' 등 뿌리를 구성하는 제요소가 결국 체계로 편입할 수 있는 발판이라고 할 때, '박태자'와 '한창림'은 이러한 뿌리를 타고나지 않았다. 『헤이』에서 무허가촌(無許可村)의 아이들은 '집'이 체계로부터 허가되지 않은 것과 마찬가지로, 그들의 '태생(삶)' 역시 체계로부터 허락되지 않았다. 허가되지 않은 마을과 허가되지 않은 집, 그리고 허가되지 않은 삶(태생)은 그들을 체계 밖의 존재로 몰고 간다. 이 때 체계에 의해 헐려 없어지는 것은 고향, 집과 같은 가시적인 공간만이 아니라, 유년시절의 기억 및 꿈과 같은 긍정적 세계관도 마찬가지이다. 그들은 애초부터 체계로 편입될 수 있는 뿌리가 없기 때문에 반항아이거나, 미성숙아이거나, 정신질환자, 기껏해야 '수컷'의 기질만을 보여주는 괴물, 아웃사이더로 진화한다.

이 땅의 아웃사이더들은 누구나 자신의 내면에 이러한 괴물 한 마리를 키우고 있거나 괴물이 되고 싶은 잠재 욕망을 가지고 있다. 그러나 대다수의 아웃사이더들은 설령 그들이 내면에 잠재해 있는 괴물을 현실의 체계에 불러들이더라도 자신이 인사이더가 될 수 없음을 잘 알고 있기 때문에 섣불리 내면의 괴물을 현실에 소환하지 않는다. 그럼에도 불구하고 '한창림'은 '수컷'이 되고, '박태자'가 '암컷'이 되어 내면의 괴물을 불러낸 사실은 현실적인 관점에서 볼 때, 지극히 미련스러울 마치 바보같은 짓이다. 체계의 아웃사이더에 불과한 그들이 체계의 내부를 변화시킨다는 일 자체가 무모하고 무용한 '엽기'에 지나지 않는다. 그런 의미에서 『목화밭 엽기전』에 출현한 '엽기적 인물'은 우리들 내면의 슬픈 자화상이다. 종국에 괴물의 죽음은 이 사회에 일정한 '기의'를 형성하지 못한 채, 기표로서 상징적인 비극성만을 내포한다. '목화밭'에 출현한 '엽기적 인물'은 괴물의 형상을 하고 있다. 이제 말이 되지 못한 그들 내면의 언어를 읽어내고 그 의미를 부여해 주어야 할 것이다.

## 4. 폭력과 환상을 통한 환멸 세계의 극복 : '권장할 만한' 진화를 꿈꾸며

백민석의 『목화밭 엽기전』에 출현한 '엽기적 인물'은 이전 소설에 나타난 유년기와 성년기의 작중 주인공들과 비교해 보았을 때, 진화한 인물이라 규정할 수 있을까. 정신질환자에서 괴물로 진화한 기표상의 변화가 소설내에서 일정한 기의를 달성하고 있다고 볼 수 있을까. 이러한 물음은 곧 작가로서 백민석의 소설 쓰기의 진화와 연결된다는 점에서 의미있다.

엽기적 인물의 진화여부를 묻기 앞서 진화의 개념을 되짚어 보면, 진화는 단순히 간단한 것에서 복잡한 것으로, 혹은 하등에서 고등으로 생물 자체의 생물학적 진보만을 의미하는 것이 아니다. 진화의 가장 큰 의의는 환경에 적응해 나간다는 데 있다. 진화가 개체와 환경 양자 간의 조화를 아우른다는 점에서, 백민석의 『목화밭 엽기전』에는 능동적이고 자발적인 주체의 의지가 드러나 있지 않다. 중요한 사실은 '나' 라고 하는 주체가 어떻게 세계라고 하는 거대한 환경에 적응해 나가려고 노력하는가 일 것이다. 그런 의미에서 볼 때, 백민석이 창조한 '엽기적 인물' 의 특징은 현실에 적응하지 못하는 부진한 인물군상으로 요약할 수 있다. 그럼에도 불구하고, 그의 소설이 독자들에게 비감과 아울러 호감을 주는 이유는 무엇일까. 그것은 그의 소설에 등장하는 인물의 독특한 양가성('악당' 인 동시에 '바보')에 말미암은 것이며, 그것이 바로 오늘날 우리들의 모습을 그대로 반영하고 있기 때문이다.

원초적인 결손 인물로서, 그들은 자신에게 부재한 것에 대한 욕망을 각각 '폭력' 과 '환영' 의 형태로 표출한다. 체계에 대한 반항아들의 권력 욕망이 구체화된 것이 '폭력' 이라면, 부재한 정서적 요소들에 대한 현실적 욕망은 '환상' 으로 나타난다. 현실에 건재하기 위해 괴물은 폭력을 휘두르고, 정신질환자들은 결핍한 내면의 일부를 환상으로 대체한다. '폭력' 과 '환상' 은 언어가 되지 못한 엽기적 인물의 의사소통 행위이다. 제대로 자신의 말과 언어를 배우기도 전에 세계로 나와 버린 그들은 자신의 감정과 의사를 전달할 수 있는 적절한 도구를 발견할 수 없다. 그들에게 준비된 것은 행동할 수 있는 몸과 상상단계의 의식 수준에 불과하다. 그러므로 '엽기적 인물' 의 '폭력' 과 '환상' 은 이 세계에 대한 미성숙한 언어로서 눈여겨 보아주고 읽어 들여야하며, 이 사회에 대한 간절한 소통행위로 받아들여져야 한다. '폭력' 과 '환상' 이 '언어' 가 아니라는 차별성에 주안점을 둘 것이 아니라, 또다른 방식의 의사 표현방식이라는 점에 착안해야 할 것이다.

사회적 언어를 체득하지 못한 채 괴물로 진화한 '목화밭'의 '엽기적 인물'을 통해, 우리는 작가의 부정적 세계 인식과 조우할 수 있다. 백민석에 의하면, 한 인간을 괴물로 진화시키는 이 사회야말로 환멸의 세계이다. 이 즈음에서 이제 '신세대 작가'의 직함을 뛰어넘은 백민석에게 '환멸의 상상력'이라는 또 하나의 비전을 제시하고 싶다. 이 세계가 환멸로 가득 차 있을수록 이 땅의 작가는 사제(司祭)의 시선을 견지해야 한다. 고통을 껴안음으로써 고통을 뛰어넘는 자만이 성자(聖者)라고 할 때, 환멸의 세계에서 문학(작가)은 고통의 사제가 되어야 한다. 그 고통이 발효된 인고(忍苦)의 흔적을 통해, 작가는 독자들에게 환멸의 세계에서 희망의 씨앗, 즉 다시 꿈꿀 수 있는 여지를 남겨놓아야 한다.

그런 의미에서 백민석이 제시하는 '구멍'의 상상력은 일정한 대안이 될 수 있다. '엽기적 인물'은 그로테스크한 환상을 통해 자신의 내면을 부재의 공간이 아니라 생성과 창조의 자리로 다시금 정의하고 있다. 『헤이』에서 딱따구리들이 '동굴'을 찾던 것과 마찬가지로, 최근작 『장원』에서 도시인들은 이제 자신의 내면에 '구멍'을 발견한다. 그 구멍은 '식물성 애완 공간'(「검은 초원의 한 컨」)이 되기도 하고, 내가 너에게 다가설 수 있는 '틈'(「아주 작은 한 구멍」)이 되기도 한다. 그 구멍은 일찍이 『목화밭 엽기전』에서 괴물이 꿈꾸던 '목화밭'이기도 하다. 이제 그 구멍이 자신의 내면에서 벗어나 이 땅에 버젓이 한 켠의 식물성 풍만한 목화밭으로 그 모습을 드러내기 바란다.(2002, 겨울)

# ‘생리적 인간’, 자연(自然)을 살아내는 사람

—김소진론

## 1. 육체의 성역(聖域)을 찾아서

개흘레꾼 아버지에 대한 기억이 글쓰기의 육체가 되어 자신의 알몸이 나올 때까지 하나씩 하나씩 벗겨나간 작가, 김소진의 소설 세계로 다가가기 앞서 우리 모두는 육체의 신비를 감추고 있는 옷을 벗을 필요가 있다. 자본과 권력의 겹옷을 벗어 놓고 그 어떤 욕망도 은폐시키지 않은 육체의 진실 앞에 설 때, 우리는 인간의 이익 관계를 초월하여 동물들의 관계를 책임지고 그들의 역사를 만들어 주는 수혜자로서 인간의 원형을 간직한 개흘레꾼과 조우할 수 있다. 이러한 김소진의 소설 속 인물들을 이해하는데 바흐찐의 하향성 담론은 좋은 실마리를 제공한다. 바흐찐은 인간을 ‘머리’ 위주로 논하던 상향 담론의 통념을 깨고, ‘항문’과 ‘성기’라는 육체의 하위 층위를 중심 담론으로 부활시켜 그로테스크 리얼리즘의 새로운 장을 열었다. 그에게 있어 인간은 각각의 그 신체 속에 우주의 신비가 내재해 있는 소우주이다. 이때 육체의 튀어나오고 들어간 부분, 항문과 성기는 자아와 타자 사이의 경계를 허물고 상호교환이 일어나는 만남과 화해의 성역(聖域)이 된다.

인간 신체의 드라마 중에서 '배설'은 이 땅에 거름이라는 자양분을 공급하는 일종의 생명 창조 행위이다. 이러한 배설행위가 창자와 관련되어 있다고 한다면, 그에 선행하여 음식을 먹고 술을 마시는 행위는 입과 관련되어 있다. 이처럼 음식을 먹고 술을 마시며 다시 배설하는 일련의 행위는 풍요로운 육체의 향연으로서, 실용적이고 공리적인 모든 '머리'의 논리로부터 해방된다. 그 속에서 사람들은 육체의 유쾌한 진리를 교환한다. 항문에서 나온 배설물은 자연 속의 거름이라는 또 하나의 생산물로서 입으로 들어간 밥과 더불어 창자를 오가는 순환을 통해 소우주의 육체 만들기에 기여하고 있으며, 성기는 인간 최초의 탄생과 더불어 일상에 있어 거듭남의 계기가 된다. 이처럼 인간을 소우주라는 자연의 범주에 놓고 볼 때 항문과 성기의 하향성 담론은 벌거벗겨진 인간의 원형질을 보여주고, 자아와 세계가 만나고 화해하는 과정을 보여준다. 이제 그 신비로운 소우주, 육체의 성역을 찾아 나서보자.

## 2. 밥과 똥의 순환

김소진은 1991년 『경향신문』신춘문예에 「쥐잡기」로 등단하여, 1997년 봄에 요절하였다.[1] 정작 창작에 몰두한 시기는 6년 남짓이지만, 그 어느 작가보다도 그는 1990년대 소설의 가치를 한 차원 격상시킨 작품을 선보였다. 그가 소설에서 구현해낸 의미 있는 타자는 '생리적(生理的) 인간' 이다. 여기에서 생리(生理)는 자연의 일부인 인간이 지닌 자연성을 대표하는 개념이다.[2] 시에서 흔히 나타나는 자연성을 김소진은 소설에서 인물을 통해 구현해 낸다.

연작소설 『장석조네 사람들』에서 밀가루 배급을 기다리던 미아리 산동네 사람들은 빵을 먹으며, 빵에 얽힌 제각각의 사연을 이야기한다. 어머니의 부음을 듣고 탈영한 후 창녀 품에서 울먹이며 먹던 딱딱한 빵, 선산부 시절 막장에 갇혔을 때 생명을 연장해 주던 빵, 밀수하다가 숨어든 외양간에서 먹던 소오줌에 절인 빵, 제과점에서 훔쳐 먹던 독일빵. — 이러한 빵, 즉 밥은 기층민들의 괴로움을 덜어주고, 목숨을 이어주며 아슬아슬한 위기의 순간을 지탱시켜 준다. 또 그것이 먹고 싶어 훔치기 조차 하는 것이 이들 삶의 여

---

1) 그는 임종 직전까지 창작에 몰두했는데, 1997년 봄 『실천문학』에 장편 『동물원』을 2회 연재중이었다. 김소진의 소설집을 발표시기순에 따라 소개하면 다음과 같다. ① 『열린 사회와 그 적들』(솔출판사,1993.3) ② 『고아떤 뺑덕어멈』(솔출판사,1995.1) ③ 『장석조네 사람들』(고려원,1995.4) ④ 『자전거 도둑』(강출판사,1996.3) ⑤ 『양파』(세계사,1996.7) ⑥ 『눈사람 속의 검은 항아리』(강출판사,1997.5) 작품 인용은 앞의 숫자로 표기하고, 그 페이지 수만 기입하도록 한다.

2) '생리적 인간' 의 자연성에 대한 개념은 정효구, 「 '0' 의 사상과 인공자연으로서의 시」, 『우주공동체와 문학의 길』, 시와시학사, 1994, 61-199면을 참조함. 정효구, 「정진규 시와 자연성」, 『한국현대시와 자연탐구』, 새미, 1998, 19-82면을 참조함.

정이며, 삶 그 자체이기도 하다.

이들은 밥 앞에 솔직하며, 밥을 먹기 위해 행하는 그들의 일에 대해 겸허하고 자못 엄숙하기까지 하다. 떠돌이 양은 장사, 똥푸는 일 그 자체를 훈장처럼 여기며 순명하는 그들의 단순 반복적인 삶은 세월의 동그란 무늬로 빛나는 하나의 별이다. 그런 까닭에 별, 그것은 이상적인 아름다움을 의미하는 동시에 곧 현실에서 양은과 똥으로 존재하고 있음을 그들은 안다.

이들은 돌산 채석장에서 밤하늘의 별을 보며 각자 자신의 별을 불러들인다. 양은 장수 최씨에게 별은 하나하나가 지게 위에 얹혀져 황금빛으로 빛나는 양은그릇이고, 똥통쟁이에게 별은 고봉으로 가득 담긴 똥이 된다. 밤하늘의 별과 눈물 속에 녹아 흐르는 또 하나의 별과 현실의 별을 헤아리는 똥통쟁이의 말은 그들이 자연과 하나 되는 동화(同和)의 세계에 사는 자연인임을 알게 한다.

> 내는 항상 똥만 쳐다보고 사니껜. 그게 내 일이니깐. 그걸 퍼 주는 대가로 돈을 받아 쌀도 팔아 묵고 술도 사 묵지. 그리고 남들처럼 똥을 눠 버려. 맞다, 기럼 그리고 그 똥을 퍼다 둘남 아배 같은 자드락밭에 뿌리기도 하믄, 기러믄 거기서 느그 말대로 처녀아이 종아리처럼 희디흰 무도 나오고 배추도 나오고 상추도 솎아 내고 말이다. 사람들은 그걸 먹고 또 똥을 사고 난 그걸 푸고 사니, 어떤고? 이 모든 걸 내 머리 위의 별이 다 하염없이 내려다보고 거름꾼 노릇 잘 허게 한단 말시, 그럼 내가 그 별을 올려다 볼 때 틀

림없이 이 술로 찌들고 푸르딩딩한 내 눈에도 별빛이 고봉으로 하나 가득 담길 것 아닌가 말여. 별은 밤에 이슬을 내리고 바람을 일으키고 배춧잎들이 살랑거리며 말하는 대화를 듣고 살이 찌는 소리에도, 또 물이 오르는 소리에도 귀를 기울일 것이야. 틀림없지. 그 별의 선물을 먹고 우린 똥을 눈다는 것 모르면 말이 안되지 암.(③:119-120)

똥 푸는 일을 천직으로 아는 똥통쟁이는 필시 하늘의 별과 소통하는 사람이다. 그는 똥을 생계로 하여 밥을 먹고, 그 밥이 다시 교환 가능한 똥으로 변모하는 순환의 진리를 남 먼저 터득하고, 저 하늘의 별이 이슬과 바람이라는 자연의 거름으로 이 땅에 내려와 숙성시킨 배춧잎들과 대화를 나누기까지 한다. 일찍이 이들은 밥이 곧 똥이 된다는 사실을 별, 자연과 더불어 터득해 왔던 것이다.

그러므로 그들은 곧바로 똥이 될 밥에 대해 욕심을 갖지 않으며, 단지 똥이 될 만치의 밥을 위해 일한다. 그래야지만 밤하늘 별 속에 투명한 자신의 모습을 그대로 투과시켜 그 자신이 또 하나의 맑은 별로서 서로 소통할 수 있기 때문이다. 자연과 인간의 차이를 강요하는 사회적인 인간과는 달리, 그들은 인간과 자연과의 대화성, 즉 동일성을 유지하고 있으며 그 자연의 진리에 의거하여 자연인, 생리적인 인간으로 살아간다.

이러한 자연인들은 부자연스러운 불의(不義), 이익 사회의 차별적인 힘의 논리에 자연스럽게 대항한다. 비록 그들이 개인적으로는 육손이, 폐병쟁이와 같은 신체적 결함이 있으며 사회적으로는 떠돌이 양은 장수, 똥통쟁이라는 보잘것없는 일을 하고 있지만 이들은 그 누구보다 자연 앞에 당당한 삶을 살아 나가면서 자연과 소통할 수 있는 풍요로운 내면을 소유하고 있다. 그런 까닭에 이들은 어린 시절부터 '나'의 영웅이었고 그들이 속한 미아리 산동네가 바로 내가 추구하는 낙원, '동방'이였다.

반면, 밥이 곧 똥이 된다는 자연의 순리를 거스르고, 차별성만을 강요하는 사람들이 있다. 이들은 자연을 개별적인 욕망 증식이라는 목적달성의 수단으로서, 엄격한 차별성을 상정해 두고 있다. 그러므로 이들에게 밥은 먹을 만치의 일용할 양식, 똥으로 존재하지 않고 증식의 수단, 곧 자본과 권력이 된다. 이들이 증식한 밥의 위력은 상당한 것이어서 역사를 위조하기도 하고 아예 새로운 역사를 창조하기도 한다.

「신풍근베이커리 略史」에서 '新風根(신풍근)'이라 추정해 볼 수 있는 이 인명에는 새로운 바람의 근원이 다름 아닌 베이커리, 밥이라는 작가의 무의식이 드러나 있다. 이 단편에 등장하는 할아버지가 삶과 연결된 끈, 절망에 맞서는 방식은 밥의 증식이며 그 결과 그는 풀빵에서 시작하여 빵집을 차리기에 이른다. 밥을 증식한 결과, 할아버지가 창조해 낸 개인의 역사는 실로 영웅의 역사가 된다. '자고로 먹을 빵이 풍부하면 나라의 기틀이 절로 서고 그게 바로 체제고 사상이고 질서를 낳는' 것이며, 종국에는 '빵을 많이 만들어 낼 수 있는 쪽'이 '옳게 마련이다'(⑥:56)라는 할아버지의 말처럼, 빵 즉 밥은 사상과 질서를 만들고 진리를 만듦으로서, 부정의 역사를 긍정의 역사로 개조하기조차 한다. 만주에서 밀정 노릇을 한 증조할머니의 내력과 전쟁 공포증에 시달리던 할아버지가 자해하여 상이군인으로 제대한 사실은 유구한 밥의 위력으로 말미암아 동학란 당시의 장군이었던 증조부와 그의 후손이라는 영웅담으로 둔갑한다.

'잉여의 밥'은 개인의 역사 날조에만 공헌하는 것이 아니라, 나아가 자본과 권력의 화신(化身)이 되어 공동체의 역사를 손아귀에 넣으려 든다. 생명 창조를 위한 밑거름으로서 똥이 되어야 할 밥이 권력과 자본의 몸이 될 때, 이미 그것은 생명이 살아 숨 쉴 수없는 파멸의 공간 '늪'이 된다. 「늪이 있는 마을」에서 드러나듯, 더 이상 생명 창조 능력을 상실한 이 땅의 '늪'은 모든 것을 죽음으로 소멸시키며 이런 죽은 삶들은 그 자체가 한 편의 '레퀴엠(requiem)'이다. 그 결과 「지하생활자」에서 지상의 '늪'에 거주하던 밥풀때기들은 생명력을 상실한 밥의 비정(非情)앞에 불구자가 되거나, 마약복용자, 범법자가 되어 지하생활자로 숨어든다. 이제 '늪'이 되어 버린 밥은 그 스스로 모든 생명체를 통째 집어 삼키면서, 기층민들의 응어리진 가슴 밑바닥에 더 이상 자아와 세계가 화해할 수없는 또 하나의 심연, '늪'을 만들어 나간다.

자본과 권력으로 무장한 밥의 폭력은 「달개비꽃」에서 잘 사는 나라 미국의 장병과 못사는 나라 한국의 어린 아이가 '걸레빵'과 '엉덩이'를 교환하는 지경에 이르면서, 그 상처는 극대화된다. 이

납득하기 어려운 밥의 위력을 지켜보던 어린 누이 '순임' 은 후일 생명 창조의 생식이 어려워 남편과 함께 부부클리닉에 다녀야만 했다. 고래로부터 연명(延命)의 사명을 지닌 밥이 가공할 만한 폭력으로 말미암아, 역설적으로 생명력을 사장(死藏)시키기에 이른 것이다.

양식(糧食)으로서의 가치를 잃고 오히려 기층민들의 숨통을 조여 오는 밥의 폭압에 직면한 이 땅의 지식인은 어떻게 현실 밖으로 나갈 것인가. 「지붕위의 남자」가 그 해답을 제공한다. '나' 는 비록 밥의 위악이 기세를 떨치고 있는 현실, 일명 '욕망의 바벨탑' 에 육신의 적을 두고 있지만, 정신만은 자연의 별을 벗 삼으며 영혼의 허기를 메워주는 시인 '지붕위의 남자' 가 된다. 지붕을 경계로 한 그 아래에는 무수한 욕망이 포화일로에 놓여있다. '욕망의 바벨탑' 지하에는 무려 열 여덟 개나 갖춘 대형 노래방, 일 층에는 아내의 약국과 비디오방, 이 층에는 호프집, 삼 층에는 중국집과 한정식집, 사 층에는 교단을 알 수없는 정체불명의 개척교회가 있어 '한마디로 맘껏 먹고 마시고 노래를 부르고 놀다가 혹 속이 더부룩하면 약을 사먹고, 그러고 나서 정신적으로 좀 꺼림직 하면 즉석에서 회개까지 할 수 있는 완벽한 시스템을 갖추고 있는 셈이었다' .(⑥:160-161) '나' 는 이 현대식 시스템에 몸을 담고 있지만 정신만은 '동방' 을 꿈꾸며, 벙어리 아가씨와 고물상 '강광수' 의 결합과 자연으로의 귀향에 갈채를 보내며 '지붕 위의 남자' 로 남는다.

지붕 위의 시인과 달리, 다수의 먹물들은 ‘욕망의 바벨탑’에 안주하여 속물이 되고 진짜와 가짜가 뒤바뀌는 난황을 보인다. 속물이 된 먹물의 진짜 같은 가짜의 모습은 「혁명기념일」의 ‘윤석주’의 모습에서 잘 드러난다. 대학시절, 좋은 세상을 위한 혁명을 부르짖던 ‘윤석주’는 정치권 실세를 지녔던 그의 아버지가 옥중에 있던 동지의 연인을 아내로 가로챈 것과 마찬가지로, 그 역시 동료 ‘목진기’의 연인과 결혼한다. ‘목진기’는 지붕 위의 시인과 마찬가지로, 완강한 밥의 위력에서 벗어난 또다른 지붕 전봇대를 오르는 전기 기술공이 된다.

‘윤석주’와 달리 「울프강의 세월」의 ‘강선태’는 가짜지만, 진짜 이상의 진지한 삶을 보여주고 있다. 그는 실지로 대학에 입학한 적도 없는 가짜지만 연애, 운동, 문학의 다방면에서 그 누구보다도 대학인으로서 그 기간을 진짜답게 보냈던 인물이다. 지금 전임 교수를 지향하는 ‘용선생’과 외교관이 된 ‘윤석주’는 전봇대를 오르는 ‘목진기’와 ‘강선태’의 삶과 대비해 볼 때, 자기 밥의 증식을 위하여 사상을 굴절한 변절자이다. 이들은 ‘노란 햇동이 터오는 고속도로의 새벽길’로 나아가는 자신의 전향을 개인과 사회의 새로운 발견이라는 또 하나의 새로운 바람의 근원(新風根)으로 역사를 위조한다.

언제 무너질지 모르는 ‘욕망의 바벨탑’이 끝도 모르고 하늘로 치닫고 있는 이 땅에서 지식인들은 끝까지 진짜의 모습으로 남기 위해, 지붕 위로 올라가 시를 쓰고 전기 기술공이 되어 전봇대를 오른다. 밥의 위악이 세를 더해가는 현실의 위압에도 불구하고 밥은 또다른 생명 창조를 위한 거름, 똥이 되어야 한다는 순환 관계를 견지해 나가는 이들의 고행은 마치, 역사와 전통의 땅에서 그 자신의 페이스(pace)대로 원형(圓形)의 마라톤 코스를 순환(循環)하는 것과 같다. 「마라토너」에서 '방준모'는 과거 자신이 학창시절 체육특기생이었던 것과 마찬가지로, 오늘도 그 페이스를 살려 마라톤 대회에서 변함없이 자신의 역할을 완수한다. 그것은 다름아닌 히어로(hero) 선수들이 잘 뛸 수 있도록 적절한 보조로 이끌어 주기도 하고, 외국선수를 견제해주기도 하는 '페이스 메이커(pace maker)' 이다. 자신은 히어로(hero)가 아니면서, 이 땅의 히어로(hero) 선수들이 잘 뛸 수 있도록 적절한 보조로 이끌어주고 나아가 외국선수들을 견제해 주어야 하는 '페이스메이커(pace maker)', 이것이야 말로 밥의 위력에 주눅들지 않았던 지식인 작가 김소진이 이 땅의 지식인들에게 제시하는 바람직한 인간상 '생리적 인간' 의 현실적 사명이다.

## 3. 성(聖)과 속(俗)의 동화(同化)

'욕망의 바벨탑' 속에 안주하지 않고 홀로 지붕 위에 남아 자신의 노래를 구가하기에 이른 '생리적 인간' 김소진의 내면과 주우하기 위해 그의 고백적 글쓰기 속으로 들어가 보도록 하자. 어린 시절 나는 어머니의 자궁에서 최초의 신생을 경험한 이후에도, 나는 어머니의 자장 안에서 반복적인 재생을 거듭한다. 생리적 인간에게 어머니는 만물을 살게 하는 '자연이 지닌 모성'을 대변한다. 나는 불화(不和)하던 세상과 알몸으로 대면하고 나서야 비로소 화해에 이른다. 이때 어머니를 비롯해서 창녀에 이르는 여성은 모성성을 실현한다. 그들의 육체는 부활의 성소가 되고, 그들은 상처받은 영혼의 치유자가 된다.

어린 시절 '나'의 눈에 비친 어머니는 여성이기에 앞서 신성의 소유자였다. 「용두각을 찾아서」에서 중학생이던 형의 흡연으로 말미암아 어머니는 병상에 누운 아버지를 앞에 두고 비상이라는 약사발로 어린 자식들에게 죽음의 의식을 강요한다. 신성(神性)의 힘을 간직한 어머니의 위력에 순응하고 약사발을 들이킨 '나'는 그 어머니의 신성으로 말미암아 곧 재생을 체험한다. 한낱 숭늉에 불과한 사발을 마시고 혼절해 버린 '나'야말로 어머니를 여성이 아니라 신성 그 자체로 외경해 왔으며, 어머니는 나의 재생과 성숙을 관장해 왔다. 이처럼 어린 시절 '나'의 삶을 지탱시켜 왔던 것은 다름 아닌 신성으로서 어머니이다.

학교를 다니면서 나는 어머니의 신성(神性)이 결국 자신이 만들어 낸 터부였음을 알아차린다. 초등학교 시절, '나'의 머리맡을 지나던 어머니의 치마 속에는 하나뿐인 속옷을 빨아버린 채 아무것도 걸치지 않은 비릿한 아랫도리 그대로였다. 터부가 깨어지자 나에게 세상은 한갓 무질서고 공포고 허무요 구토로 가득찼다. 혼란과 방황으로 가득 찬 내가 다시금 밖으로 나갈 수 있는 입사식이 어머니의 공간, 부엌에서 이루어진다. 단편 「부엌」에 의하면 '나'는 부엌에서 태어났으며, 부엌은 항시 그 어느 곳보다 포근한 '나'의 은신처이다. 중학생이 되자 '나'는 부엌 위의 다락방에서 지내게 되는데, '나'는 그 속에서 열병을 앓으며 계속 웅크린 채 세상 밖으로 나가지 못한다. 마루바닥에 둥글게 패인 틈새를 통해 부엌이라는 작은 세상을 엿보는 것이 당시 내가 할 수 있는 유일한 일이었다.

틈새를 통해 엿본 축소된 세상, 부엌에서는 과연 어떤 일들이 벌어지고 있는가. 이제 막 소녀티를 벗기 시작한 누나는 주말이면 하얀 젖가슴을 드러내며 부엌에서 목욕을 하고, 바깥에서 과격하게 칼부림을 하며 싸우던 '털보' 아저씨와 '필례' 누나 두 사람이 부엌에 들어와서는 다시금 격렬한 몸짓으로 살섞기를 시작한다. '나'는 목욕하는 누나의 알몸을 통해 남성과 상응하는 또 하나의 성으로서 여성을 발견하고, '털보'와 '필례'가 서로 뒤엉켜 있는 모습을 통해 여성과 남성의 화해와 양성(兩性)을 발견해 나가면서 아이에서 성년이 된다. 초등학생의 어린 아이가 신화의 세계(神性)에서 일상의 세계(兩性)로 눈을 뜨고 성년으로 거듭난 공간은 세상의 밖이 아니라, 어머니의 자장이 흐르는 '부엌'이었다.

대학생이 된 '나'는 어머니의 자장이 존재하지 않는 바깥 세상의 새로운 현실, 고래뱃속에서 신생을 도약한다. 「경복여관에서 꿈꾸기」에서 당시 밥과 불화하여 살던 '나'는 고래뱃속(鯨腹)에서 재생을 경험한다. 그곳은 밥의 세상으로부터 추방당한 사람들, 창녀와 사기꾼으로 보이는 자칭 시인이 모여 재활을 꿈꾸는 곳으로 비록 세상이 그들을 버렸을지언정 그들은 세상을 포기하지 않고 재래할 그들의 '동방' 을 위해 고래잡기를 포기하지 않은 사람들이 모여 있는 공간이다. '나' 는 경복여관의 가장 밑바닥, '미라' 의 지하방에 내려가 온 방안이 진짜 고래 뱃속처럼 축축하고 울렁거리도록 살을 섞으며 모질게 힘을 쓴다. '나' 는 땀에 젖은 얼굴로 미라의 보드라운 젖가슴에 나동그라져 의식이 가물가물해 진다. 이때 '나' 는 비속한 창녀와 살을 섞는 것이 아니라 신성한 여사제에게 일종의 장렬한 고해 의식을 거행한다.

> 불러. 불러어예!
> 귀에 대고 속삭이는 소리가 들렸다.
> 어. 어무이---- 흑흑 ----
> 나는 못나게도 가느다란 울음을 터뜨렸다. 숨이 막혔다.
> 그래 우리 애기야 또, 또오 부르거래이!
> 예, 예숙아!
> 옹야 참 착하구나. 또, 또오!(④:232-233)

대학시절, 수배를 피해 한동안 머물던 경복여관의 고래 밑바닥에 서식하던 창녀는 이념과 풋사랑에 상처 입은 내 영혼의 치유자이며 현존하는 성녀(聖女)이다. 그녀의 배 위에서 신생을 경험한

'나'는 창녀가 곧 성녀가 되고, 밥이 곧 똥으로 순환하는 현실 속에서 새롭게 태어난다. 그리고 지금까지 밥과의 불화라는 것은 기실 주림에 못 이기던 정신이 목마르게 육체와 화해를 꿈꾸어 왔던 몸부림임을 깨닫고, 과감하게 고래뱃속에서 나와 세상 속으로 들어간다.

신생을 위한 여사제로서 창녀 '미라'는 『양파』에 이르면 알타이 문명전의 '얼음공주'의 모습으로 등장한다. 우리 언어의 기원지로 추정할 수 있는 알타이 지역의 냉동고분에서 발굴된 이 여성 미라의 몸에는 동물을 그린 문신이 있는데, 이는 그녀가 사회적으로 특별한 존재인 사제의 신분임을 보여준다. 사제인 '얼음공주'의 왼쪽 어깨에 새겨진 동물형상의 문신은 목축민들이 사후에 유목의 낙원에 도달할 수 있도록 도와주는 동물을 상징한다. 항상 부족한 목초지와 예측불허의 기후 속에서 생존해야 했던 목축민들은 그들의 낙원을 꿈꾸며 그 의지를 얼음공주의 팔에 동물문신으로 새겨 놓은 것이다.

작중 '운지'에게 문신으로 기억되는 또 한 사람이 있다면 그것은 어머니, 징그럽게 꿈틀거리는 정염의 꽃 문신을 간직한 '무당'이다. 원시적인 유목시절의 여사제가 유목민들을 위해 훌륭한 목초지라는 유목 환경을 갈구했던 것과 같이, 고래로부터 여사제인 무당은 기층민들의 재난과 운명을 책임지고 안녕을 기구했다. 어린시절, 개백정인 아버지의 매질에 못 이겨 집을 나간 '운지'의 어머니는 지금 탄광촌에서 광부들의 생존과 안전을 기구하는 그 마을의 사제이며, 의사가 된 '운지' 역시 현대의 과학문명에 의해 교육받고 단련되어진 사제라는 점에서, 양자 모두 인간의 생명을 구하고 치유하며 인간의 안녕을 희구하는 '자연으로서 모성'을 대변한다. 청동기 시대의 황혼기, 알타이 지역의 '얼음공주'는 전래의 무당인 어머니로부터 현재 의사인 '운지'에 이르기까지 인간을 치유하는 모성으로서 그 역할이 전수되고 있다.

결국, 창녀 '미라'와 의사 '운지'는 그들의 사회 계층적 입지차이에도 불구하고 양자 모두 '얼음공주'와 같은 여사제, 치유하는 모성으로서 신성(神性)을 실현한다. 창녀와 의사가 동일한 입지에 놓이는 작가의 열린 의식 속에 어린시절 아버지의 마음을 사로잡아 '나'의 중학교 등록금을 앗아간 '춘하'는 몸파는 계집이 아니라, 응어리진 찬 마음을 따뜻하게 녹이는 '봄물(春河)'로 화한다. 「춘하 돌아오다」에서 '춘하'는 더 이상 회한의 존재가 아니라, 한때 '나'의 영웅이었고 이제는 떠꺼머리 총각이 된 '상호형'의 각시로 형수의 처지에 놓인다. '상호형'이라 함은 내가 꿈꾸던 동방의 우두머리, 우러름의 대상이었던 만큼 이제 그의 부인이 된 '춘하'는 '하얀 허벅지'의 창녀가 아니라, 순결한 신부이자 영웅의 여인으로 변모한다. 이 순간 산동네 마을은 더 이상 가난과 주림의 공간이 아니라, 화해의 향연이 벌어지는 '동방'이 된다. 동시에 메마른 '나'의 정신은 풍요로운 육체와 화해하고, 생명력을 외부 세계로 확장하기에 이른다.

창녀인 '미라'와 '춘하'가 의사인 '운지' 나아가 어머니의 모습으로 동일시되는 화해의 순간, '나'는 시공을 초월하여 아버지의 과거 여인과도 화해한다. 북쪽에 두고 온 아버지의 여인은 결국 '나'의 큰 어머니, 가족으로 포용된다. 「목마른 뿌리」에서 아버지가 된 '나'는 '나'의 아버지를 포용하고, 그 아버지의 기억마저 보듬는다. 아버지가 돌아가시고 몇 년이 지난 후 통일되어 북한의 이복형이 큰어머니의 유골을 가지고 남한으로 찾아왔을 때, '나'는 이복형을 한 나무의 가지로 포용하고 함께 아버지라는 목마른 뿌리에 대한 회한을 달랜다.

어린 시절 유일 성(性)으로 신봉하던 어머니의 신성(神性)이 곧 여성이며, 나아가 이것이 인간의 보편적인 양성(兩性) 중 하나임을 발견해 나가면서 '나'의 메마른 정신은 풍요로운 육체성과 화합하여, 소우주로서 인간이 지닌 신비를 체득한다. 나는 '창녀'와 '여성 사제'가 모두 상처받은 영혼을 치유하고 현실 속에 새로운 삶의 뿌리를 견고히 하는 토양이자 성소(聖所)로서, 양자의 동화(同和)를 깨닫는 가운데 과거 아버지의 여인들과도 기꺼이 화해하기에 이른 것이다. 신체의 움푹 패인 또 하나의 성역(聖域)은 여성사제의 성(聖)과 창녀의 속(俗)이 만나고 화해하는 공간으로서, '생리적 인간'이 본연의 '자연성'으로 귀환하는 계기를 마련한다.

## 4. '생리적 인간', 자연(自然)을 살아내는 사람

밥과 똥의 순환, 그리고 성(聖)과 속(俗)의 동화를 통해 이 세상과 화해해 나가는 김소진은 이제 그의 '동방'이 그리 멀리 있지 않음을 안다. 김소진이 추구하는 '동방'은 그의 초기 소설인 「열린 사회와 그 적들」에서 이미 그 윤곽이 드러나 있다.

> 아, 요 다 합쳐봐야 열댓두 안되는 게딱지 동네에서 땅별이 백개는 뜨는 구나. 하니 밤중에 댕겨도 후라시가 필요허겠어? 별이 빛나는 밤의 마을이라. 멋져, 완전히 한 편의 시야 시.(①:88)

'별이 빛나는 밤의 마을', 그것은 더 이상 어둠이 두렵지 않은 한 폭의 환한 별밤의 풍경으로서 낙원의 모습을 담은 시의 세계이다. 김소진은 '사건'이 아니라 '정서'로 풍만한 서정의 세계를 꿈꾸고 있다. 똥이 되어 창조의 순환을 거듭해야 할 밥이 자본과 권력의 몸이 되어 생명력을 상실한 '늪', 죽음으로 치닫고 있는 이 세상은 인간에게 있어서 위험한 사건이며, 그것은 결코 서정적이지 못한 서사의 세계이다.

'생리적(生理的) 인간' 김소진은 배고픈 자아(정신)와 과잉의 밥으로 비대해진 세계(육체) 사이에 가로 놓인 이 두터운 경계의 '늪'을 어떻게 허무는지, 그 화해의 길을 제시해 주고 있다. 그것은 다름 아닌 육체의 성역(聖域), 항문과 성기에서 벌어지는 일상적이면서도 신비로운 교환과 동화이다. 즉, 자아와 세계의 화해는 입으로 삼킨 자연(自然)을 다시 자연으로 되돌려 주는 교환과, 성(聖)과 속(俗)이 더 이상 적대적이지 않는 동화(同和)를 통해 이루어진다. 여기서 '교환'은 순환이며, '동화'는 유기체로서 그 자체가 자연을 대표하고 자연을 자연스럽게 만들고 있는 원동력이다. 인간은 태초 자신의 원형질이었던 자연성을 회복하여 불임의 대지에 생명을 소생시키는 또 하나의 생산자로서, 그 동안 침묵해 왔던 자연과의 대화성을 회복하는 가운데 진정한 우주의 중심이 될 수 있다. 김소진이 보여주는 '생리적 인간'은 이 땅의 지식인들에게 인간이 세계(자연)과 화해하는 방법은 곧 인간에게 잠재해 있는 자연성의 회복임을 밝히고 있다. 이것이야 말로 이 시대의 진정한 휴머니즘이다.

또 하나의 자연을 꿈꾸는 김소진은 현실에 안주하지 않는 '지붕 위의 남자'가 되어 시의 세계를 꿈꾼다. 그리고 아직은 도래하지 않은 '동방'을 위해 소설 쓰기의 여정 속에 뛰어든다. 그 스스로가 어두운 세상 갈 길을 훤히 밝혀주는 별이 되기 위해, 눈물 흘리며 속살을 드러내는 소설 쓰기의 고행 속으로 뛰어든 것이다.

퍼석퍼석 말라붙은 첫 껍질은 제 살갗에 붙은 살비듬 같아 때를 벗기는 심정으로 아주 거칠게 발라냈습니다.(⑤:180)

아직도 양파의 겉은 사춘기 여드름이 점령한 얼굴처럼 우툴두

틀한걸요. 그래서 두 번째 껍질도 이렇게 벗겨냈답니다. 과감하게.(⑤:180)

아직도 여전히 양파는 한숨짓는 제 얼굴을 닮아 있지 뭡니까? 아아, (⑤:180)

그래서 전 또 양파의 껍질을 벗겨냈습니다. 참다운 내 속살이 나올 때까지요. 그러고 나니 이제는 눈물이 그렁그렁 고인 창백한 내 얼굴이 저를 마주 보고 있었습니다.(⑤:180-181)

살비듬을 걷어내고 또 사춘기 여드름을 걷어내고 또 내 한숨을, 내 눈물을 걷어낸 양파는 이제 내 손바닥 위에서 영영 사라졌습니다.(⑤:181)

「눈사람 속의 검은 항아리」에서 그는 폐허가 된 마을을 벗어나며 절반쯤 깨어진 항아리를 발견하고 굵직한 황금빛 똥을 싼다. 그리고 이때껏 자신의 기억을 지탱해 온 육체인 산동네가 포크레인의 날카로운 삽질을 당해야 하는 현실을 목도하며 '나는 기껏 똥을 눌 뿐인데------ 그것밖에 할 일이 없는데--'(⑥:33)라는 독백과 함께 눈물을 보인다. 김소진의 소설은 그 자신의 몸이다. 그 몸속에서 한 때 밥이 되었던 것을 모두 드러내는 작업, 똥누기 — 그것이 바로 별과 속삭일 수 있는 투명한 자연인으로서 눈사람, 김소진의 소설 쓰기이다. 작가 김소진을 만들어 놓은 그 산동네가 사라지기 전, 자신이 할 수 있는 유일한 일이 그 어떤 현실적인 역량을 직접적으로 발휘할 수 있는 것이 아닌 자신의 알몸을 드러내는 글쓰기임에 작가는 괴롭다.

그러나 글쓰기, 그것은 지식인의 미봉책이 아니라, 후세에 길이 기억될 문학사의 별로 남는 작업임에 그 어느것 보다 사실적이고 영구적인 빛을 발한다. 그에 이르는 눈사람의 글쓰기는 실로 멀고 험난했다. 세상이 상처를 주더라도 상처난 채로 깨어있기. 달짝지근한 세상과 냉담하며 얼음으로 살기. 그런 까닭에 그의 소설 쓰기 과정은 눈물겨운 양파껍질 벗기기였다. 이처럼 그가 눈물 흘리면서도 매운 눈을 비비며 끊임없이 속살을 벗겨나갈 수 있는 글쓰기의 저력은 어디에서 오는 것인가. 그것은 개인적인 소망의 성취에 기인하는 것이 아니라, 탈개인적인 역사의 도정에 대한 끌림에 있다. "끌림의 본질이란 뭔가 하고 싶다 내지는 이루고 싶다는 것과는 사실 반대편에 있거든요. 더욱 멀어지고 그래서 미완에 그치고 마는 것이야 말로 끌림의 정점이고 운명이죠(⑤:149)" 이 땅의 지식인 작가에게 '끌림'이란 개인적인 욕망의 달성과는 거리가 먼, 떠돌아 다니는 기표(signifiant)가 만들어 내는 무수한 기의(signifie)들이다. 그래서 미완이며 그런 까닭에 계속되는 것, 이것이 바로 환유의 고리로서 역사이다. 김소진은 의뭉스럽게도 개흘레꾼 아버지를 역사의 전면에 부각시키고 있다. 역사를 일궈내기 위해 씨뿌린 사람들이 바로 자연과 소통하던 이 땅의 기층민이었으며 그를 아버지로 둔 작가 김소진은 곧 역사의 도정에 뿌려진 별로 존재한다. 자본주의 팽창기, 이 땅에서 '생리적(生理的) 인간'을 견지해 나갈 수 있었던 작가의 요절이 아쉽다.(2000, 겨울)

# '사이보그(cyborg)적 인간'의 출현과 '여성성'의 발견

— 김영하 초기 소설에서 '여성의 죽음'이 지닌 의미

## 1. 불지르는 몸

언젠가 화전민의 가옥, 너와집을 본 기억이 난다. 가장 인상 깊었던 것 — 너와집은 한지붕 아래에 모든 것을 품고 있다. --(중략)-- 그러다 눈이 녹기 시작하는 봄이 되면 그들은 너와집을 뛰쳐나와서 산악에 불을 질렀을 것이다. 그것은 마치 축제와 같았을 것이다. 타닥타닥 소리를 내며 산맥의 갈피갈피마다 불꽃들이 일렁였으리라. 그러나 이 시대에는 누구도 그런 축제를 벌일 수 없다. 아무도 무료한 겨울이 지났다는 이유만으로 불을 질러댈 수 없는 것이다. 그러니 이제 사람들은 스스로를 태워버릴 수밖에 없다.(『나는 나를 파괴할 권리가 있다』, 58면)

화전민의 '가옥(家屋) 불지르기'는 '가옥'과 '불지르기'라는 각각의 차원에서 김영하 소설의 몸체, 주어(主語)와 서술어(敍述語)를 이루고 있다. 거주(居住)가 인간과 공간의 친숙한 대화성을 의미할 때, 그 근거가 되는 집은 곧 '나'의 가시적인 공간성(實存)이라 할 수 있으며, 그 집을 불지른다는 것은 '나'와 세계의 대화성을 말살하는 행위이다. 그럼에도 불구하고 온갖 것을 품고 있던 집을 소각하는 화전민의 방화(放火)가 축제가 될 수 있었던 것은 그것이 또다른 새집을 마련하기 위한 최초의 행위라는 데 있다. 이처럼 무릇 '끝'과 '시작'의 경계가 축제가 될 수 있는 삶은 얼마나 행복한 것인가. '비움'이 곧 '채움'을 약속해 준다는 신념이 축제를 가능케 했던 것이며, 이는 곧 파괴와 생성이 '유쾌한 상대성'으로 가득 찬 카니발을 연상시킨다. 그러나 이제 축제를 잃어버린 사람들은 '자신(自身)'을 불 지른다.

김영하의 전작에서 두드러진 '여성의 죽음'은 자신을 불태우는 다양한 인물들의 분신담(焚身談)을 이루고 있다. 축제의 불꽃을 꿈꾸던 사람들이 자신의 육체를 소각하는 그 이면에는 그들의 말소된 의식이 전제해 있다. '몸'과 '의식'이 각각 독립된 실체가 아니라는(不一而不二) 메를로 뽕띠의 육화된 의식(la conscience incarnee)의 관점에서 본다면, '몸'은 '의식'과 더불어 운동적 경험을 통해 세계에 대한 지각에 종합적으로 참여하고 있다. 그러므로 '몸'과 '의식'에서 동시다발적으로 이루어지는 '불지르는 몸(焚身)'은 세계에 대한 절규와 아울러 존재의 비극이 함축된 메타언어이다. 이때 '여성의 죽음'이라는 기표는 '남성의 억압'에 대립하는 항목이 아니라, 사이보그(cyborg)적[1] 인간의 탄생과 관련하여 '생명(력)의 상실'을 의미한다. 기계화된 문명 시대에 '사이보그'가 인간이 창조해 낸 아담이라면, 이 글에서 '사이보그적 인간'은 그러한 사이보그를 지향하는 인간을 의미한다. 이 땅에 출현한 사이보그적 인간의 자취를 추적해 보자.

## 2. 사물화(死物化)된 신체(身體)

최근작 『검은 꽃』을 제외하고, 김영하의 소설에는 여성의 죽음이 두드러지게 나타난다. 가령, 『아랑은 왜』만 하더라도 두 여성의 죽음을 둘러싼 이야기이다. 이 작품은 아랑이 흠모하던 사노에 의해 죽은 것이라는 설화의 통념에 반기를 제기하면서, 모든 죽음의 근간에는 인간과 권력 상호간의 내밀한 암투가 자리잡고 있음을 파헤치고 있다. 작중 '아랑'의 죽음은 아랑 개인의 문제가 아니라 고을 수령과 그 아버지의 집단내 권력 암투의 희생물임이 밝혀진다. 동일한 맥락에서 작중 '영주'의 죽음 역시 영주 개인의 문제가 아니라 영주를 둘러싼 가족과 동거인 '나'의 무관심과 독선에서

1) '사이보그(cyborg:cybernetic+organism)'는 1960년대 시뮬레이션 과학자 클라인스와 임상정신병리학자 클라인이 우주여행에 적합한 새로운 인간-기계의 복합체를 상정하면서 만들어낸 말이다. 이들의 기본 철학은 인간도 기계도 독립적으로 존재할 때는 약하지만, 인간-기계의 복합적인 사이보그는 인간보다도 기계보다도 완벽하다는 말로 압축될 수 있다. 홍성욱, 「몸과 기술:도구에서 사이버네스틱까지」, 『몸 또는 욕망의 사다리』, 한길사, 1999, 199면.

비롯된 것이며, 이때 영주는 가족과 동거인의 희생물이다.

이처럼, 김영하의 전작에 걸쳐 대다수 인물들은 다양한 죽음의 형식을 취하고 있으며, 그들은 죽기 이전까지 그들과 대면하고 있던 '사람' 나아가 '사회'와 원활한 소통을 갈망하던 이들이다. 소통이 나와 네가 하나 되어 서로 교감할 수 있는 유기체적인 삶을 의미한다면, 소통의 부재는 삶의 토대를 균열시키고 나아가 생의 의미를 퇴색시키며 급기야 '나' 혹은 '너'를 죽음으로까지 몰고 간다. 그러므로 엄밀한 의미에서 그들은 스스로 죽음을 선택했던 것이 아니라 죽음의 상황에 직면했던 것이며, 그들을 죽음의 나락으로 몰고 간 사람들은 바로 그들이 살아생전 몸부림치면서 소통하고자 했던 그들의 이웃이다. 죽음은 '나'만의 문제가 아닌 '나'와 '너' 사이에 벌어진 문제라는 상호성을 띠고 있으므로, 죽은 자들의 근본적인 사인(死因)을 알기 위해서는 그들의 행적보다는 오히려 죽음의 계기를 마련해 준 살아있는 자들의 초상을 면밀히 살펴보아야 할 것이다.

첫 장편 『나는 나를 파괴할 권리가 있다』를 비롯한 대다수의 작품에서 살아있는 자들은 사이보그(cyborg)적 특성을 구비하고 있다. 그들은 인간성보다는 금속성에 탐닉하면서 인간과 기계를 뛰어넘어 보다 더 완벽한 육체를 가지고 자족적으로 생활한다. '걸어도 프레임으로 시야를 구획하고, 비디오에 담겨진 것들과 자신이 편집한 것들을 그의 두 눈으로 본 것보다 더 신뢰'하는 비디오 아티스트 'C'에게 있어 비디오는 고기능(高技能)의 눈(眼)이다. 이와 마찬가지로, 카레이서를 꿈꾸며 총알택시를 운전하는 동생 'K'에게 자동차는 기능이 강화된 그의 발(足)이다. 이 때 눈과 발은 의식(意識)의 통제를 넘어서서 그들의 전신(全身)을 조정하는 주인이다. 이러한 양상은 두 번째 창작집 『호출』에 이르면서 더욱 심화되기에 이르는데, 「내사랑 십자드라이버」에서 '십자드라이버'는 '나'를 '새로운 세계로 인도하는 열쇠'이며, '나'는 '엄지손가락은 렌치, 집게손가락은 십자드라이버, 가운뎃손가락은 일자드라이버인 그런 사이보그'를 꿈꾼다. 「총」에서 '석태'는 '기름걸레를 꼬챙이에 끼워 총구 속으로 집어넣을 때면 그의 몸'이 달아오르는가 하면, '일 분 삼십 초 안에 총의 모든 부품들을 질서정연하게 분해했다가 다시 재결합했을 때' 남성으로서 육체적 정체성(identity)을 확인한다. '석태'는 '총에 관한 잡지'와 '정교하게 만들어진 장난감 총을 사서 조립'하면서 '그 지긋지긋한 학교생활'을 비롯한 척박한 현실을 살아나갈 수 있는 생의 동기(動機)를 얻는다.

그들에게 금속성의 기계는 도구(tool)가 아니라 신체의 연장(extension)이다. 아니 나아가 이 연장들이 신체를 조정하는가 하면, 의식을 조정하고 삶을 기능적인 형태로 바꾸어 놓으면서 그들을 조정한다. '비디오'와 '자동차' 그리고 '십자드라이버'와 '총'을 사랑하는 사이보그들이 신체의 생명성보다 기계의 금속성에 친화력을 느낄수록, 그들은 인간과의 소통능력을 상실한다. 그들은 자신의 기획과 의도 아래 모든 것이 조작 가능한 기계의 일방성에 익숙해진 탓에, 타자라는 상호성에까지 인식이 미치지 못한 채 점차 사물화(死物化)되기 시작한다. 「총」에서 '석태'의 청력 상실은 듣고 말할 수 있는 양방성(兩方性)의 소통 능력이 거세되고 오로지 말할 줄만 아는 소통의 일방성(一方性)을 상징적으로 보여준다. 그들은 자신의 일방적인 소통이 관철되지 않을 때 급기야 죽이고 죽임을 당하는 유혈극을 벌인다. 이처럼 그들의 연장된 신체는 진정 다른 사람과 소통하기를 원할 때 심각한 현실적 장애가 된다는 점에서 상당한 위험, 죽음이 잠재해 있다.

단적인 예로 「내사랑 십자드라이버」에서 한 여자에 대한 사이보그의 미숙한 구애(求愛)에는 죽음의 그림자가 드리워져 있다. '눈이 너무 작고 이마도 좁은 데다가 등이 굽'은 '나'는 그 여자가 술 취한 틈을 타서 자신의 아파트로 데려오는 데 성공한다. '나'의 집에서 깨어난 여자는 '나'의 일방적인 구애 방식을 두려워한다. '나'는 단지 내 이야기를 들어주고, 내가 만든 조립품을 보아 달라고 하지만, 여자는 그 아무것도 수락하지 않는다. 이러한 과정에서 내가 그 여자를 죽인 결정적인 계기는 그 여자가 '나'를 받아들이지 않았던 데 있는 것이 아니라, 그 여자가 '나'의 조립물을 부수어 버리고 나아가 '나'의 분신(分神)인 '십자드라이버'를 들고 '나'를 위협한 데 있다. 내가 추앙하는 신성한 '십자드라이버'가 오히려 '나'의 생명을 위협하는 역설적 상황에서 '나'는 망설임 없이 그 여자를 죽이고 영구적으로 곁에서 지켜볼 수 있는 냉동인간, 또 하나의 조립물로 가공한다. 이러한 괴기스러운 사건을 접하면서도 독자가 공포와 소름을 느끼지 않는 것은 그 남자의 다음과 같은 고백에서도 드러나듯, 그것이 바로 사랑에서 말미암았다는 사실 때문이다. "사랑입니다. 제 사랑이 당신으로 하여금 그 차가운 냉장고 속에서 영원히 살아가게 만든 것이었습니다. 그 냉장고는 당신의 관이자 집이 된 것입니다. 제 사랑 때문이었습니다." 만일 그가 그 여자의 조건이나 물질이 탐이 나서 이러한 파행을 저질렀다고 한다면, 이 작품은 범죄소설이나 추리소설의 차원에서 비난과 흥미만을 남기게 될 터인데, 문제는 이것이 정상적인 소통방법을 상실한 기계화된 인간, 사이보그의 구애 방식이라는 점이다. 그는 기계를 다루듯, 자신의 조립물을 해체하고 보관하는 것과 동일한 방법으로 한 여자를 사랑한 것이다. 이처럼 자연보다는 인공이, 찰나적으로 제한된 순간의 생명보다는 영구 보존할 수 있는 박제가, 공유하고 소통하기보다는 개인만의 소유를 목적으로 하는 기계적 인간의 파행에서 드러나는 사실은 기계의 가학성이 온기와 수분을 가진 인간의 원형(原形)인 신체마저 조립하고 인위적으로 파괴하는 것은 물론 인간의 내적인 사고마저 기계처럼 사물화(死物化)시키고 있다는 점이다.

사이보그들의 미숙한 소통이 집단 및 사회와 대립할 때 문제는 자못 심각해진다. 「총」에서, 총을 추앙하는 '석태'에게 군대는 총을 직접 쏠 수 있다는 점에서 자신의 이상을 실현할 수 있는 가슴 설레는 곳이다. 그러나 일단 그가 군대라고 하는 단체로부터 소외를 경험할 경우, 그는 '나'와 '그들' 양자 중 한 쪽을 죽음이라는 극단적인 상황으로 몰고 간다. 총기난사로 총의 사용이 금지된

'석태'는 견디다 못해 총기를 소지하고 탈영한 후, 한 가족을 인질로 대대적인 군병력과 사투를 벌이면서 자신을 탈영병이 아니라 경찰에 둘러싸여 싸우다 죽어가는 외로운 탈주범으로 여긴다. '탈주범'이란 자신이 한때 소속한 집단을 이탈한 반역자로서, '탈주' 역시 집단에 대항하는 개인의 극단적인 소통 방식이다. 그는 어린 시절 집을 나간 이후 한 번도 만나지 못한 어머니의 목소리와 무수한 병력의 포위망에 둘러싸여, 생애 처음이자 마지막으로 어마어마한 소통을 요구받는다. 그러나 이미 그가 '한 사람을 죽이고 세 명의 목숨을 담보로 세상을 향해 총을 내갈기기 시작한 뒤', 즉 그가 세상을 향해 등을 돌렸을 때에야 비로소 세상은 그에게 관심을 가지고 소통을 요구하기 시작한 것이니 만큼 이러한 인위적인 소통의 말로는 비극적이지 않을 수 없다.

사이보그가 신체를 연장(extention)함과 동시에 신체 본연의 사회적 생명력을 상실하는 순간, 그의 의식(意識) 역시 사물화(死物化) 된다. 마틴 부버는 이처럼 사물화된 제 관계를 '나 — 그것(Ich—Es)'이라는 근원어로 파악하는 반면, 이와 대조적으로 '마주 서 있는 자'로서 '나 — 너(Ich—Du)'라는 근원어를 통해 제 관계(Beziehung)의 상호성을 강조한 바 있다. 이때 '나 — 너(Ich—Du)'의 관계는 신체의 생명(擬人化)에 바탕을 둔 것으로, 내가 '너'를 비롯한 집단에 대해 소통하고 화해할 수 있는 일련의 유기적인 관계를 의미한다. 그런 의미에서 육체를 상실한 기계적 인간의 가장 큰 한계는 '너'에 대한 인식부재이다. '나'의 토대 역시 '나' 아닌 다른 '너'에 의해 의미화된다고 할 때, 그들은 이 땅의 무수한 '너'와 '나'의 근원에 대한 인식이 부재하다. 그도 그럴 수밖에 없는 것이 지금까지 순환과 동화, 즉 상호성이라는 생명의 섭리를 깨우칠 만한 과거의 공동체 체험이 없었던 그들은 기계의 일방성을 통해 자신의 신체를 기계와 동일시하면서 성장한 것이다.

### 3. 사이보그(cyborg)적 일방성의 기원

사이보그의 과거 성장담은 그들이 기계화된 계기를 찾는데 좋은 실마리를 제공한다. 이들의 과거사에서 두드러진 공통점은 그들이 원초적인 고향을 상실하고 있다는 점이다. 김영하는 작중에서 아버지, 어머니를 비롯해서 가족과 함께 살아가는 인물의 모습을 보여주지 않는다. 설령, 결혼을 하고 있다손 치더라도 남자는 무정자증(無精子症)이거나 부부 사이에 아이는 없다. 작중 대부분의 '나'는 언제나 혼자 살고 있으며, 때때로 여자가 찾아오기도 하지만 그 여자 역시 곧 떠나고 만다. 이처럼 철저히 가족과 가정이 부재한 '나'에게 있어 의식의 원형을 형성하는 태초의 집은 애초부터 부재한다.

엄마는 절 혼자 키웠지요. 아버지는 일찍 돌아가셨어요. 아니

돌아가셨대요. 생전 제사 한번 지내는 거 본적 없으니까 거짓말인지도 몰라요 만약 아버지가 집을 나갔다면 충분히 이해가 가요. 엄마는 정말 견디기 힘든 여자니까요. 엄마는 동네에서 작은 술집을 했어요. 순대나 파전 족발 따위를 안주 삼아 소주나 막걸리를 파는 거였는데 술장사는 뒷전이었고 늘 이 남자 저 남자 뒤대주다가 볼 장 다 본 여자지요. 그러면서도 성깔은 대단했어요. 남자 하나 떠날 때마다나 늘 화풀이 당하는 건 저였어요. 뽕짝 소리 들려오는 골방에 앉아서 제가 무얼 할 수 있었겠어요?(「내사랑 십자드라이버」, 『호출』, 99면)

믿음, 소망, 사랑, 이라는 세 글자가 교회 현관에 붙어 있었지만 엄마나 아빠는 나를 소망하지도 않았던 것 같고 믿지도 않았으며 그렇다고 사랑하는 것 같지도 않았다. 나는 언제나 아파트 단지 놀이터에서 그네를 타거나 상가 여기저기를 쏘다니며 지냈다. 교회는 싫었다. 세월이 흘러도 아빠의 교회는 커지지 않았다. 그리고 엄마가 사라졌다. 신도들은 모이기만 하면 엄마 얘기를 했던 것 같다. 사람들은 사탄이니 뱀이니 도망이니 하는 얘기를 했던 것 같다. --(중략)-- 아빠는 열 살이나 젊은 여신도와 재혼했고 교회를 옮겼다.(「도마뱀」, 『호출』, 18면)

문득 이 가족의 삶이 정겹게 느껴진다. 8시 반 저녁 드라마에 나오는 가족들처럼 말이다. 저 사내의 말처럼 언젠가 나도 이런 가족을 가질 수 있을까. '사람 노릇' 하면서 살날이 올까. 설마, 석태는 고개를 젓는다. 그건 유산 같은 거야. 물려받는 거지. 남편 복 없는 년이 자식 복은 있겠냐고 그의 어머니는 말하곤 했다. 그건 나도 마찬가지야. 그는 맞받아치곤 했다. 부모 복 없는 놈이 무슨 복은 있을라구.(「총」, 『호출』, 126면)

「내사랑 십자드라이버」에서 '나'는 일찍이 아버지가 없는 결손 가정에서 어머니와 단 둘이 산다. 술을 팔아 돈을 버는 어머니 슬하에서 어머니와 어머니를 거쳐 간 무수한 남자들의 술주정을 들으며 내가 몰두했던 것이 바로 인공물의 조립이다. '막걸리 쉰 냄새 푹푹 나는 술집 골방에서 노랫소리 듣지 않으려고 그 놈들 술주정 소리 안 들으려고 귀를 막으면서 만든 것들'이 바로 비행기, 오토바이, 배, 항공모함, 라디오였으며, 기실 이러한 인공의 조립물은 부재한 아버지를 대신하고 나아가 나의 진로를 결정하고 삶의 목표가 된다. '나'는 성년이 되자, 늘 기계를 만질 수 있는 A/S 요원으로 일하면서 점차 타인과 소통할 수 있는 고리를 잃어버린 채 자신이 조작한 인공물을 닮은 사이보그를 꿈꾼다.

설령 아버지가 있다손 치더라도 아버지가 내세우는 도덕이 그들의 실제 생활과 서로 일치하지 않는 모순임을 직시하는 순간, '나'는 아버지는 물론 아버지의 담론인 종교마저 부정하게 된다. 「도마뱀」에서 아버지는 믿음, 소망, 사랑을 부르짖는 교회의 목사임에도 불구하고 자신의 가정에서는 아내와 딸을 믿고 소망하고 사랑하지 않는 인물이다. 여기서 문제시되는 것은 종교 그 자체가 아니라, 종교의 교리대로 실천하지 않는 아버지의 파행적인 삶과 그 가정이다. 이러한 가정에서 '나'는 육체의 언어가 지닌 생래적(生來的) 소통 가능성을 자연스럽게 배울 수 없었으며 오히려 금기시한다.

그러나 이들의 내면에는 어린 시절 불화하고 서로 소통하지 못했던 가정과 가족에 대한 꿈이 서려있다. 「총」의 무장 탈영병, '석태'가 인질로 삼았던 것이 빼어난 미모의 여자도 아니며, 엄청난 재력을 구비한 재산가도 아닌 평범한 '일가족'이라는 사실은 그의 내면 깊이 자리하는 가족과 가정에 대한 강한 향수를 역설적으로 보여준다. '석태'가 열 살 되던 해 어머니는 집을 나가고, 아버지마저 일찍 죽으면서 그는 결손 가정에서 자란다. 그는 부재한 부모를 대신해서 '간결하면서도 정교하고 그러면서도 충격에 강'한, 마치 그가 살아가야 할 삶의 모습과도 흡사한 총을 사랑하기 시작한 것이다. 『나는 나를 파괴할 권리가 있다』에서 'C'와 'K' 역시 '십자드라이버'와 '총'을 사랑하는 인물들과 마찬가지로 비디오와 자동차를 사랑하면서 성년이 되었던 것이다. 그들에게는 애초부터 의식의 원형으로서 아버지와 집이 부재해 있다.

이처럼 기계적 인간의 사물화(死物化) 경향은 그들의 성장과정에 기원을 두고 있다. 애정이 없고 소통이 부재한 결손 가정에서 그들은 '나'와 '너'가 자연스럽게 동화되고 순환할 수 있는 유기적인 소통의 방법을 제대로 배워나가지 못한다. 그 결과 그들은 금속성의 차가운 기계와 자신을 동일시하고, 그 조립가능성을 통해 삶의 비애를 극복해 나가면서 자신을 일깨워준 기계와 같이 그 자신도 생명력이 거세된 사물(死物)로 전락한다. 그들은 자신을 진정으로 사랑하는 여자와 '나 — 너' 의 관계로 마주서서 소통하지 못한다. 'C' 는 그에게 다가온 여자가 '그의 삶에 틈입한 곰팡이' 이며, '그의 의지와는 상관없이 삶 구석구석을 균열시켜 놓았다' 는 피해 의식을 가진다.

가정이라는 원초적인 공간을 통해 아버지의 도덕과 어머니의 온기를 체험하지 못한 이들은 이제 과거를 부정하고 그 자리에 기계를 대체한다. 그러나 기계가 가지고 있는 장점이자 가장 큰 단점인 '인위적인 조작 가능성' 은 그들에게 점차 삶의 상호성이 아닌 일방성만을 심어주면서, 오히려 기계가 이들을 스스로 창조주(創造主)가 되게끔 제조하기 시작한다. 부연하자면, 그들은 스스로 신(神)의 입지에서 모든 대상을 조립하고 사물화시키며 인간마저 금속성의 기계로 탈바꿈시키고자 한다. 이때 기계는 찰나를 대신해 영원을 약속해 주면서 인간의 위상을 한층 돋보이게 만든 것 같으나, 실상 그것은 조립된 기계의 '복제' 와 '반복' 에 불과하다. 온기와 수분, 즉 신체의 유기성이 없는 기계는 '나' 와 '너' 의 진정한 소통의 메신저(messenger)가 될 수 없으며, 오히려 제 관계를 '나 — 그것(Ich－Es)' 으로 사물화(死物化)시키고 만다. 「엘리베이터에 낀 그 남자는 어떻게 되었나」는 기계와 기계화된 인간 사이에 벌어지는 이러한 부조리한 삶의 단면을 잘 보여준다. '엘리베이터'

는 고층 건물에 사는 사람들에게 있어서 발의 연장(extention)이다. 그러나 그 편리한 발이 오히려 인간을 집게처럼 꽉 조이고 있으면 인간은 그저 기계에게 자신의 하루 일과 및 나아가 생명마저 헌납할 수밖에 없다. 이제 정작 경계해야 할 것은 인간의 사고 역시 기계처럼 사물화(死物化)되어 가는 것이라 할 수 있는데, 이는 마치 전염성이 강한 병처럼 '너'와 '나'의 체액 깊이 침윤되어 서로 소통할 수 있는 거리를 저만치 멀고 아득하게 만들어 버리고 말아, 급기야 아무도 '나' 아닌 타인의 일에 주의를 기울이지 않는다는 것이다.

### 4. '육화(肉化)된 언어', 신체와 의식의 교감

김영하는 사물화(死物化)의 도정에 있는 인간을 죽음의 위기에서 건져낼 수 있는 방안으로 육화(肉化)된 언어를 제시한다. 「사진관 살인사건」에서 사진작가는 사진관 여자에게 자신의 '맨발', '배꼽', '엉덩이'가 찍힌 사진을 통해 말을 건네며, 이에 그 여자 역시 자신의 누드 사진을 부탁하면서 그 남자의 육체적 언어에 응수한다. 이처럼 김영하는 두 남녀의 만남에 있어 육체 언어의 상호 소통 가능성을 보여준다. 그러나 이러한 육체의 언어는 자칫 '의식'이 부재한 색욕으로 치달을 수 있으므로, 포르노와 소통 사이 그 경계가 모호하기 십상이다. 그러므로 좀더 각성된 육체 언어의 성숙한 모습이 제시되어야 하는데, 그것은 메를로 뽕띠가 말한 바와 같이 상황으로써 환경과 짝지을 수 있는 육화(肉化)된 의식의 소통 가능성을 의미한다. 몸과 일치를 이루는 의식 혹은 의식과 일치를 이루는 몸은 '육화(肉化)된 언어'를 통해 '나 — 그것(Ich-Es)'이 아닌 서로 마주서는 '나 — 너(Ich-Du)'의 상호성을 지향한다. 이것은 소유가 아닌 공유, 나아가 타인을 향한 시혜적인 성격을 띠어야 한다. 그런 점에서 단편 「손」, 「베를 가르다」, 「나는 아름답다」, 「어디에도 있고 어디에도 없는」은 육체의 새로운 효용성, 시혜적인 기능에 눈을 뜬 '육화된 언어'를 구현해 낸다.

「손」에서 '나'는 이제 소통의 일방성에 회의를 품기 시작한다. 지금까지 '나'의 '눈은 마음의 창이라기보다는 스크린'이였으며, '다른 사람을 속여야 할 때, 눈을 사용'해 왔음을 깨닫는 순간 '나'는 그 눈을 대신해서 '현실에서는 이상을 꿈꾸고 이상에서는 현실로 하강하려는 진짜 인간의 손'에 대해 새롭게 인식한다. '나'는 자위하던 동생의 손에서 '좌절된 쾌락, 쓸쓸함'을 발견하고 동생의 손을 대신해서 그의 성기를 만져 주며 '정작 저를 푸근하게 만든' '손의 또다른 효용', 생명력을 감지한다. '나'는 지금까지 손가락을 조이면서 육신을 조정하고 있던 금속성의 반지를 빼내고, 소유하는 손이 아닌 다른 사람을 위무하고 베풀 수 있는 손의 시혜적 기능을 찾아 나선다. '나'는 그 손으로 고달픈 인생의 상처가 묻어 있는 타인의 발에 다가간다. '나'는 발에 소금 족쇄를 지니고 염전 속으로 걸어가는 홍학 떼처럼, 다리에 자신의 발보다 몇

배나 무거운 소금의 족쇄를 차고 혼란스러운 세상을 살아가는 다른 사람들의 상처를 치료한다. 「베를 가르다」에서 '나' 는 마치 예수가 성찬식 때 제자들의 발을 씻어주던 것과 마찬가지로 고달픈 인생을 살아가는 사람들의 발, 베가르기 춤을 추던 '수연' 의 맨발과 발레를 하고 싶어 하던 여자의 발을 '따뜻한 물로 오래오래' 씻어주려 한다.

이 지점에서 김영하는 나르시시즘의 일환으로 소설을 쓰는 것이 아니라, 다른 사람의 고통을 씻어 줄 수 있는 성직(聖職)으로서 작가의 길을 좀 더 무겁게 인식하는 진지함을 보여준다. 「나는 아름답다」에서 사진작가인 '나' 는 진짜 죽음을 담기 위해 연장된 눈, 사진기를 들고 여행을 떠난다. '나' 는 그토록 원하던 죽음의 실체와 조우하고 그 죽음을 카메라에 포착하는 기회마저 얻지만, 실상 딱딱한 기계 속에 내장된 영상으로서 사신(死身)이 아닌 그 내면에 살아 있는 죽음, 사물화(死物化)된 자신의 삶과 대면하면서 진짜 죽음을 담은 필름을 바닷물에 버린다. 남편을 죽인 여자가 그 스스로 목숨을 끊는 것만이 죽음이 아니라 아내를 진정으로 사랑하지 못한 내가 바로 사신(死身)이자 외로운 섬이며, '살아있는 죽음' 이었던 것이다. 죽음은 땅속에 묻히는 것만을 의미하는 것이 아니라, 지금 이 순간 바로 이곳이 '죽인 자' 와 '죽은 자' 그리고 '죽은 듯이 사는 자' 가 구별 없이 공존하고 있는 묘지임을 자각하는 순간, '나' 는 지금까지 가짜의 눈, 사진기를 통해 자신이 찍어왔던 것이 그저 '내 욕망, 내 본능, 내 삶, 내 행위' 등 자신이 만들어 낸 나르시시즘의 변종에 불과한 것임을 깨닫고, 이제는 내가 아닌 타인의 욕망과 본능, 삶의 일체에 다가서고자 한다. '나'는 남편을 죽인 여자의 상처를 위무하면서 서로 몸을 섞는다. 그 여자와 내가 함께 흐르는 그 소통의 시간 속에 일체의 죽음과 삶의 비애가 정화된다. '육화(肉化)된 언어'는 정작 내가 타인의 상처 입은 발을 씻어주겠다는 시혜적인 입장을 취할 때, 소통이 되고 나아가 타인의 아픈 기억과 상처마저 치유할 수 있는 의술(醫術)이 된다.

「비상구」는 소통의 출구가 봉쇄된 현실에서 타인의 비상구가 되어주는 여성의 육화된 언어, 그 시혜적인 의술(醫術)을 잘 보여준다. '나'에게 있어 '여자애'의 육체는 메마른 섹스가 아니라 건조한 삶에 수분이다. '여자애'의 배꼽 밑에 있는 화살 문신을 본 순간, '나'는 그 화살에 섹시한 맛을 느껴 그것을 비상구라 칭하는데, 기실 그 '여자애'의 성기는 정상적인 출구를 거쳐 살아 갈 수 없는 도시의 부랑아인 내가 한탕하고 돌아와 고개를 파묻고 쉴 수 있는 유일한 비상구이다. 이미 원초적 고향을 상실한 '나'에게 있어 '여자애'의 비상구는 되돌아 갈 수 있는 유일한 삶의 비상구(가정)이며, 실제 쫓기던 내가 여관방에 들이닥친 경찰을 피해 달아날 수 있도록 기꺼이 맨몸으로 경찰에 대항하여 시간을 끌어주는 현실의 비상구였다.

김영하 소설의 몸체는 이제 조금씩 바뀌기 시작한다. 그들을 유기한 아버지와 그 담론을 부정하고 금속성의 기계를 신봉하던 사이보그들은, 이제껏 보호막처럼 그들 몸의 외피를 감싸고 있던

'기계'를 벗어 던지고 인간의 맨몸, 온기와 수분이 흐르는 '육체'를 삶의 비상구로 설정하기 시작한다. 그도 그럴 것이 인간의 따뜻한 맨몸이야말로 우리가 이 세상에 처음 눈을 뜨고 첫 발을 내디딘 순수의 원형이며, 다시 복원해야 할 낙원에서의 존재 방식이기 때문이다. 몸은 머리보다 먼저 느끼고 머리가 받은 충격을 완화시키며 그 고통을 잠재우고 치유하는 역할을 한다. 이러한 몸에 대한 새로운 자각은 이전과 다른 김영하의 넓어진 인식지평을 보여준다. 그런 의미에서 김영하의 소설에서 섹스는 중요한 모티프가 아닐 수 없는데, 타인을 향한 시혜적인 입장에서 그것은 소통과 교감을 위한 '육화(肉化)된 언어'이기 때문이다. 초기 데뷔 장편에서 행해지던 메마른 섹스는 세 번째 창작집에 이르면 남녀 간에 서로의 상처를 치유하기 위해 물과 같이 자연스럽게 소통하는 육화(肉化)된 언어가 된다.

여행이란 그렇다. 그것이 일이든 여가이든 오래 하다 보면 묵은 상처들이 드러난다. 그게 서로에게 소금이 될 수도 있지만 대부분의 경우 약이 된다. --(중략)-- 물이 스며들 듯이 자연스럽게 둘은 살을 섞게 되었다. 여자의 품이 따뜻할 수도 있구나. 그 남자는 난생 처음으로 그런 생각을 하게 되었다.(「어디에도 있고 어디에도 없는」, 『엘리베이터에 낀 그 남자는 어떻게 되었나』, 196면)

김영하 소설에서 여성은 신체의 순환과 동화 작용을 촉진시키는 물, 즉 '생명력'을 상징한다. 몸의 순환을 위해 물이 필수 불가결한 것처럼, 김영하 소설에 있어서도 여성은 인간과 인간 사이의 올바른 순환에 일조하는 수분이자 생명이다. 첫 장편에서 'C'는 여자를 건조한 삶에 일시적으로 찾아든 습기 찬 곰팡이라고 부정하고 있었지만, 세 번째 창작집에 이르면 그는 여자를 따뜻한 온기로 인식하면서 남녀의 섹스는 물이 스며드는 것과 같은 자연스러운 섞임으로 약이 될 수 있다는 사실을 자각한다. 작중 여성은 남성에 대응하는 생물학적 성(性)이 아니라, 생명(력)에 대한 알레고리이다. 김영하가 1990년대 그의 소설에서 두드러지게 부각시킨 '타자'는 '죽은 여성'이 아니라 생명력을 상실한 '사이보그적 인간'이다. 90년대 소설에서 김영하는 여성성을 발견하면서 동시에 사이보그적 인간의 죽음을 자각한 것이다. 문명의 발달과 함께 첨단기계가 우리의 일상을 점령하는 시점에서, 김영하는 '사이보그적 인간'이라는 타자를 소설에 소환하여 우리 삶의 주체가 된 기계문명에 대해 의미 있는 질문을 던지고 있다.

이제 김영하의 첫 장편에서 여자들이 왜 죽음을 선택했는지 그 정확한 사인(死因)을 규명할 수 있다. 'K'와 'C'의 연인이던 '유디트'는 항시 사탕을 빨면서 끊임없이 침샘 분비를 자극하고 있었고, 유럽 여행길에서 만난 홍콩 여자는 끊임없이 콜라를 마셔댄다. 그들의 '사탕 빨기'와 '콜라 마시기'는 생명수의 공급으로 메마른 육체에 수분을 주는 행위이며, 나아가 순화(純化)와 정화(淨化)을 의미한다. 그들은 상호간에 흐르고 싶었던 것이며, 흐르지 못하고 고여 있던 물은 스스로 썩어버리는 죽음을 선택한다. 결국 여자들은 '신체'와 '의식'이 기계처럼 굳어버린 'C'와 'K'에게 제대로 흐를 수 없었으므로 홀로 수분을 만들어내는 일에 지쳐 스스로 죽음을 선택한 것이며, 나아가 그들의 죽음은 이 세계에 대한 김영하의 강한 소통 의지를 역설적으로 보여주는 또 하나의 육화된 언어이자 메타언어이다.

### 5. 내 몸에 물이 돌고, 너와 내가 통하기를 꿈꾸며

「당신의 나무」는 죽음에서 생명으로 나아가는 한층 넓어진 작가의 인식지평이 드러난다는 점에서 괄목할 만하다. '기계'와 '영상'을 벗어 던지고 '손'과 '발'의 수고로움을 겪으며 세계를 직접 체험할 수 있는 캄보디아 앙코르의 여정(旅程) 길은 그에게 삶을 일방성이 아닌 양방성으로 이해할 수 있는 좋은 계기가 된다. 그가 유적을 휘감고 있는 10층 건물 높이의 판야나무를 보고 '판야나무 한그루가 사원 하나를 통째로 집어삼켰다'고 경악하고 있을 때 맨발의 승려는 '모든 사물의 틈새에는 그것을 부술 씨앗들이 자라'고 있다는 일상의 진리를 일깨워 준다. 돌의 입장에서 본다면 나무가 돌을 부수고 있는 것이며, 나무의 입장에서 본다면 돌이 나무의 가는 길을 막고 있는 것이다.

결국, 문제는 '나 — 그것(Ich-Es)'이라는 일방적인 관점에서 보느냐 아니면 '나 — 너(Ich-Du)' 라는 양방적인 관점에서 보느냐에 따른 인식 지평의 차이이다. '나' 를 제외한 모든 것이 '그것', 사물로 치환되는 일방적인 관점과는 달리, '나' 와 동일한 '너' 가 공존하는 양방적인 관점은 세계를 더욱 풍요롭게 해석하고 유기체로 살아나갈 수 있는 혜안을 제공한다. 그는 이제껏 자신의 틈새를 비집고 불쑥 자리 잡은 여자가 자신을 부수는 나무라고 생각했으나 실상 그 여자는 자신의 메마른 삶을 쓰러지지 않도록 버텨주는 수분(生命)이였으며, 아니 오히려 그 여자에게 있어서 그의 존재가 나무일 수 있다는 사실을 직시한다. '나' 와 '너' 는 개별자가 아니라 서로가 서로를 위하여 버텨주면서 살아가는 유기체라는 인식이야말로 소통으로 나아가는 첩경이다.

이제 화전민들의 너와집에서 나갈 시간이다. 김영하는 존재의 집을 태우는 분신(焚身), '여성의 죽음' 을 통해 '나' 와 '너' 사이에 가로 놓인 불화의 거리에 대해 경고하며 아울러 육화(肉化)된 언어의 교감을 통해 '나' 와 '너' 의 화해 가능성을 보여준다. 그는 죽음 속에 떠도는 영혼을 존재의 집으로 귀환시키고 있다. 이러한 존재의 집이 재건되고 난 후에야 비로소 이 세계라고 하는 또 하나의 집에 관해 말할 수 있다고 할 때, 세계를 말하기 앞서 세기말에 존재하는 개인에 대한 김영하의 집요한 탐구는 이후에도 그의 문학세계에 큰 자양분이 될 수 있으리라 본다. 단, 그가 제시한 메타언어가 상호소통, 생명의 언어가 될 수 있도록 '대중성' 과 '현실성' 사이에서 부단한 균형감각을 유지해야 할 것이다. 왜냐하면,

소통의 궁극적인 목표는 ‘나’를 통해 ‘너’에게 다가서고 ‘너’를 통해 우리의 ‘실제 삶’에 다가감으로써, 이 세계에 다시금 축제를 복원시키는 데 있기 때문이다.(2001, 겨울)

# '좌파 지식인' 의 현실감각과 제전(祭典)의 변증법적 상상력

—김원일 『불의 제전』 1~7(문학과지성사, 1997)

## 1. 머리말

김원일의 『불의 제전』은 1980년 장편소설로 잡지에 연재를 시작하여 1997년 완간에 이르기까지 본격적인 집필기간만 18년이 걸린 대작이다. 이 작품이 실린 문학잡지만 보더라도 『문학사상』(1980-1982), 『학원』(1984-1985), 『동서문학』(1988-1989), 『문학과사회』(1993-1995)의 4곳으로 국내 다수의 문학지에 연재된 바 있는 인지도 높은 작품이다. 이 작품은 6 · 25라는 민족 분단의 역사를 기록한 전쟁소설로 안주하고 있는 것이 아니라, 민족의 고통 속에서 인간 삶의 제 양태를 드러내 보인다는 점에서 역사적 상상력의 깊이와 넓이가 입증된다. 김원일은 『불의 제전』에서 자신의 가족사뿐 아니라, 당시 모든 가정이 안고 있던 시대적이고 역사적인 문제를 다루고 있다.

김원일의 『불의 제전』은 두 가지 차원에서 의미 있는 작품이다. 첫째, 이 작품의 공간은 전쟁의 의미를 풍요롭게 재조명할 수 있는 특수한 의의를 지닌다. 김원일의 어린 시절 성장 배경이 되었던 진영과 그 일대가 작품의 배경이 되고 있으며, 좌 · 우익의 양진영으로 구분되는 등장인물 역시 그 지방의 토착민 모두를 그 대상으로 하고 있다. 김원일은 진영땅을 중심으로 대립된 사상을 습득하는 인물간의 갈등과 화합을 구체적으로 보여줌으로써 화해와 공존의 역사를 보여주고자 한다. 둘째, 이 작품에서 김원일은 '좌파 지식인'의 궤적을 보여주고 있다. 일제 식민치하 이념에 눈을 뜨고 좌파 지식인으로 성장한 인물이 한국전쟁을 전후하여 어떤 삶을 살아가는지 그들의 삶을 조명하고 있다.

작품의 표지 '투계'를[1] 비롯하여 작중에서 대단원의 막을 내리는 10월, 투계 상황의 설정은 전란(戰亂)을 고려해 놓은 작가의 의도로 읽을 수 있다. '투계장의 닭싸움'은 전7권에 달하는 전작의 집약적인 메타포이다. '투계장(cockpit)'이란 싸움터로서 전란(戰亂)을 의미하고, 싸우는 두 마리의 수탉은 생명의 전쟁을 나타낸다. 공격적인 수탉은 그 자체로 중국에서는 전쟁을 상징한다. 반면, 들에서 암탉과 함께 있는 수탉은 생활의 기쁨을 나타낸다. 싸우지 않은 수탉은 암탉과 함께 있을 때, 들판의 수확과 평화를 약

1) 작품의 표지그림으로 등장하는 '투계'는 이념을 둘러싼 민족의 분단이라는 서사의 내용을 짐작할 수 있도록 해주거니와, 작품의 결말에 이르면 작가는 고려시대부터 전래된 전통 민속놀이인 투계 과정의 묘사를 통해 한 배에서 나온 형제간의 유혈극이 빚어낸 비극을 상징적으로 보여준다. 점성술에서 수탉은 연중 군사를 일으키기 좋은 10월에 대응한다.

속한다. 이처럼, 인간으로 대변되는 닭은 '싸우는 수탉' 과 '암탉과 함께 있는 수탉' 의 두 유형으로 나눌 수 있다. 이러한 구분에 의하면, 작품에 등장하는 남녀 인물의 결합은 전쟁을 둘러싼 텍스트 이해의 중요한 토대가 된다. 이미 전쟁을 치른 수탉들은 전쟁의 종식과 함께 암탉과 전원을 만들어 나간다. 작중 남녀의 결합은 과거의 상흔을 씻어내고, 전원의 수확과 평화를 약속하는 계기가 된다. '싸우는 수탉' 이 한국전쟁의 의의를 새롭게 조명해 내고 있다면, '암탉과 함께 있는 수탉' 은 현존하는 사회의 질서를 굳히고 있다. 이 글에서는 전쟁의 발단으로 '싸우는 수탉들' 의 팽창하는 욕망을 먼저 살펴보고, 이후 화해와 희생의 제전을 만들어 나가는 '암탉과 함께 있는 수탉' 의 노정을 살펴보고자 한다.

## 2. '제전(祭典)' 의 변증법적 상상력

인간의 욕망을 이야기할 때, 빼놓을 수 없는 것이 프로메테우스가 전래한 불이다. 자그마한 불씨, 불꽃, 불빛은 태초의 인류에게 삶의 소금이 되었다. 점차 이 불은 단순히 진화적이고 신화적인 내용을 넘어서서 인간의 이성 및 기술 발전을 위한 메타포로 작용하기 시작했다. 횃불은 낮과 밤의 자연적인 시간의 교체를 허물고, 인위적인 조작을 가능케 한다. 그 결과 인류에게는 프로메테우스적인 두 가지 사건이 발생한다. 첫 번째 사건은 자연에 대한 인간의 조작능력으로서, 인간은 환해진 불빛에 의해 밤에도 대낮 같은 상황을 연출할 수 있었다. 두 번째 사건은 첫 번째 사건에 의해 파생된 것으로 잉여노동과 잉여자본의 창출이다. 대낮처럼 조성된 환경으로 인해 노동 시간이 길어졌으며, 그만큼 더 많은 자본을 축적할 수 있었다. 첫 번째 사건은 자연과 인간의 관계를 전복시킨 세계관의 변화를 초래했다. 일기 및 일조량의 조절은 그 누구도 침해 할 수 없었던 신성한 자연의 법칙이다. 고래로부터 바꿀 수없었던 자연의 흐름을 역습한 인간의 조작능력은 자연을 압도하기에 이른다. 그 결과 자연은 숭배와 경외의 대상이 아니라, 인간의 욕망 달성을 위한 수단이 되었다. 인류는 자연에 대한 조작능력을 증진함으로써 자연을 정복하는 가운데 인간의 욕망을 증폭시켰으며, 결과적으로 자연을 더 많이 파괴하고 굴복시킨 자가 인류의 주인으로 부각되었다.

두 번째 사건은 자본주의 구도를 만들었다. 밤에는 정지되어야 할 노동이 불빛에 의해 연장되었다. 그 만큼 연장된 노동 덕택에 잉여 자본이 창출되었고, 더 많은 잉여자본의 주인이 되기 위해 더 많은 잉여분의 노동력이 요구되었다. 자본주의는 저마다 주인과 지도가가 되기 위해 타인보다 더 많은 '잉여분' 을 경쟁하는 욕망의 포화상태를 조장한다. 이미 자연과 인간이 하나라는 생명 공동체를 허물기 시작한 인간은 이기심과 시기, 질투로 혈안이 되어 '자연 대 인간' 이라는 대립을 가져왔으며, 나아가 제국주의를 비롯하여 '인간 대 인간' 간의 동종상잔(同種相殘)을 초래했다. 이것은 자그마한 불씨에 지나지 않았던 인간의 욕망이 이글이글 타오르는 용광로 같은 불길로 번져나간 인간비극이다. 불로 시작된 포화된 욕망은 그 화력으로 패권을 다지기 마련이다. 프로메테우스가 인류에게 가져다 준 불은 애초부터 정당한 성취가 아닌 훔침을 통한 것이다. 이러한 왜곡된 도입은 그 시작부터 부정한 욕망의 회로를 거쳤기 때문에, 욕망의 최다 증폭 시에는 그 본연의 부정성이 등장한다. 화학무기와 대량 살상이 상징하는 전쟁이란 포화된 인간 욕망의 귀결점이다. 어느 시대, 어느 곳이라도 전쟁은 욕망의 부정성을 보여주는 대표적인 귀결점이다.

『불의 제전』은 전쟁이 초래한 인간비극의 실체를 반영하고 있으며, 아울러 민족의 분단과 대립을 극복할 수 있는 공동체의 길을 모색하고 있다. 표면적으로 작가는 한국전쟁을 주축으로 한 10개월(1950년 1월 부터 10월까지)의 짧은 시간적 배경하에 작품을 풀어나가고 있지만, 그 이면에는 일본 식민지와 태평양 전쟁까지 소급하여 보여준다. 이것은 한국전쟁이 1950년대 발발한 동족상잔의 비극이기 앞서 일찍이 한반도에 세력을 행사한 일본과 미국의 구도 속에 놓여있음을 보여준다. 이러한 통찰은 작중 대표적인 좌파 성향의 지식인, 조민세와 심찬수의 행적을 통해 드러난다.

조민세의 경우, 이기영의 『고향』에 등장하는 김희준과 연속선상에 놓이는 인물이다. 그는 일제 식민지 시대, 일본에 유학하고 귀환한 후, 농촌에서 적색노동조합을 결성하여 농민계몽에 앞장섰던 인물이다. 김희준이 무지한 농촌처녀와 조혼하고 인텔리 여성에 대한 새 연애관이 형성된 바와 같이, 조민세 역시 무지한 촌부를 아내로 두고 있으면서 당원으로 활동할 무렵에는 이념의 동지인 한정화라는 인텔리 여성에게 마음을 빼앗긴다. 조민세의 과거가 리얼리즘 소설의 모태인 『고향』의 김희준을 그대로 반영하고 있다는 점에서, 『불의 제전』에서 집중적으로 조명된 1950년 조민세의 행적은 김희준의 후일담으로 볼 수 있다. 조민세는 6 · 25를 전후하여 입산한 후, 빨치산에 가담하고 이어 남로당에 가입하는 등 1950년대의 전형적인 지식인상을 보여준다. 한국근대문학사를 고려해 볼 때, 식민치하 일본에 저항했던 좌파 지식인은 한국전쟁을 계기로 미국에 대항하는 공산당원이 되는 역사적인 행로를 걷는다. 김원일은 조민세를 통해 식민지와 분단문제의 시간적 간격을 메우면서 한국전쟁을 통시적 역사의 흐름 속에서 파악한다.

심찬수의 경우, 적색운동에 가담한 전력으로 인해 학도병으로 징집되어 태평양 전쟁에 출전한다. 그는 일본에 대항하는 지식인이 아니라, 일본이 대항하고 있었던 미국에 대항하는 지식인이 된다. 태평양 전쟁은 이 땅의 젊은이들에게 미래의 적과 대면하게 되는 계기가 된다. 태평양 전쟁에서 일본과 미국을 바라보는 한국 지식인은 양국 모두를 적대국으로 인식할 수밖에 없다. 왜냐하면 태평양 전쟁은 일차적으로 식민지하 한국 지식인에게는 일본 제국주의의 침략전쟁이었으며, 이차적으로 개화기 이래 오랫동안 주눅들어 있었던 미국을 비롯한 서구주의에 대한 전면적인 반동과 일탈이었다. 이러한 미국에 대한 초기 인식은 해방이후 미국을 포섭하고 동조자로 여기는 남한의 반공문학과 미국에 대항하고 배척하는 북한의 주체문예가 나누어지는 단초를 마련한다. 심찬수는 필리핀 만다니오 섬까지 끌려가 구사일생으로 살아 돌아올 수 있었지만, 한쪽 팔을 잃고 귀환한다. 불구의 몸으로 귀환한 심찬수는 '불구'라는 피해 의식으로 인해, 정상적인 젊은이의 패기를 잃고, 마약과 술에 의존하고 급기야 약혼녀와 파혼을 자초하는 상흔을 남긴다. 심찬수의 삶에 대한 불구적 인식은 당시 젊은 지식인의 의식 세계를 대변한다. 제국주의자의 식민지에서 갓 벗어난 민족이 다시 이념의 갈등으로 동족간의 대립구도를 형성하게 되었으니, 심찬수의 외상이 상징하고 있듯 당대 지식인들에게는 불구적 세계 인식과 번뇌가 팽배했던 것이다.

이 글에서는 조민세와 심찬수를 통해, 전쟁을 둘러싼 제국주의 포악성을 발견할 수 있다. 태평양 전쟁에서는 일본과 미국이, 한국 전쟁에서는 미국과 소련이 포화된 욕망으로 전쟁이란 불구덩이를 파기 시작했으며, 이 엄청난 난폭성에 대한 한국 지식인들의 저항은 무참히 신체의 불구를 초래하고, 가족의 해체를 초래했다. 그러나 인간의 욕망이 잉태한 불씨는 다시금 인간의 집요한 욕망으로 응집될 수 있다. 불을 피울 수 있는 패기와 기운을 지닌 인간이라면, 다 타버린 잿더미 속에서 새로이 불을 지필 수 있는 점화법을 잊지 않고 있다. 캄캄한 미맹에서 벗어나 개안의 광명을 누릴 수 있었던 인간은 빛의 매혹을 단념한 채 어둠으로 귀환할 수 없으므로, 다시금 그 빛의 도움으로 이제는 모든 사람이 열락(悅樂)을 맛

볼 수 있도록 해야 한다. 인간 욕망의 이면에는 투계(鬪鷄)와 같은 치열한 삶의 방식과 견고한 투쟁력이 있다. 화력성의 최고조에 달하는 전쟁을 자행할 수 있는 투쟁력이야말로, 다시금 전흔을 딛고 우뚝 설 수 있는 저류의 연속적인 힘으로 작용할 수 있다. 전쟁을 감당하는 것 그 자체로서 전쟁을 종식하고, 전흔을 치유할 수 있는 힘을 내장하고 있는 것이다. 김원일은 그 힘을 '제전(祭典)' 이라는 한층 고양된 숭고한 의식으로 보고, 그간의 상처와 고통을 치유하려 한다.

이 작품은 살인 사건으로 시작된다. '소작인의 지주 살인' 이라는 화두는 6 · 25발발 이전 한국 사회의 전형적인 갈등이다. 소작인, 차구열이 자신의 지주인 서유하를 죽이고 입산하여 빨치산 유격대에 가담한다. 서유하는 진영 근동에서 잘 알려진 지주 집안의 재력가였으나, 평소 금전에 인색하다보니 읍내에선 평판이 좋지 않았으며 게다가 차구열이 없는 틈을 타서 차씨의 아내인 안골댁을 겁탈한 바 있다. 반면, 차구열은 전형적인 촌부로서 조부 이래 서씨 집안의 가노(家奴)였는데, 동학 혁명을 계기로 가노에서 해방된 차씨 일가는 서씨의 작인이 되었다. 이러한 지주와 소작인의 신분 관계가 빚어내는 갈등은 부르주아와 프롤레타리아의 대립을 구체화시킨 것으로서 이후 좌 · 우익의 극단적인 증오심 표출인 한국전쟁의 씨앗이다. 이러한 '계급 대립의 해소' 는 전쟁을 비롯한 소설 전체 갈등의 종결을 의미한다. 양자간 갈등의 해소를 위해 지주 서유하가 먼저 죽임을 당했고, 이후 차구열도 우익의 손에 죽임을 당한다. 이들의 죽은 자리에 안골댁은 양 계급 사이의 화해의 씨앗을 배태한다.

이러한 상징적인 사건의 화두에서 알 수 있듯, 갈등을 불식시키는 화해의 제의에는 다수의 희생(속죄양)이 뒤따른다. 전쟁은 많은 소중한 것을 앗아가는데, 육신의 파괴 및 가정과 가족을 해체한다. 사랑하는 아버지를 비롯해서 부모 형제를 잃고, 자식을 잃는 것은 다반사이다. 배종두는 아들 배현주를 잃고, 갑해는 아버지 조민세를 잃고, 형 유해를 잃었다. 사랑하는 연인 심찬정과 서성호가 헤어지고, 남은 심찬정은 불구의 폐인이 되었다. 아치골댁은 남편 차구열을 잃었고, 안골댁은 남편 서유하와 아들을 잃었다. 이처럼, 모든 마을 주민들은 너나없이 가족을 잃기도 하고, 해체되기도 했다. 그러나 전쟁의 폐허 속에서도 앞으로 돋아날 희망의 씨앗은 내장되어 있다. 가정은 완전히 해체된 것이 아니라 시대와 세대가 바뀌면서 갈등 요소로 작용하던 폐습이 없어졌을 뿐, 기존의 구습과 보수성을 깨부수고 새로운 화해의 장을 마련한다. 악덕 지주의 가족은 비록 해체되었지만, 그 자리에 지주와 소작인의 결합을 통해 얻어진 새로운 생명이 새 시대의 화해를 약속하며 공존공생의 삶을 위한 새로운 가정 만들기를 시작한다. 예컨대 남편을 잃은 차구열의 처 안골댁은 남은 아이들을 데리고 김바우라는 성실하고 근면한 농부와 함께 새로운 가정을 만들기 시작한다.

상실을 통한 속죄의 제의는 과거와 현재의 고난을 벗어나기 위한 금긋기의 일환으로서, 충분한 희생이 소요된 이후 그 잿더미에는 새로운 희망이 싹튼다. 이 작품에서 희망의 싹은 이념 갈등 및 신분대립을 둘러싼 전쟁의 소용돌이 속에 탄생한 새 생명이다. 이 새로운 탄생은 상반된 이념의 갈등을 초월하여 생명과 신분의 대립을 극복한 생명으로 각각 나타난다. 배종두와 박귀란은 빨치산에 입산하여 그 곳에서 유격대원들과 동거동락하며, 부부의 인연을 맺었다. 배종두는 가문대대로 내려오는 토착지주의 외아들인 반면, 박귀란은 비록 신식 교육을 받았을지언정 자손대대로 내려오던 소작인의 딸이다. 이들이 계층질서를 허물고, 하나로 결합할 수 있었던 계기는 이념의 동질성에서 말미암은 것이다. 기존에 팽배해 있던 봉건주의 잔재 속에서는 결코 꿈도 꿀 수 없었던 이들의 결합은 공산주의라는 진보적 이념의 출현으로 말미암아 폐습을 허물고 새로운 화해의 장을 형성할 수 있었다. 이 두 사람으로부터 태어난 새 생명이 배달이다. 한 겨레를 상징하는 아기의 이름에서 알 수 있듯, 배달이의 탄생은 이념을 넘나드는 화해를 상징하고 상처를 극복한다. 탄생의 의미가 이렇듯 소중한 바와 같이, 좌익의 손에서 우익의 땅으로 전달되는 아기의 이동경로 역시 화해의 연속선상에서 파악할 수 있다. 배달이의 조부내외는 진영 땅의 토착지주 출신으로 우익의 그늘아래 있다. 반면, 배종두 내외는 좌익 전장의 선두에서 그들의 이념 관철을 위해 투신한다. 이러한 환경을 딱히 여긴 외팔이 심찬수는 전장의 위협을 무릅쓰고 배달이를 조부의 품에 안겨준다. 배달이의 출생은 계층 대립을 불식시켜준 좌익의 지식인 부부에 의한 것이었지만, 이후 성장은 조부와 조모가 있는 우익의 손에서 행해질 것을 이 작품은 약속한다. 이처럼 배달이의 출생과 성장이 양자 사이에 골고루 분배된다는 사실은 배달민족이란, 양 이념이 어우러진 가운데 한 겨레의 정통성을 이어받을 수 있으며, 양자의 합일을 통해 민족의 화합이 가능하다는 비전을 암시한다.

이 모든 노력은 민족의 과제이기도 하지만, 선두의 임무는 이 땅의 젊은 지식인의 몫임을 작가는 심찬수를 통해 보여준다. 갓 태어난 배달이가 조부 품으로 귀향할 수 있었던 것은 외팔이 심찬수에 의한 것이다. 이는 당시 팽배했던 지식인의 불구적 삶을 다시금 온전한 삶으로 만든 역전의 계기를 마련한다는 점에서 의의를 지닌다. 작중에서 심찬수의 불구적인 삶은 이중적 의미를 지니고 있다. 즉 의식에 있어서의 온전성과 실천에 있어서의 불완전성이 그것이다. 심찬수는 양자 사이에서 갈등하며 술과 아편으로 불구의 삶을 연명하지만 6·25라는 민족의 문제에 직면하자, 그는 새 생명의 평화로운 성장과 삶을 위해 전장의 도가니를 건너는 위험을 불사른다. 이 때 그의 온전한 의식은 불구의 몸을 압도하여, 의식이 실천을 넘어설 수 있다는 의지와 희망을 약속한다. 이는 식민지 시절에 학창시절을 보냈던 심찬수를 비롯한 당대 지식인들에게 큰 의미를 부여하고 있다. 식민지하의 지식인들은 말 그대로 의식과 생활이 분리되어 있었으며, 1930년대 최명익의 '폐어인'과 채만식의 '냉동어'에서 드러나듯 인성(人性)을 상실한 채 동물화 되어 있었고 나아가 동물 중에서도 이미 동작성을 상실한 불구적 상태로 묘사되어 있었다. 식민치하 지식인들은 생활이 의식을 압사시켜버린 채 그야말로 불구적인 삶을 살아가고 있었다. 요컨대, 과거 식민지 세대 지식인들은 온전한 정신에도 불구하고, 실천에 있어서 시대적 제약이 지닌 불구성으로 말미암아 온전한 정신마저 불구적 상태에 머물러 있었다. 당대 모든 지식인들에게 '의식의 온전성'과 '실천의 불구성'은 서로 양립하고 있었지만, 6 · 25를 정점으로 온전한 의식이 불구적인 생활을 압도할 수 있는 강인한 계기를 마련한다. 작중 심찬수는 식민지 이래 이 땅의 지식인이 지닌 삶의 불구성을 온전한 정신으로 역전시킬 수 있음을 보여준다. 그것은 6 · 25라는 동족의 문제를 좀더 적극적이고 바라보고 시대에 대응해 나가려는 젊은 고뇌와 열정이자, 우리 미래에 대한 희망의 싹이며, 4 · 19 세대인 작가의 역사 인식이기도 하다.

신분적 대립을 넘어선 또다른 탄생은 앞서 언급한 바 있는 차구열의 처 아치골댁의 출산에서 찾아 볼 수 있다. 지주에게 겁탈당한 소작인의 처 아치골댁은 새 생명을 잉태한다. 비록 겁탈이라는 왜곡된 방식을 가지고 탄생한 아기지만, 이 아이야 말로 훗날 자손이 끊어진 지주(서유하) 집안을 이어나갈 유일한 혈육으로 안골댁의 품으로 들어간다. 희망의 새 생명이 잉태를 앞두고 있을 때, 지주 서유하와 소작인 차구열은 죽는다. 양자의 희생은 계급을 불식시키고, 왜곡된 계층 질서의 폐습을 상쇄시킨다. 이들의 희생이 있었던 까닭에, 새로운 생명은 새로운 화해의 시대를 보장받을 수 있다. 비록 소작인이었던 아치골댁의 뱃속에서 나온 자식이지만, 지주 서유하의 가문을 이어나갈 하나뿐인 씨앗으로 새로운 화해의 족보를 만드는 첫 장이 된다.

이 두 아이의 탄생은 이 작품에서 주된 갈등으로 이어져 내려온 이념 갈등과 신분 갈등을 불사르는 전환점과 시작이 된다. 이러한 화해에 이르기까지 전쟁이라는 엄청난 제의(祭儀) 속에 수다한 인명이 희생 제물로 바쳐졌던 것이다. 그 희생의 밑거름으로 화해의 새 생명이 평화로운 시대를 살 수 있는 것이다. 다시 말해, 이 엄청난 불의 욕망이 저지른 전쟁은 속죄의 희생제의가 있었던 까닭에 앞으로 다가올 더 크고, 가슴 져미는 희망이 도사릴 수 있다는 것이다. 전쟁은 일종의 '제전'으로서, 제사의 의식을 실현하는 장이므로, 희생과 희망이라는 두 가지 필요충분조건의 실현을 통해 그 가치가 부각된다. 작가는 단순히 전쟁을 비극적 고통과 슬픔이라는 단선적인 시각으로 바라 본 것이 아니라, '제전(祭典)'이란 일층 승화된 제의로 파악하고 있다. 전쟁의 현재적 시각에서 벗어나 미래적 비전을 제시하는 김원일의 『불의 제전』은 단지 고통과 슬픔의 하강구조를 띠는 것이 아니라, 전쟁의 상처를 제의 속에 통합함으로서 희생으로 한 차원 승화시키며 이 희생을 기반으로 갈등은 무화되고 새로운 삶과 새 생명이 희망을 변주한다. 김바우와 아치골댁의 혼인은 구습을 허무는 새로운 결합으로 새 삶을 보여주고 있으며, 두 아기의 출생은 새 시대의 도래를 예고한다. 이 때 제의는 새로운 희망사업으로 앞선 희생을 발판으로 한 희망의 역사를 기약한다.

### 3. '시장(市場)'과 '전장(戰場)', 화해와 공존의 장

김원일이 집전하는 제전의 궤적을 따라가기 앞서, 제전이 행해지는 공간에 대해 주목해 볼 필요가 있다. '제전'을 준비하는 김원일에게 삶이란 일정 수확을 거두어들일 수 있는 시장적 인식이 내재해 있으며, 작중 경남의 자그마한 읍, 진영은 그 자체로 시장의 성격을 띠고 있다. 이 이야기의 시작과 끝은 진영으로 완결된 구조를 지니는데, 김원일은 일정 공간의 일정 지역민이라는 전형을 통해 민족적 상황을 대변하고 있으며, 민족의 일반사를 진영의 구체사를 통해 상세히 보여준다. 진영은 어떤 곳인가.

> 이 읍은(적어도 장터 주위는) 유교적 미풍양속이 그대로 보존된 고풍스럽고 순박한 그런 시골에서 나쁜 방향으로 재빨리 신흥된 동네로, 하루살이나 뜨내기 인간들이 잠시 거쳐 가는 여관과 다를 바 없는 마을임에 틀림없습니다. 씨족 사회의 관습이 잔존한, 동네 전체가 몇 집안으로 이루어진 시골과, 서울이나 평양 같은 도시를 비교할 때, 이 소읍은 도회적 성향을 더 많이 갖추었고 성씨 또한 온갖 잡성이 섞여 있습니다. -- (중략)-- 우선 이 소읍은 개방적이고 활기에 차 있다는 점입니다. 바로 그런 점에서 삶의 생생한 현장을 보듯 합니다. 부유하고 가난한 자가 공존하고, 그

모순된 질서를 깨뜨려 부단히 노력하는 일군의 식자층도 살고 있습니다.[2)]

이러한 사실로 미루어 보아, 진영읍은 두 가지 특성을 지니고 있음을 알 수 있다. 첫째 자본주의의 과도기적 형태를 띤 공간이며, 둘째 다양한 부류의 인물들이 공존하고 있다는 점이다. 당시 진영읍은 이미 도회와 시골의 면모를 조금씩 갖춘 중간적인 형태를 띠고 있었는데, 이는 한국 사회가 근대 자본주의 사회로 넘어가는 과도기를 집약적으로 보여준다. 1920년대 후반부터 진영읍 중심부의 직업구조가 농업보다 상업이 우위에 있었으며, 1936년에는 삼랑진에서 경전남부선이 완전 개통된다. 그 결과 읍 중심부에는 뿌리내린 토박이가 얼마 되지 않으며, 인근 토호나 살림 반반한 자작농이 관청과 학교가 있다는 이점에서 읍내로 옮겨 오거나, 주저앉은 장사치들이 대부분이다. 도시화의 초기 상태에 있는 진영읍은 '신흥동네' 로서 토착민보다는 '뜨네기' 인간들이 스쳐지나가는 장터의 속성을 지니고 있으며, 그 자체로 하나의 '시장' 이었다.

시장은 물건을 사고파는 일종의 합리적인 거래가 이루어지는 곳이다. 시장의 거래 법칙이란 잉여의 이윤을 거두어들이는 것이다. 즉, 시장은 장꾼들과 상품의 화려한 외피 속에 비교적 합리적이고 서로 간에 마찰 없이 개별적인 자본의 잉여를 거두어들일 수 있는

2) 김원일, 『불의 제전』2, 문학과 지성사, 1997, 50-51면. 이하 본문 각주는 인용문 하단에 페이지 수 만 기입.

자본주의의 온상지이다. 특정 공간에 대한 기득권(이윤)을 거둬들이기 위해 불꽃 티는 화포와 화염 그리고 피를 불사르고 행해지는 유혈 현장이라는 점에서, '전쟁' 역시 인류의 가장 적나라한 '시장' 이다. 요컨대, '시장' 과 '전쟁' 은 욕망의 쌍생아이다.

이미 어린 시절부터 장터에 대한 인식이 뿌리깊이 박혀버린 김원일의 성장 과정을 고려해 볼 때, '시장' 이라는 특수한 공간설정은 작가가 지닌 현실 인식의 단초를 열 수 있는 상징적인 열쇠이자, 제전의 가치가 실현되는 공간임을 알 수 있다. 그런 까닭에, 다시 이야기의 범위를 진영으로 한정시켜 장터의 속성을 짚어 볼 필요가 있다. 애초 시골의 장터란 장돌뱅이와 그들이 펼쳐놓은 진기한 물건들의 풍경으로 만들어진 성시(盛市), 즉 축제의 장이다. 없는 것이 없을 정도의 풍요로움과 평소에 보지 못한 신기하고 재미난 일들이 펼쳐지는 축제의 한마당이다. 축제가 화려한 만큼, 이와 상반되는 초라한 존재가 있다. 축제의 입장권 '돈–물질' 을 소지하지 않은 자는 장터에서 소외되어 고독을 절감한다. '돈–물질' 은 인간의 잉여 욕망이 가시화된 복제품이다. 현실을 집약적으로 보여주는 '시장' 은 물질을 충족한 자에게는 흥성거리는 축제의 마당이 되지만, 물질이 결핍된 자에게는 물건 팔러 나간 어머니를 기다리는 편모슬하의 아이(갑해)처럼 소외되고 외로운 공간이다.

장터를 통해 현실을 인식하고, 그 현실에서 살아남을 수 있는 방법을 어린 시절부터 알아버린 김원일에게 전쟁 역시 또다른 하나의 시장이다. 즉 너나 할 것 없이 잉여의 이윤을 거둬들이기 위해

탱크와 대포, 폭격기들의 화려하고 가공할만한 큰 규모의 시장이 전장(戰場)인 것이다. 김원일의 삶에 대표성을 띈 진영은 시장이자 전장이다. 시장이란 축제 공간이기도 하지만, 일회적이며 파장(罷場)이라는 완결성을 띤다. 카니발의 형식을 띈 시장이 '온갖 잡성이 섞여' 있어 그 자체로 계층과 이념이 무화된 공간이듯, 전쟁(한국전쟁) 역시 '지주'와 '소작인', '좌익'과 '우익'을 가리지 않고 모두가 공존하는 일종의 장시(場時)이다. 시장이 '더 나은 것'을 산출해 내기 위한 잉여공간인 것과 마찬가지로, 전쟁 역시 단순히 상처와 고통만을 안겨 주는 아노미가 아니라, '더 나은 세계'를 만들기 위한 행보로서 투쟁 공간이며 과거의 희생이 희망을 기약할 수 있는 잉여공간이다. 시장이 파한 자리에 잉여의 이윤이 남는 바와 같이, 전쟁이 파한 자리에 이념과 계층의 대립이 사라진다. 좌익과 우익의 경계가 허물어지고, 무산자와 유산자의 구분이 사라진 종전(終戰), '파장'은 모두가 공존공생하는 화합의 시작을 알린다.

계급 갈등이 사라지고 '부유하고 가난한자'가 공존하는 이 자유의 공간은 누구에 의해 지탱되는가. 근대를 기점으로 새롭게 등장하는 '일군의 식자층'(지식인)이 바로 그들이다. 식자층이란 과거 물질의 유무에 의한 계층구분을 초월한 부류로서 '알고 있는 자'란 어의에서 알 수 있듯, 지식의 유무가 시대를 선도하는 새로운 조건으로 부상한다. 그런 까닭에, '일군의 식자층'이란 김원일 소설뿐 아니라 그 밖의 지식인 소설에서 당면한 사회의 특성을 잘 보여주는 집단으로 서사의 추이를 주도하면서 작품의 주제를 도출해 내는 중심인물이다. 이곳 진영 장터마을을 선도해 나가는 식자층으로는 안시원과 박도선을 들 수 있다.

축소된 삶의 현장으로서 진영에는 시장의 살아있는 도(道)로 존재하는 인물이 있다. 그는 1921년 이복누이와 근친상간의 금기를 허물고자 고향땅을 야반도주한 인물로서, 이리저리 떠돌다가 1927년 진영 장터 마당에 정착한다. 시끌벅적하고 무질서한 진영읍에 정착해서 기어코 삶의 뿌리를 마련한 그의 이름은 안시원이며 그 이름에서 짐작할 수 있듯이, 그는 과거 자신이 부정(否定)했던 삶과 제도를 대신해서 그 자신이 시원(始原)으로 스스로 새로운 규범을 만들어 나간다.

안시원은 서원과 사정 내력을 두루 알아보고 그 재건에 앞장섰으며, 학식과 활솜씨로 근동에 이름이 알려져 마을의 대소사까지 총괄한다. 특히, 안시원은 무관의 후예답게 무엇보다도 활솜씨가 뛰어났는데, 여기서 '활'과 '화살'이란 시장 내 그의 위치를 상징적으로 보여주는 단서이다. 도교에서 '활'과 '화살'은 높은 것은 내리고 낮은 것은 올려주며, 남는 것에서는 덜어내며 모자라는 것은 보충하는 '도(道)'를 상징한다. 안시원은 시장에서 벌어지는 자그마한 논쟁에서 비롯하여, 나아가 마을의 모든 대소사를 관장하며 높은 것과 낮은 것, 남는 것과 모자라는 것 사이에 균형과 절제의 도를 만들어 나간다.

안시원의 위치를 이처럼 굳건히 만든 데에는 오기목의 '소반 만들기의 성역화 작업'과 같은 상징적인 계기가 내재해 있다. 과거 오기목은 별세한 부친의 대를 이어 나이 서른이 채 못 되어 소목장 장두가 되었으나, 그의 일솜씨는 날림 소목수 수준이었다. 오기목은 보잘것없는 직업으로 스스로 폄하해 왔으나, 안시원이 '귀한 음식 받쳐먹는 상 만드는 장인'으로서 긍지를 새겨주고, 호와 낙관을 만들어 줌으로써 그에게 자긍심을 심어 주었다. 안시원은 오기목이 지닌 낮은 천민의식을 장인(예술)정신으로 승화시킨다. 이 사건은 높은 것은 내리고 낮은 것은 올려주는 안시원의 도가 실현된 일 예이며, 이를 통해 안시원은 오기목을 비롯한 마을 주민들의 살아있는 도(道)가 되었다.

이 밖에 안시원은 마을 젊은이들에게는 서당의 훈장으로서, 어른들에게는 집안의 큰일과 마을의 행정적인 일들을 수행할 수 있는 선지자로서 지침을 제공한다. 노소와 빈부의 구분 없이 공감대를 형성해 나갈 수 있는 안시원은 아래와 위를 잇는 대들보이며, 2세대와 1세대의 갈등을 완충시킬 수 있도록 높은 것과 낮은 것 사이를 탄력적으로 오가는 시장의 살아있는 규범이다. 그는 종래의 대립과 갈등을 해소시킨다는 점에서 화해의 구도를 형성한다. 우리의 근현대사는 이민족으로부터 독립을 염원하며 함께 투쟁하던 동족을 현재의 적으로 만들기도 하는 등 인간과 인간의 대립구도를 형성해 왔다. 예컨대, 지주와 소작인이라는 계급의 구분과 갈등은 양자간 반목과 질시의 골을 키워 왔다. 안시원은 인간과 인간의 대립의 벽을 허물고 화해의 규범, 도를 다져나간 인물이다.

자칫 무절제할 수 있는 진영 장터 마당에서 안시원이 도(道)를 실현하면서 새로운 규범을 만들어 나갈 수 있었던 데에는 국밥집을 운영하는 그의 처 감나무댁의 조력이 크다. 감나무댁은 시장의 풍요를 누릴 수 있는 입장권(물질) 생산의 최전선에 있지만, 단순한 축적이 아닌 적절한 분배의 원리를 실현한다. 남편(차구열)의 죽음으로 호구지책의 난관에 직면한 아치골댁에게 장사밑천을 대주기도 하고, 이후 국밥집에서 함께 일하도록 주선하는 등 분배를 통해 소외된 시장인의 삶에 자양분을 준다. 이 밖에 감나무댁이 번 돈은 박도선이 세운 한얼 협동조합의 설립자금으로 희사되기도 하며, 조민세를 위시한 빨치산 지하당원들의 활동자금이 되기도 한다. 그녀는 시장의 어머니로서 물질에 소외된 이웃들의 갈증을 채워준다.

작품의 말미에서 마을 주민들을 가운데 두고 투계를 심판하던 안시원의 모습을 통해, 작가는 안시원이 마을의 시원(始原)으로 살아 움직이고 있음을 보여준다. 그러나 그는 날이 갈수록 쇠약해지고 기운을 상실한다. 투계장이 파한 뒤, 악화 일로에 접어든 안시원의 병세는 시장의 도에 균열을 보여준다. 도(道)란 굳건하고 곧게 버티고 있어야 제 구실을 다하는 법인데, 그의 쇠약해진 건강은 점차 살아있는 규범으로서의 한계를 보여주고 있으며, 이는 시대의 변화에 발맞추어 다음 세대의 또다른 시장의 도가 요구됨을 시사해 준다. 이처럼 쇠약해져가는 안시원의 도를 대신해서 보다 넓은 화해의 구도를 만들어가는 인물이 박도선이다.

## 4. '좌파 지식인'의 현실적 진로 : 인간과 자연의 공존을 도모하는 자

박도선은 '좌파 지식인'이였다. 그는 죽기까지 자작농의 꿈을 버리지 않았던 전형적인 소작농 박삼봉의 아들이다. 그의 모친 윤권사는 외양간 옆에 작은 기도실이 있을 정도의 독실한 크리스천이다. 박삼봉의 경우 기존의 계층분류에 의할 것 같으면, '가난한 자'(무산자)에 해당하겠지만, 2세대인 아들 박도선에 이르면, '식자층'(지식인)이라는 새로운 계보를 형성한다. 그는 단순히 지식인이 아니라, 좌파에 경도된 바 있는 지식인이라는 점에서 주목을 요한다. 한국전쟁 전후, 박도선의 행적을 살펴보는 일은 '좌파 지식인'의 진로를 알 수 있는 근거가 된다.

그는 일제시대 좌파 지식인 조민세와 함께 철하 쇠전마당쪽에 흙벽돌을 찍어 야학 교사를 짓고, 농민을 교육하며 적색(赤色) 농민조합 운동을 선도하는 와중에 세 차례에 걸쳐 다섯 해 동안 감옥에서 보낸 바 있는 골수 좌익 운동가였다. 삼팔선으로 남과 북이 분단되자, 그의 사상도 좌 · 우익 극단적인 노선에서 온건한 민족주의자로 선회한다. 한국전쟁을 전후하여, 그는 좌익의 이념을 접고 온건한 민족주의를 지향하는 지식인이 된 것이다. 이후 그는 열렬한 활동가로서 진영마을을 대표하는 식자층으로 부상한다. 극단적인 좌익 노선에서 온건한 민족주의자의 길을 걷기까지 박도선의 의식변화를 살펴보면 다음과 같다.

> 장자의 책임으로서 달린 가족을 이끌고 갈 짐도 부담되었지만 뜻을 펴는 데는 선택된 땅이 따로 없다는 쪽으로 그는 생각을 바꾸었던 것이다. 그는 혁명적 실천적 행동 대원으로 나서기를 포기한 대신, 오물 투성이의 더러운 물을 자체 정화하는 한 갓 일꾼으로서, 지역 사회 민중 교육의 봉사로 후계자를 양성하고 거줏을 통해 뜻을 펴기로 결심했다.(1-93면)

박도선의 방향전환은 기실 좌익에서 우익으로의 전향을 뜻하는 것이 아니라, '뜻을 펴는 데는 선택된 땅이 따로 없다' 는 깨달음을 통해 '지역 사회 민중 교육' 에 전념하기 시작했던 것이다. 그것은 이념의 구분에 관계없이, 인간의 존재는 '대지에 뿌리박은 생명력' 에 다름 아니라는 자연에 대한 깨달음에서 말미암은 것이다. 생명에 대한 외경이 이념의 장벽을 유연하게 극복하고 있다. 이는 기존에 팽배해 있었던 인간 위주의 세계관에 대한 반성이자, 땅과 어우러진 인간을 통해 인간과 자연이 하나라는 인식의 확대를 보여준다.

이러한 성찰이 가능했던 것은 그 자신이 바로 소작농의 후예, 즉 자연의 가치를 피부로 절감할 수 있는 계층의 아들이기 때문이다. 지주란 말 그대로 땅의 주인으로, 땅의 목소리에 귀 기울이지 않고 자신의 욕망만을 증식하는 부류임에 비해, 소작인은 땅을 소유하지는 않았으나 그 누구보다 땅과 뿌리 깊은 인연을 만들어 나가는 계층이다. 땅과 소작인 간의 뿌리 깊은 인연은 '농사'라는 일정 수확과 결실에 의한 것으로, 한 해 동안 공들인 땅에 뿌리를 내린 벼이삭이 결실을 거두고, 자신의 배를 채워줄 때 소작인은 더욱 땅에게 허리 숙여 농사를 행하며, 그 보드라운 땅을 밟고 그들의 관계를 돈독히 한다. 소작인의 평범한 아내인 아치골댁을 통해, 소작인들의 땅에 대한 외경을 알 수 있다.

> 농사일이란게, 땅이란 거짓말하지 않기에 노력의 댓가를 보상해 주기 마련이므로 소출은 모두 내 것이란 그런 소유욕은 애초에 없었다. 시집가기 전이나 간 뒤에도 자기 땅 가져본 적 없으므로 벼베기 농사란 지주 곳간 채워주는 대신 소작농은 입살이가 고작이었다. 그러나 그네는 손 부르트고 어깨 허리 결리더라도 맨발로 흙 밟고 흙내음 마시며 일하고 싶은 마음이 잠자리에 들어서도 문득 그리워지는 서방 품만큼이나 그네를 강렬하게 유혹했다.(4-135면)

이들에게 '땅'은 잉여의 부를 축적하는 물질이 아니라, 단지 땅 자체가 '서방 품만큼이나 강렬하게 유혹하는' 외경의 대상으로 존재한다. 단지 좋을 뿐, 그래서 그 속에서 살고 싶은 마음일 뿐, 그 땅이 누구의 소유인지는 중요하지 않다. 소작인의 후예 박도선에게 있어서 농사를 업으로 할 수 있는 한얼농장의 설립은 세계에 대한 인식의 전환을 보여준다. 그는 진영중학교의 사회과 선생이자 훈육주임, 한얼고등공민학교의 운영책임자이자 교사, 자작농이자 영농 지도자, 일년에 한 번꼴로 책을 써내는 향토 사학자이자 한얼농장설립자의 일을 모두 수행한다. 그는 과거 좌익 운동가라는 인간의 지도자(인간대 인간의 관계)에서 한차원 나아가 '대지의 순응자(자연대 인간의 관계)' 로 나아가는 새로운 인류의 패러다임을 보여준다.

지금까지 인류는 '인간' 을 세계의 중심으로 자처한 결과 더욱 중심에 오르고자 인간끼리 대립해 왔으며, 전쟁이라는 가공할 만한 욕망의 포화상태로 말미암아 인간 자신을 파괴하는 동시에 나아가 자연을 비롯한 온 세계를 황폐화시켰다. 이러한 과거에 대한 뼈저린 반성은 박도선을 통해 다시금 인간이 자연에 귀환할 필요가 있으며, 인간 역시 대지에 뿌리박은 하나의 생명에 지나지 않는다는 자연과 화합하는 인간 공동체의 일면을 보여준다. "대지에 뿌리박은 생명력이랄까, 돌보는 이 없이도 바람과 물과 해와 땅 힘으로 자라는 초근목피와 짐승이 그들의 목숨을 연명시켜 준달까." (2-43면) 자연의 한 종(種)에 불과한 인간 역시 '초근목피' 와 마찬가지로, '바람과 물과 해와 땅' 의 힘으로 자라나는 것이라는 깨달음은 박도선을 땅(진영)에 뿌리박도록 하는 계기가 되었으며, 가장 직접적으로 자연을 느끼며 살 수 있는 농사일에 전념토록 이끌었다.

인류가 다시 자연과 호흡해 나가기 위해서 한얼 농장은 구체적으로 어떤 일을 해 나가고 있는가. 박도선이 추진하는 한얼농장의 특성을 한마디로 말하자면, 사회주의와 예수교의 접목형태이다. 즉, 사회주의 공동 윤리에 예수교적 유토피아를 추구하는 단체로서 그들은 공동생활을 실천한다. 원시 농경사회에서는 토지와 권력이 신의 소유로 되어 있었으므로 사유재산제도가 이 땅에 뿌리를 내릴 수 없었던 반면, 이 땅에 사유재산제도가 실현되자 토지는 사유가 되었으며 인간의 모든 권력과 소유욕이 좌충우돌하기 시작한다. 이에 대항하여 공산주의 이념이 출현한 것이라 할 때, 박도선의 한얼농장은 기존의 문제의식을 명확히 계승한 공산주의 초기 의도를 기본 골격으로 하되, 일인독재의 불순이념을 피하고자 기독교적 박애와 사랑을 알맹이로 취한 것이다. 이처럼, 작가에게 사회주의와 예수교는 두 가지 축으로 존재하고 있다. 아버지로부터 물려받은 소작농의 피와 어머니의 종교인 기독교의 영향력이 박도선의 지식체계에 융합되어 독자적인 세계인식을 도출해 낸 것이다.

이러한 한얼농장에서 전쟁 고아들과 함께 박도선은 아버지로, 서주희는 어머니로 그 역할을 전수받아 폐허의 땅을 치유하고 복구하며, 희망의 결실을 수확하고자 건강한 노동을 한다. 땅에 기반을 두고 신성한 노동으로 공동 분배하려는 박도선의 확대된 세계인식은 종교를 초월하는 피안의 사상을 제시해 준다. 이는 곧 자연과 인간의 공존모색 작업으로 오늘날에도 유효한 새로운 도(道)이며, 사제 김원일이 제시하는 인류의 새로운 패러다임이다.

'좌파 지식인' 은 주체인 우익의 그늘에 가려진 이 땅의 타자이다. 『불의 제전』의 말미에서, 분단과 이념의 대립을 극복할 수 있는 공동체적인 삶의 양식을 조명하는 인물이 좌익계 지식인이라는 사실은 흥미롭다. 그가 비록 '온건한 민족주의자' 로 전향했으나, 그는 한국전쟁 이전과 이후 이 땅을 선도하는 지식인이 된다. 이 작품에서 '좌파 지식인' 의 활약은 세 가지 차원으로 나타난다. 첫째, 그들은 한국전쟁의 전과 후 당대 지식인의 내면추이를 보여준다. 둘째, 그들은 새 생명을 통해 전쟁의 상처를 적극적으로 치유한다. 셋째, 소작인의 후예답게 땅과 친숙한 환경주의자로 거듭나는데 성공한다.

김원일이 『불의 제전』에서 제시하는 '좌파 지식인' 은 1950년 한국전쟁전후를 배경으로 '이념문제' 에서 '생태 문제' 로 관심을 돌리고 있다. 특히 '생태 문제' 는 오늘날은 물론 미래에도 긴요한 이 땅의 문제라는 점에서 전향 지식인의 진보적이고 발빠른 현실감각을 보여준다. 아쉬운 점이 있다면, '좌파 지식인' 의 이념에 대한 열정과 그의 행보에 대해 집중적으로 탐색하지 못한 점이다. 그래서 일까. 이후 김원일은 「손풍금」(『문학인』, 2002, 여름)에서 '분단시대 어느 사회주의자의 생애' 를 객관적으로 조명하고 있다. 작중에서 사회주의자는 가족의 정서 속에 융합되어 손풍금을 잘 켜던 낭만주의자, 그리운 가족의 일부로 포용되고 있다. 그러나 이 작품에서도 김원일은 '좌파 지식인' 에게 있어서 이념이 차지하는 비중과 의의를 캐내기 보다는 가족과 친족의 차원에서 감정적 친화력을 보여주는데 그치고 만다.

그럼에도 1990년대 김원일의 소설에 등장하는 '이념적 인물'은 분단 이래 통일 되는 그날까지 한국소설이 '분단'과 '이념'의 굴레를 벗어날 수 없음을 보여준다. 한국전쟁으로부터 시간적 거리가 축적될수록, 보다 객관적이고 총괄적인 조망이 가능해지겠지만, 무엇보다도 생존해 있는 전쟁체험세대가 당대를 더욱 생생하고 객관적으로 조명해 주기 바란다.(1998-2002)

# '아파트먼트 키즈' 의 여정과 개체의 퇴화

— 백민석 『죽은 올빼미 농장』(작가정신, 2003)

## 1. 농장을 여행하기 앞서

백민석은 『죽은 올빼미 농장』에서 '농장' 에 관한 이야기를 하고 있다. 백민석이 말하는 농장은 '일정한 농지에 집 · 농구 · 가축 및 사람의 노동력 등을 갖추고 농업을 경영하는 곳' 이 아니다. 그곳은 역설적으로 '농지가 없는 도시' 에 대한 이야기이며, 그 도시를 살아가는 '아파트먼트 키즈' 에 관한 이야기이다. 그러므로 작중 '농장' 은 물리적이고 정형화된 공간이기 앞서, 현실에 부재한 공간이자 철저히 내면적인 익명의 공간이다. 눈에 보이지 않으며 일종의 신비감을 자아내는 '백민석 농장' 을 여행하기 위해, 작중 주인공과 행보를 함께 하자.

'나' 는 '죽은 올빼미 농장' 의 탐색자이다. '나' 는 동일한 발신지, '죽은 올빼미 농장' 으로부터 두 통의 편지를 받는다. 수신인을 확인하지 않고 개봉한 까닭에 편지를 읽고 말았으며, 이후에는 정체 모를 발신지에 대한 의문이 일기 시작한다. '나'는 얼마간의 휴가를 얻어 발신지인 강원도 고성의 '죽은 올빼미 농장'을 찾아 나선다. '백민석 농장'을 여행하기에 앞서, 여행자에 관한 정보를 살펴보는 것은 여행의 목적과 여행의 이해에 도움을 준다. '나'는 누구인가.

## 2. '아파트먼트 키즈'의 생애

'나'는 전형적인 아파트먼트 키즈이다. 아파트먼트 키즈의 성격은 '농장과 관련된 추억'을 기준으로 다음과 같이 설명할 수 있다. "서울(도시:필자)에서 태어났고 농장이 있음 직한 지방엔 살아본 적이 없"으며, "농가에서 키우는 황소를 본 횟수보다는 동물원에서 물소를 본 횟수가 더 많"다. "차를 타고 가다가도 두엄의 썩은 내가 쏟아져 들면 차창을 얼른 올린다." '나'는 스트레스를 해소할 때도 한적한 자연을 찾는 것이 아니라, 인파로 북적대고 음향기기로 소란한 카바레를 찾는다. "한 시간이면 가뿐해졌다. 카바레의 소음과 부산함으로 머릿속의 소음과 부산함을 씻는"다. "맥주 두 병, 뽕짝과 칠팔십년대 댄스 음악. 탱고와 밴드의 생음악. 이런 것들 속에서 머릿속이 맑아"(43면)진다.

도시의 병원에서 출생하여 아파트에서 성장한 그들은 자연

(nature)보다는 인공(art)의 세계에 길들여져 있다. 그들이 한적한 바다와 강, 산에 머물면서 기운을 회복하기에 자연은 이미 낯설고 불편한 대상이 되어 버렸다. 아파트먼트 키즈에게는 아파트가 자연(自然)이다. "목가적인 것에 대한 향수"가 "이미 존재하지 않게 된 것들에 대한 향수"라고 할 때, 아파트먼트 키즈는 '폐허가 된 아파트' 에서 이미 존재하지 않는 자연, 아파트에 대한 향수를 느낀다. 이는 기존에 우리가 알고 있는 목가적인 정서, 해질 무렵 석양을 대하는 것이나 추수 후 가을 들판을 대하는 것과 다를 바 없다.

그렇다면, 아파트먼트 키즈는 진화한 존재인가. '나' 의 일상 습관은 아파트먼트 키즈의 진화 여부를 판단하는 데 도움이 된다. 서른이 넘은 '나' 는 일상에서 끊임없이 인형과 대화한다. 작사가인 '나' 는 자장가 가사에 집착하고 자장가를 최상의 가사라 여긴다. 항시 나는 더운물이 가득찬 욕조에서 잠을 잔다. 요컨대 서른이 넘은 남자가 여자 인형을 가지고 다니며 자장가를 읊조린다는 것, 따뜻한 욕조 안에서 잠잔다는 것 — 그것은 유년의 감수성을 간직하고 있다기보다 한 개체의 퇴행을 보여준다. 나의 퇴행은 인형과의 관계전도에서 두드러진다.

인형은 나와 더불어 "자장가에 대한 기억을 공유"하고 있다. "내가 아직 걸음마도 채 익히기 전부터" "한 베개에서 머리를 나란히 하고 함께 자고 웃고 울"었다. 그런데 상황은 역전된다. "초등학교 중학교 시절이 지나고 외로움에 익숙해져서, 혼자서도 잘 놀 수 있게 된 다음에도 인형은 내게서 떨어질 줄 몰랐"으며 "지난 세월의 어느 순간부터는 인형이 나를 더 필요로 했다." 아니, 나는 인형의 눈치를 살피면서 살기 시작했다. 나는 독자적인 개체로 존재한다기보다, 항시 누군가의 눈길과 조언을 기다리는 미성숙한 존재로서 인형에게 말을 걸고 인형의 지시를 따른다.

도대체 어떻게 인형이 나에게 말을 걸고, 나의 삶을 간섭할 수 있다는 말인가. 다음과 같은 두 가지 사실에 주목하자. 첫째, 인형의 성별이 나와 반대로 여자라는 사실, 그것도 예쁜 여자라는 점은 인형이 나의 아니마(Anima)임을 시사한다. 둘째, 작중에서 다른 인물들과 달리 인형과 '나'의 대화에는 따옴표가 없다. 인형은 '나' 하고만 대화하며, '나'와 인형의 대화는 다른 인물이 들을 수 없다. 왜냐하면, 그것은 '나'의 내면에서만 이루어지기 때문이다. 이러한 사실은 내가 인형이고 인형이 '나'라는 사실을 말해준다. 요컨데, 인형은 내 속에 존재하는 또 하나의 '미성숙한 나'·'불완전한 나'이다. 백민석은 복화술(ventriloquism)을 통해, '인형'에 의해 조정당하는 또 하나의 인형, '나'의 모습을 강조한다.

'인형'과 관련하여, '나'의 독특한 습관은 아파트먼트 키즈의 치명적인 약점을 암시한다. 나이는 삼십대지만, 나는 나이에 값하는 성숙성이 결여되어 있다. '인형과의 대화'는 일상에서 '나의 머뭇거림'에 해당한다. 이 사회에 독립된 개체로서, 스스로 결정하고 스스로 행동하지 못하는 아파트먼트 키즈는 '진화한 존재'라기 보다 '기형적 존재'이다. 그러므로, '죽은 올빼미 농장'을 찾아가는

'나' 의 여정은 '아파트먼트 키즈' 의 자아 탐색 과정이며, 궁극적으로 아파트먼트 키즈가 '자아' 와 '환경' 의 조화를 모색하기 위해 세계로 나아가는 외출이다. 작품 도입부에 시작된 '나' 와 '인형' 의 대화는 작품 말미에 이르면 '나' 와 '민' 의 대화로 종결된다. 이것은 여행의 종결은 물론, 그 여정에서 내가 자아를 제대로 탐색했음을 보여준다. 이제 농장으로 떠나자.

### 3. '농장(農場)' 의 존재 방식

내가 받은 편지의 발신지에 따르면, '죽은 올빼미 농장' 은 강원도 고성에 소재한다. 그러나 내가 그곳에 갔을 때 '농장' 은 없었다. 간신히 농장이 자리잡았던 흔적은 찾았으나, 농장은 없어진지 30여년이나 되었다. 사람들의 제보에 의하면, 당시 농장에는 '들샘' 이 있었으나 관리자가 없어지자 말라버렸다. 이름은 '흰배 까치 농장' 이었으며, 농장의 주인은 젊은 여자였다. 그 여자는 남편과 이혼하고 젊은 나이에 혼자되어 젖먹이 둘을 키웠다. 그들은 지독한 가난과 외로움으로 고생을 했다. 농장의 주인 여자는 굶주림에 지쳐 일찍 죽었으며, 이후 두 형제의 행방은 묘연하다.

이러한 제보만으로 '백민석 농장' 의 실체를 파악하기는 힘들다. 다시 주인공의 행보를 쫓아가자. '죽은 올빼미 농장' 의 실체를 파악하기 위해 열을 올릴 즈음, '나' 는 현실에서 예상치 못했던 '손자' 의 죽음을 목도한다. 손자는 '나' 와 같은 프로덕션에서 작곡 일을 하고 있었다. 그는 일명 "앉아서 오줌을 누는 남자"이다. 그의 피부는 엷고 투명한데, "손톱으로 살짝 긁으면 금세 핏방울이 맺힐 것 같은 피부였다. 솜털도 보송보송했다." "코팅한 긴 생머리에 패딩 코트, 요가 바지 차림"의 "손자는 성격이 밝고 활기찬 대신 호들갑스럽고 불안한 구석이 있었다."

금발의 백인 남자를 사귄 후, 그는 남자인 자신을 여자와 동일시하고, 아이를 가질 수 있다고 믿었다. '환상(幻想)' 이 '과대망상(誇大妄想)' 으로 비약되면서, 그는 일상 생활조차 해 내지 못했다. 약속한 기간 안에 작곡을 하지 못한 그는 프로덕션으로부터 계약을 파기당한다. 그는 애인의 아이를 갖고 싶어했으며, 어떻게 해서든지 출산하려 했고, 그 비용을 마련하기 위해 수단과 방법을 가리지 않았다. 마침내, 그는 프로덕션의 김실장을 스토커하고 폭력을 행사한다. 그는 과대망상증 '환자', 나아가 폭력을 행사하는 '현행범' 이 된다. 현실 부적응자인 손자는 나의 아파트에서 목을 매고 베란다로 뛰어내린다.

'죽은 손자' 의 이야기는 '죽은 올빼미 농장' 의 이야기와 무관하지 않다. '죽은 올빼미 농장' 이 30년 전 '과거' 강원도 고성에 있었던 죽음을 의미한다면, '손자' 는 내가 간과하고 있는 '현재' 서울에서 진행되는 죽음을 의미한다. 농장 사람들의 몰락과 죽음은 '과거' 의 것이 아니라 손자의 죽음처럼 '현재' 에도 진행중이다. 그 '시제' 가 과거이든 현재이든, 그 '대상' 이 농장이든 사람이든,

아무도 돌보아 주지 않고 관심을 주지 않으면 자멸할 수 밖에 없다. 돌이켜보면, '나' 역시 손자와 동일한 과대망상증 환자이다. 서른이 넘어서도 인형과 말하고 아니 인형의 눈치를 살피며, 이미 30년 전에 없어진 농장에 대해 집착하는 '나' 역시 언제 자멸의 길을 걸을지 알 수 없다. 미성숙하고 불완전한 내면의 소유자, 아파트먼트 키즈에게 정작 필요한 것은 '죽은 올빼미 농장'이 아니라, 현실에서 '생동하는 농장'이다.

### 4. '민', '생동하는 농장' 혹은 '새로운 타입의 고향'

'인형'의 유아적 에고이즘에서 벗어나고자, '나'는 대학동창 '민'을 찾아간다. '민'은 아파트먼트 키드인 나에게 다중적 의미를 지닌 존재이다. 첫째, 그녀는 고정된 장소에서 고정된 일을 하고, 규칙적인 생활을 한다. "민은 시간별 생활계획표를 머릿속에 프로그래밍해 놓은 듯이 살았"는데, 그녀의 하루 일정은 "다섯 시 기상, 조깅, 여덟 시 아침 식사, 열시 피아노학원 출근, 일곱 시나 여덟 시 퇴근, 열한 시 취침"으로 어김이 없다. 그녀는 "번화가 외출이나 여행도 가지 않"으며 "정물"처럼 살았다.

둘째, 그녀는 "대단한 안정감의 소유자"이며 그 안정감은 그녀를 만나는 나에게 전이된다. 나는 "내가 무슨 골치 아픈 일이 있거나 평소에 만나는 사람들한테 진력이 났"을 때, 그녀를 찾곤 했다.

나는 그녀와 오랫동안 편안하게 이야기 할 수 있으며, 목욕탕에서도 그녀와 등을 밀며 때묻은 일상의 감정도 털어 낼 수 있다. 그녀의 안정감은 특유의 모성성에서 나온다. 그녀는 "쓰러져가고 허물어져 가는 것들"이야 말로 "어떤 음악보다도, 어떤 조곡보다도" "더 자신의 마음을 움직인다고" 한다. 미성숙하고 불완전한 내면의 소유자, 아파트먼트 키드가 모성성으로 충만한 '민' 에게 안정을 얻는다는 점에서, 그녀는 '생동하는 농장' 이다.

셋째, 그녀는 나에게 일종의 휴식처로서 공간적으로 인식되었다. "그녀를 떠올리면" "어딘가 내가 차지해 누울 빈 공간이 함께 떠올랐다. 그 빈 공간이 얼마나 넓은 지는 알 수 없었다. 겨우 내 한 몸 누일 넓이일 수도 있었다. 어쨌든, 최소한의 넓이는 항상 준비돼 있었다." "그녀는 한적한 아파트촌 한가운데 자리잡은 정자나무처럼 거기 있었고 그래서 찾아가기만 하면 그 그늘에서 나는 쉴 수 있었다." 이 세 가지 사실로 미루어, 아파트먼트 키드에게 '민' 은 단순한 여성 인물이 아니라 모성으로 충만한 '정물(情物)' 의 고향임을 알 수 있다. 그녀는 아파트먼트 키드에게 '새로운 타입의 고향' 이다.

나는 그녀에게 '죽은 올빼미 농장' 에 대해 이야기한다. 이미 사라지고 없는 농장은 그녀의 마음을 움직였으며, 그녀는 나를 아파트 재개발 현장으로 데리고 간다. 그리고 다음과 같은 사실을 알려준다. 아파트는 재건축 계획이 잡히면 더 빨리 낡아버리는데, 그것은 굳이 아파트에만 국한된 사실이 아니라는 것이다. "사람이 꾸

준히 손질해주지 않으면 빨리 망가"진다는 점에서, 아파트뿐 아니라 '죽은 올빼미 농장' 역시 마찬가지 운명이라는 것이다. 요컨데, '쓰러지고 허물어져 가는' 대상은 굳이 강원도 고성에만 있는 것이 아니라 도시의 아파트, 나아가 우리가 살고 있는 주변과 이웃에 산재해 있다는 것이다.

자신이 여자라는 과대망상증에 빠진 '손자'는 우리 주변에서 '쓰러지고 허물어져 폐허'가 된 또 하나의 '죽은 올빼미 농장'이다. 이와 대조적으로 '민'은 내가 아무리 찾고 고심해도 그 실체를 알 수 없었던 '죽은 올빼미 농장'의 실체를 일깨워주고, 나를 현실로 귀환시키는 '생동하는 농장'이다. 그녀는 생의 활력을 불어넣는 '생동하는 농장'일 뿐 아니라, 아파트먼트 키드가 현실에서 안정하고 휴식할 수 있는 '새로운 타입의 고향'이다.

## 5. '백민석 농장'을 나오면서

'죽은 올빼미 농장'은 지금 이곳으로부터 멀리 있지 않다. 그곳은 바로 우리 동네와 멀지 않은 곳에 있으며, 아니 내가 사는 아파트일 수도 있다. 아니 그곳은 주거환경과 같은 정형화된 곳이 아니라, 그 공간을 명명하는 우리들의 내면을 일컫는 것이기도 하다. 『죽은 올빼미 농장』에서 농장의 유무는 중요한 문제가 아니다. '농장'을 화두로, 아파트먼트 키드는 자신의 내면을 돌아보고 이 세계에 말을 건넨다. 백민석은 '죽은 올빼미 농장'을 동원하여 아파트먼트 키즈의 내면을 구체적이고 가시적으로 보여주고 싶었던 것이다.

아파트먼트 키드는 '죽은 올빼미 농장'을 탐색하는 과정에서 자아와 세계 간의 조화를 모색하고, 현실을 직시한다. 환상에 사로잡힌 손자의 자멸을 목도하고, '민'과의 만남을 통해 '죽은 올빼미 농장'의 환상을 떨쳐버린다. 오랫동안 내 입속을 맴돌던 자장가를 예비 가수의 입으로 전달해 주고, 오래도록 함께 해 온 인형을 농장의 들샘에 수장한다. 재언하건데, 작중에서 '죽은 올빼미 농장'의 과거 이력과 현재 모습은 중요하지 않다. 백민석은 '죽은 올빼미 농장'을 통해 아파트먼트 키즈의 내면에 산재한 '죽음'의 그늘을 반추하고, 그 곳에 '생기'를 충전시키고 싶었던 것이다.

백민석 소설에서 '환상(幻想)'은 실체 없는 허망한 형상, '환상(幻像)'이 아니라 현재 직면한 문제를 찾아내기 위해 불러오기의 형식을 취한다는 점에서는 '환상(喚想)'의 성격을 가지고 있다. '과거'와 '흔적'을 통해서 '현실'을 진단하고 '오늘'을 언급하는 백민석의 작가적 기량은 일찌기 그의 다른 작품에서 입증된 바 있다. 『내가 사랑한 캔디』를 비롯하여, 『헤이, 우리 소풍간다』에서 『장원의 심부름꾼』에 이르기까지 백민석이 소환해 낸 과거의 환상은 현 세대와 현 문화의 성격을 보여주는 의미있는 준거가 되었다. 『죽은 올빼미 농장』에서도 부재한 농장에 대한 환상은 아파트먼트 키즈의 현실을 조명해 준다. 『죽은 올빼미 농장』은 그의 이전 작품에 비해 쉽게 읽힌다. 그것은 이 작품이 주제와 기법 면에서 이전 작품과 그리 멀리 떨어져 있지 않기 때문이다. '죽은 올빼미 농장'이 「진창 늪의 극장」의 '극장'과 유사한 구성이라면, 작중 인물 '나'와 '민'은 『불쌍한 꼬마 한스』의 '나'와 '간호사 선애'를 닮아 있다.

좀더 구체화시켜보면, 『죽은 올빼미 농장』에 출현하는 인형은 이미 『목화밭 엽기전』을 비롯하여 「인형의 조건」에도 등장한 바 있다. 『목화밭 엽기전』에서 '인형'이 권력이 가공한 무의지적 상태를 상정하고 있다면, 「인형의 조건」에서 '인형'은 성년이 되어서도 극복하지 못한 유년기의 환상을 의미한다. 『죽은 올빼미 농장』에서 '인형'은 후자, 유년기의 환상을 의미한다. '나'는 보다 어린 대상에게 건네주어야 할 것들(인형, 자장가)을 아직도 품에 안고, 입으로는 읊조리며 집착한다. 성년이 되어서도 집착하는 유년기의 환상은 이제 환상의 차원에만 머무르지 않고, 내 의지와 무관하게 혹은 내 의지에 반하여, '나'의 현실을 간섭하고 위협한다.

'인형'과 '자장가'는 작중에서 아파트먼트 키즈의 트라우마(trauma)를 보여주는 데 일정 부분 기여하고 있지만, 그것이 작가의 의식에 지속적으로 잔류한다면 자칫 작가의 감각을 이완시킬 소지가 있다. 작가가 지적한 대로 자장가가 "흔쾌히 받아들일 수 있는 기분 좋은 나른함"을 의미한다면, 우리는 이제 '자장가'가 아니라 묵은 때와 혼탁함으로 가득차 있을 망정 현실의 애락(哀樂)을 모두 보여주는 '뽕짝'을 불러야 한다. 비록 얼굴을 붉히고 주먹다

짐을 할 지언정, 우리는 내면의 화자인 '인형' 이 아니라 내 이웃의 '타자' 와 끊임없이 대화해야 하며 비루한 뽕짝을 부를지언정, 이 세계와 소통해야 한다.

그럼에도, 『죽은 올빼미 농장』에서 백민석의 '인형' 과 '복화술' 은 이 땅의 아파트먼트 키즈의 현실을 보여주고 세계와의 '소통' 을 역설한다는 점에서, 작가의 기량(器量)이 독자들에게 유효하게 다가온다. 과거의 흔적을 확인한 뒤, 죽은 올빼미 농장의 '들샘' 에 인형을 수장하고 돌아온 아파트먼트 키드의 귀추가 기대된다.

독자에게 '한 여름밤의 달콤한 꿈' 만 보여 주는 작가가 아니라 아울러 그 꿈을 꿀 수 밖에 없는 '현실의 결핍' 을 보여주는 작가, 백민석의 빠른 행보를 기대한다. '꿈' 과 '결핍' 은 동일한 의미의 다른 표현에 지나지 않는다는 점에서 양자 모두는 우리 삶의 실체이며, 우리는 백민석 소설에서 생동하는 우리들의 삶을 꿈꾼다.(2003, 가을)

# '소시민' 이 현실과 타협하는 방식

— 위기철, 『고슴도치』(청년사, 2003)

## 1. 사람 사이에 '가시' 가 있다

시인 정현종은 그의 시 「섬」에서 '사람 사이에 섬이 있다' 고 정의한 바 있다. 위기철의 『고슴도치』를 언급하기 위해 이 명제를 바꾸면, '사람 사이에 가시가 있다' 고 정의할 수 있다. 사람 옆에 사람이 있는 것이 당연한 이치이건만, 무릇 사람과 사람 사이에 수많은 장애가 놓여 있다보니, 작가들은 다양한 명제로 그 관계의 어려움을 나타내고 있다. 그렇다면, 사람과 사람 사이에 정(情)도 아니고, 사랑도 아닌 '가시' 가 있다니, 과연 어떻게 된 노릇인가.

자본주의 경쟁시대를 대변하는 인간은 소시민이며, 이름하여 이들은 고슴도치과이다. 그들은 자본의 경쟁에서 좌절하지 않기 위해 보호막을 가지고 있는데, 그것이 몸의 외피를 감싸고 있는 바늘이다. 고슴도치의 바늘은 외부 세력에 대한 무기의 역할보다는 방어 기능에 치중해 있다. 그런데 문제는 그 방어가 실재하는 공격에 대한 방어이기 앞서, 아직 도래하지도 않은 공격에 대한 선제 방어인 까닭에 병의 형태를 띠고 있다는 점이다. '대인기피증', '피해의식', '자폐증', '자기혐오감' 은 고슴도치의 방어적인 삶을 보여주는 소시민의 질병이다.

위기철의 소설에 등장하는 고슴도치는 이미 자본의 경쟁에서 좌절을 깊이 경험해 본 인물이다. 이 작품은 고슴도치 인간의 소심한 일상생활 중 작은 해프닝과 휴머니즘을 담고 있어 독자들에게 잔잔한 재미를 준다. 그러나 오락의 범주에서 벗어나 이 작품을 살펴보면, 위기철이 형상화 한 고슴도치 인간은 이 사회가 만들어낸 무기력한 지식인의 표본임을 알 수 있다. 위기철의 소설은 물질과 자본의 경쟁에서 좌절을 경험한 지식인이 소시민이 되어, 어떻게 이 사회에 안존해 나가는지 그 과정을 보여준다. 그들은 아예 외부와의 소통을 끊어버린 까닭에, 싸우고 대립할 대상이 없다. 그들은 자신의 내부 세계와 소시민적 영역을 지키는데 몰두하며, 그 밖의 세계에는 관심을 두지 않을 뿐 아니라 접근조차 불허한다.

외부와 접촉을 하지 않으니, 마땅히 다른 사람들에게 피해를 주는 일도 없을 뿐 아니라 다른 사람 역시 그의 존재를 인식하지 못한다. 그들은 공적 영역에 대한 관심은 물론, 사적 영역 중에서도 아주 세분화된 일부를 제외하고는 회의적이고 적대적인 반응을 보인다. 자본주의 시대에 인간의 존재방식이 개인(個人)적 삶이라면, 여기서 한 걸음 나아가 위기철 소설에서 개인은 절대 개인(個人)의 삶을 산다. 사적인 영역이 가정과 친지에서, 자신의 취미와 밥벌이로 더욱 축소된 것이다. 고슴도치는 자신의 가정에 침투하는 외부 세력에 대항하기보다는 자신의 취미와 안락(安樂)을 방해하는 사람들에게 더 적대적이다. 이제 고슴도치의 마을에 어떤 일이 일어났는지 마을에 직접 들어가 보자.

## 2. 고슴도치가 대체 인물을 만나다

미술가 헌제는 그림책의 삽화를 그린다. 이혼한 후 그는 노모, 딸아이와 함께 살고 있다. 이혼 후 그는 연애에도 좌절한 바 있다. 이혼이 그에게 결혼에 대한 절망을 주었다면, 이어지는 연애의 실패는 그에게 사랑에 대한 절망을 주었다. '결혼'과 '사랑' 양자가 남녀의 정서적 관계에 기반을 둔 것이라면 그는 인간의 가장 기본적인 정적(靜的) 관계마저 꺼리는 소극적 인물이 된다. 그는 건강한 대인관계를 형성하지 못하고 있으며, 그에게 찾아오는 친구도 그가 찾아가는 친구도 없다. 그가 이혼한 사유 역시 그 특유의 소심한 성격 때문이며, 그가 연애에서 실패한 것도 유약하고 방어적인 그의 성격 탓이다.

그는 사회성이 없을 뿐 아니라, 신체적으로도 허약하다. 친구 세진을 만나 못 먹는 술을 먹고 난 다음날에는 치통을 앓는다. 한 때 사랑한 연화를 만나 맥주 한 깡통을 마신 날은 집에 돌아와 먹은 것을 죄다 토한다. 연화가 화실에 찾아온 날 밤에는 소주 반병을 먹고 기절한다. 그는 술을 겁냈고 술꾼들을 겁냈으며 술자리를 겁냈다. 수영장 초급반에서는 연습도중 턱이 빠지는가 하면, 다른 사람들에게 그 모습을 보이지 않기 위해 겁을 집어먹는다.

게다가 그는 툭하면 우는 유약한 감성의 소유자로서 정신 역시 허약하다. 계속되는 잘못 걸린 전화에 화가 풀리지 않자, 소파에 얼굴을 파묻고 훌쩍훌쩍 울다가 마침내는 대성통곡한다. 연애시절 연화 어머니와 만나 결혼 계획이 좌절되자, 화장실에 달려가 변기 위에서 훌쩍훌쩍 운다. 헤어진 연인을 다시 만나 돌려보낼 때에도 그녀가 나간 후에는 "눈물이 주르륵 흘러내"(166면)린다. 아내와 이혼한 날 밤에는 딸을 재우고, 그는 "손으로 입을 틀어막고 꺽꺽 울음을 터뜨렸다."(218면)

그 밖에도 그 특유의 '피해 의식', '자폐증', '자기혐모감', '대인기피증'을 보여주는 대목은 여러 가지 꼽을 수 있다. 화실에 날아든 파리 한 마리 때문에 연막 살충제를 쓰며 야단법석이다. 길에서 수영 강사가 알은 채 해도 그저 앞만 보고 가는가 하면, 그녀의 짐을 집까지 들어주고 난 후에는 집으로 돌아오는 길을 잃어버린다. 운전면허에서 4번 떨어지자 낙망하여 아예 면허를 포기한다. 전화기는 항시 냉장고 속 혹은 쓰레기 통 속에 있다.

그럼에도 불구하고 이러한 고슴도치 인간을 좋아하는 여자가 있다. 고슴도치를 사랑하는 여자는 고슴도치의 약점을 개성으로 포용한다. 수영 강사이며 철인 3종 경기를 참가하고, 한때 레슬러이기도 한 그녀는 고슴도치와는 대조적인 인간이다. 그녀는 헌제의 딸에게 수영을 가르쳐 주면서 아내와 엄마의 역할을 대신하기 시작한다. 그녀는 고슴도치의 승용차를 자주 빌려타면서 헌제와 가까워 졌으며, 그를 대신해서 술취한 세진을 태워준 이후 급속도로 가까워 졌다. 왕수다쟁이인 그녀는 헌제 앞에서 쉴새 없이 이야기 했으며 헌제는 어느 순간인가 그 수다들이 싫지 않았고 익숙하게 들렸다. 그녀의 기습적인 키스세례와 육탄공격을 받고 난 후, 헌제의 등에는 고슴도치의 가시가 없어졌으며, 그와 동시에 그는 농담을 할 수 있게 되었다.

### 3. 고슴도치 마을의 불구적 인간 군상 : 고슴도치 형, 대머리 형, 떠벌이 형

고슴도치 마을에는 고슴도치 이외에도 각양각색의 사람들이 있다. 작중에서 고슴도치와 대조적인 성격을 가진 인물은 '대머리 형' 과 '떠벌이 형' 으로 구분된다. 우선 대머리 형과 떠벌이 형을 언급하기 앞서, 그와 대조적인 고슴도치 형에 관해 먼저 지적해 두면 다음과 같다.

고슴도치 형은 일명 대인방어 형이라고 할 수 있다. 공격이 아닌 대인에 대한 방어에 주력하는 고슴도치 형 인간은 지나치게 타인을 의식하여, 자신의 내면 의지를 표출하지 못한다. 고슴도치 형 인간 헌재는 "하루에 최소한 열 번 이상은 웃어야 한다는 사실을 늘 못마땅하게 여기고 있었다. 진짜 즐거워서 웃는다면 몰라도 그가 일상생활에서 웃어야 하는 대부분의 웃음은 사교적인 웃음이었다. 즐거운 일이라곤 쥐뿔도 없었다. 그저 상대방의 말에 호의를 보이려고, 상대방에게 불쾌한 인상을 주지 않으려고, 또는 상대방에 대한 무관심을 감추기 위해 입가에 웃음을 띠고 있어야 하는 것이다. 그는 그런 것이 싫었다."(10–11면)

그럼에도 고슴도치 형 인간은 타인에게 자신의 의사를 적극적으로 표출하기는커녕, 환경에 굴복하고 만다. 가령 연화의 어머니에게 결혼 승낙을 요청할 당시, 어머니의 말에 금방 기가 죽어서 당황하는가 하면, 주스를 쏟고 테이블의 꽃병을 깨뜨리는 등 허둥지둥하다가 제풀에 결혼을 포기하고 만다. 그리고는 화장실에 들어가 젖은 옷이 다 마르도록 혼자 운다. 그후 그는 마음속으로 여자들에게 "날 귀찮게 굴지마! 내가 모를 줄 알고? 나한테 다가와 또 나를 괴롭히려고 그러는 거지? 나를 그냥 내버려둬! 누구든 가까이 오면 찔러버릴 거야."(59면)라고 적개심을 가지지만, 절대로 표출하지 못하는 소심한 인물이다.

반면, 대머리 형은 일명 대인무시 형이라고 할 수 있다. 절대로 남을 위해 웃지 않는다. 자신의 생각을 가감 없이 상대에게 전달하는데, 굳이 상대의 동의를 구하지도 않으며 바라지도 않는다. 헌제가 자주 가는 약국의 대머리 약사는 타인을 전혀 의식하지 않는다. 그는 결코 상대방에게 호의를 보이거나 혹은 불쾌한 인상을 주지 않기 위해, 아니면 무관심을 감추기 위해 웃는 일은 없다. 헌제가 빳빳하게 털을 세우고 타인에 대해 항상 경계의 태세를 취하고 있다면, 대머리 약사는 그 특유의 민머리와 같이 방어는커녕 자신의 내면을 모두 보여준다. 작중에서 '가시'와 '대머리'는 각 인물의 성격을 표출하는 상징적 기제이다.

이 밖에 떠벌이 형은 일명 대인집착 형이라 할 수 있다. 사람에 대한 집요한 탐색과 집착욕을 가진 인물들로서 필요 이상 많은 이야기로 상대에게 접근한다. 헌제가 보호색을 가진 동물처럼 좀처럼 눈에 띠지 않는다면, 그의 친구 세진은 경계색을 가진 동물처럼 어느 장소에서든 눈에 확 띄었다. 왜냐하면, 그는 어디에서건 자신의 생각을 큰소리로 떠벌리기 때문이다. 그의 일방적인 수다는 특정 주제에 국한된 것이 아니다. 이와 동일한 인물이 수영 강사 명신이다. 명신은 엄청난 떠벌이꾼이다. 헌제를 만났다 하면, 쉴 사이 없이 이야기하는가 하면, 이야기의 주제도 무궁무진하다. 이들의 공통점은 상대방의 무반응에도 개의치 않는다는 것이다.

공격도 못하는 무기를 지니고 다니는 고슴도치 형이나 내면을 건조하게 표출하는 대머리 형, 상대의 반응에 아랑곳없이 수다를 떠는 떠벌이 형 모두 이 사회의 일부를 형성하는 특정 인물군이긴 하나, 평균치의 인간에는 좀 못 미치거나 혹은 지나치거나 벗어난 사람들이다. 이 작품은 고슴도치 형 인간이 떠벌이 형 인간을 통해, 그 특유의 공격적 가시를 벗어버리고 친구를 얻고, 연인을 얻는 것으로 끝을 맺는다. 일방적일 줄 알았던 떠벌이의 수다가 고슴도치의 가시를 제거하고 마음의 문을 열게 한 것이다.

이처럼 행복한 결말에도 불구하고, 이런 정상치에서 벗어난 인간들의 만남과 결합은 어딘지 모르게 어색한 구석이 있다. 고슴도치 형과 떠벌이 형 인간은 대머리 형과 마찬가지로 이 사회에 존재하는 불구적 인간들이다. 그런데 작품에서는 불구의 원인 진단을 통해 평균치의 정상인으로 치유되는 과정이 아닌, 불구와 불구의 만남을 통해 서로의 부족한 부분을 채워나가는 것으로 끝을 내리고 만다. 마치 눈먼 봉사와 앉은뱅이의 만남과도 같이, 그들은 두 병자가 합쳐 서로에게 도움을 주면서 그들이 이 사회에 안존할 수 있는 방법을 터득한다. 그런 의미에서 위기철의 『고슴도치』는 이 사회의 불구적 존재가 현실에 안존할 수 있는 방안을 모색한 소설이라 할 수 있다. 그 방안은 아주 소극적이라고 볼 수 있는데, 나와 정반대의 질환을 가지고 있는 사람을 통해 서로의 증세를 호환하는 것이다. 그렇게 해서 과연 소시민의 질병이 완전히 치유될 수 있는가. 한 인간이 불구적 존재로 변한 원인에 대한 정당한 규명 없는 위기철의 미봉책은 대중 소설의 허점을 노정하고 있다.

## 4. 고슴도치의 출현 배경과 치유를 모색하며

위기철은 고슴도치의 질병을 타고난 성품으로 설명하고 있다. 헌제는 어린 시절부터 "병약하고 소극적"이며 "비실비실하고 꺼병한 아이"였으며, 아이들의 놀이에도 익숙하지 않았다. 아이들은 그를 늘 "차라리 없는 것만도 못한 아이"로 여겼다고 한다. 가령, 학창시절 헌제는 야외 백일장에서 남들이 경복궁의 정자나 연못 등 우아한 풍경을 그리고 있는데 비해, 혼자 떨어져 앉아 깨진 쓰레기통을 그린다. 그것은 그가 사람들이 자기 그림을 들여다보지 못하도록 사람들의 발길이 미치지 않는 곳을 선택한 때문이라 한다. 이러한 대인기피증을 떠벌이 형 인간 세진과 명신은 개성의 차원에서 이해하고 있다. 하지만, 대인기피증은 이해와 표용의 인간적 차원의 접근에 앞서 교정과 치유가 선행되어야 하는 질병이다.

헌제의 고슴도치 형 성격이 어린 시절부터 타고난 성품이라고 한다면, 떠벌이 형 인간 명신과의 만남만으로는 급작스럽게 변할 수 없다. 왜냐하면 성품은 타고난 신체의 외형처럼, 쉽게 고쳐질 수 없는 기질이기 때문이다. 이 사회를 하나의 거대한 병원이라 한다면, 위기철 소설의 고슴도치는 그 병원의 전형적인 병자라 할 수 있을 것이다. 그렇다면 병자에 대한 병의 원인 진단은 병원 즉 이 사회의 몫이라 할 것인데, 이 작품은 그저 병자와 병자의 만남을 통해 그들이 서로 불구적 기능을 보완하면서 현실에 안존하는데 그치고 있다. 위기철 소설의 문제를 구체적으로 진단하기 위해, 최승호 시 「마을」의 전문을 읽어볼 필요가 있다.

마을

나비처럼 소풍가고 싶다
나비처럼 소풍가고 싶다
그렇게 시를 쓰는 아이와 평화로운 사람은 소풍을 가고
큰 공을 굴리는 운동회 날
코방아를 찧고 다시 뛰어가는 아이에게
평화로운 사람은 박수 갈채를 보낼 것이다

산사태는 왜 한밤중에
골짜기 집들을 뭉개버리는가
곰은 왜 마을을 습격하고
산불은 왜 마을 가까운 산들까지 번져오는가
한밤중에 횃불을 드는 마을의 소리
한밤중에 웅성거리는 마을의 소리

우리들은 고슴도치의 마을에서
온몸에 가시비늘을 키운다.
평화로운 사람은 문을 걸고
잠속에서도 곰에게 쫓길 것이다.

우리들은 고슴도치의 집에서
돌담을 높이 쌓는다.
평화로운 사람은 한숨을 쉬고

문풍지 우는 긴 겨울 밤엔 莊子를 읽으리라.
(밑줄:필자)

위에서 알 수 있듯이, 최승호 시 「마을」은 전체 4연의 구조로 되어 있다. 1연과 2연이 마을에 찾아온 재앙을 보여주고 있다면, 3연과 4연은 그 재앙으로 말미암아 사람들은 어떻게 변모했는지 보여주고 있다. 즉 최승호는 사람들이 고슴도치라는 변종의 형태로 질환을 앓고 있다면, 그 질환이 어디에서 말미암은 것인지 1연과 2연을 통해 밝히고 있다. 1연에서 '소풍가는 나비'와 '시를 쓰는 아이', '운동회 날 코방아를 찧고 다시 뛰어가는 아이'가 마을의 평화로운 분위기를 보여주고 있다면, 2연에서 '한밤중에 골짜기 집들을 뭉개버리는 산사태', '곰의 마을 습격', '마을 가까운 산들까지 번져오는 산불'은 마을에 느닷없이 찾아온 갖가지 재앙을 보여주고 있다. 그 결과 3연과 4연에서 사람들은 온몸에 가시 비늘을 키우고, 문을 걸며 돌담을 높이 쌓으면서, 언제 닥칠 지 모르는 재앙을 대비하게 되었다는 것이다.

위기철의 장편소설 『고슴도치』는 최승호 시 「마을」의 총 4연 중 마지막 3·4연만을 보여준다. 위기철은 작품의 서두에서부터 고슴도치는 타고난 성품이라고 못박아버리고, 고슴도치로 변모된 인간의 근원적인 문제에 대한 의문을 봉합해 버린다. 이 지점에서 대중 소설의 허점과 한계가 지적되어야 할 것이다. 우리는 병의 완쾌를 위해 먹기 싫은 쓴 약을 삼켜야 한다. 우리 옷에 얼룩이 묻었다면, 얼룩이 없는 다른 부분으로 돌려 입을 것이 아니라 얼룩이 어디에 있는지 발견하고 얼룩을 지워야 한다. 그래야만 문제의 얼룩이 없어지기 때문이다. 대중 소설의 헛점은 바로 대중들에게 보기 싫은 얼룩은 보여주지 않는다는 것이다. 물론 보기 좋은 결말처리를 통한 반듯한 외양은 일반 대중의 환타지를 표명하는 것이긴 하지만, 반면 일반 대중이 직면하고 있는 현실의 고질적인 문제를 간과하거나 돌려버리는 결과를 낳는다.

새로운 삶과 발전하는 삶은 현실의 질병을 정면에서 대면하고, 진단한 후 치유해야 한다. 아예 환상 문학과도 같이 장르가 다른 작품과 달리, 적어도 현실을 보여주고 있으며 인간이 고슴도치화된 질환을 다루고 있는 소설이라면 정면의 문제를 빗겨 나서는 안 될 것이다. 위기철의 첫 장편 『아홉살 인생』은 지금도 호가를 누리고 있는 대중 소설로서 각광받고 있다. 아홉 살 짜리 '노란네모' 의 성장담을 담은 이 작품은 아동이 세계를 이해하는 방식을 구체적이고 친근하게 보여준 보기 드문 수작이다. 반면, 30대 성인남자의 생활사를 보여주는 『고슴도치』는 소년 소설과 성년 소설의 틈바구니에 선 어정쩡한 모습을 보이고 있어 전작의 흥미와 깊이에 미치지 못하고 있다.(2003, 겨울)

# 낮은 목소리로 굽어보기

2007년 7월 25일 1판 1쇄 찍음
2007년 7월 31일 1판 1쇄 펴냄

지은이 _ 안미영
펴낸이 _ 양동문
펴낸곳 _ 詩와에세이

등록 _ 제 319-2005-14호
주소 _ (121-842) 서울시 마포구 서교동 476-53 세화회관 404호
대표전화 _ (02)324-7652
팩시밀리 _ (02)324-7653
전자우편 _ sie2005@naver.com
주문전화 _ (02)324-4790, 팩스 (02) 333-6287


ISBN 978-89-92470-09-4 03810


* 책값은 뒤표지에 표시되어 있습니다.